Le conte
en
pédagogie
et en
rééducation

Collection *Enfances*

L'enfant en difficultè

Maurice Berger
- *Les Troubles du dèveloppement cognitif*
- *L'Enfant instable*

Serge Boimare
L'enfant et la peur d'apprendre

Gérard Boutin, Paul Durning
Les Interventions auprès des parents

Yvonne Castellan
Psychologie de la famille

Fernand Deligny
Graine de crapules

Rosine Debray et coll.
L'Intelligence d'un enfant

Jean-Marie Gillig
- *Le Conte en pédagogie et en rééducation*
- *L'Aide aux enfants en difficulté à l'école*

Bernard Jumel et coll.
Le travail du psychologue dans l'école

Léon Kreisler
Le Nouvel enfant du désordre psychosomatique

Yves de La Monneraye
La Parole rééducatrice

Roger Perron et coll.
- *Les Représentations de soi*
- *L'Enfant en difficultés*
- *Les Troubles de l'intelligence*

Gérard Poussin
La Fonction parentale

Ginette Raimbault
L'Enfant et la mort

L'enfant victime

Inès Angelino
L'Enfant, la famille, la maltraitance

Maurice Berger
- *Les Séparations à but thérapeutique*
- *L'Enfant et la souffrance de la séparation*

Jean Cartry
- *Petite chronique d'une famille d'accueil*
- *Les Parents symboliques*

Alain Crivillé et coll.
L'Inceste

Gérard Poussin, Élisabeth Martin-Lebrun
Les Enfants du divorce

Pierre Verdier
L'Enfant en miettes

Pierre Verdier et Martine Duboc
Face au secret de ses origines

Jean-Luc Viaux
L'Enfant et le couple en crise

L'enfant handicapé

Éliane Chaulet
Manuel de pédagogie spécialisée

Jean-Marie Gillig
Intégrer l'enfant handicapé à l'école

Théo Peeters
L'Autisme

Maurice Ringler
L'Enfant différent

Claude Wacjman
- *L'Enfance inadaptée*
- *Travailler avec les enfants malades mentaux*

L'adolescent en difficulté

Jean-Pierre Chartier
- *Les Adolescents difficiles*
- *L'Adolescent, le psychanalyste et l'institution*

Xavier Pommereau
L'Adolescent suicidaire

Denise Stagnara
- *Aimer à l'adolescence*
- *L'Éducation affective et sexuelle en milieu scolaire*

Jean-Marie Gillig

Le conte en pédagogie et en rééducation

DUNOD

Du même auteur

Écrire des textes au collège, aide aux élèves en difficulté, en collaboration avec Marlise Weiss et Antoine Cintas, Armand Colin, 1995.

Intégrer l'enfant handicapé à l'école, Dunod, 1996.

Nouvelle présentation, 1999
ISBN 2 10 003738 2

À Laure, ma bonne et douce fée,
à Amandine, à Gaëtan et à Romain, mes petits lutins.

Table des matières

PARTIE 2
PÉDAGOGIE DU CONTE

PARTIE 3
DU BON USAGE DU CONTE EN RÉÉDUCATION

Introduction

« Nous voulons bien apprendre tout
ce qu'on nous enseigne à l'école, mais, de grâce,
laissez-nous les songes. »

Paul Hazard,
Les Livres, les enfants, les hommes.

Le conte populaire est-il entré en décadence ? On serait tenté de le croire à la lecture de ce constat pessimiste formulé en 1957 par Paul Delarue, une des figures de proue de la recherche sur le folklore des contes populaires, auteur d'un monumental catalogue raisonné des versions françaises de ce genre littéraire : « Le conte populaire oral traditionnel qui correspondait à une civilisation maintenant révolue va vers une proche et totale disparition[1]. »

Il n'est que trop vrai que la société d'aujourd'hui, assurant la diffusion de ses œuvres culturelles par les seules voies du livre et des médias, a porté un coup fatal à la littérature de tradition orale. Connaît-on encore un hameau, une chaumière, où, pour se désennuyer, une assemblée de travailleurs ruraux se réunit autour d'un conteur ou d'une vieille nourrice qui leur fournit, au cours des longues soirées d'hiver désœuvrées, un moment de rêve, de merveilleux, de poésie ? Le poste de télévision tient mainte-

1. Paul Delarue, *Le Conte populaire français.* Catalogue raisonné des versions de France et des pays de langue française d'Outre-mer, Éditions Érasme, 1957, p. 47.

nant la place du conteur, et s'il ne s'éteint souvent qu'au moment où les carrosses redeviennent citrouilles et où Cendrillon perd sa pantoufle de verre (de vair ?), le charme qu'il opère et la fonction qu'il remplit ne sont pas du même ordre, même s'il contribue largement à alimenter la fiction.

Le débat n'est pas ici de comparer un instrument culturel populaire à un autre, ni de savoir quelle place les images des films de Walt Disney, par exemple, laissent à l'imaginaire du spectateur, mais de contribuer à la démonstration que, lorsqu'une culture décline sous les effets d'un changement des mœurs et des modes de vie, une autre peut prendre la relève. Cette dernière est assurément en bonne voie, si l'on en juge par le regain d'intérêt que connaît le conte tant auprès des chercheurs de tous horizons – ethnologues, folkloristes, linguistes, sémioticiens, psychanalystes... – qu'auprès des parents avisés d'enfants en mal d'endormissement (au lieu de compter les moutons, il est sans doute préférable de se faire conter des histoires de fées et de lutins), ou des pédagogues également avisés.

Dans les classes moyennes, le père beaucoup plus que la mère a maintenant pris le relais de la grand-mère conteuse, qui le plus souvent n'habite plus au domicile de la famille de son gendre ou de son fils, pour procéder au rituel du coucher du petit garçon ou de la petite fille et les amener dans la forêt des songes, dès qu'ils sont en âge de comprendre une histoire et de l'écouter avec attention. Sans doute notre père de famille, qui joue lui-même à se faire plaisir en se rappelant l'enfant qu'il a été, a-t-il compris l'intérêt du contact de l'enfant avec le conte et du rapport entretenu entre eux, à la fois sur le plan psychologique, pédagogique, culturel et utilitaire. Même s'il n'a pas lu Bettelheim, il sait quel peut être l'enjeu d'une initiation précoce de l'enfant au monde des biens culturels, ceux que valorisera précisément l'entrée ultérieure à l'école. Ce « contage » s'accompagne souvent de la présentation à l'enfant de l'album illustré, auxiliaire, voire principal support de la parole paternelle. Le lecteur de cassette remplace parfois l'un des deux parents, absorbés dans des tâches ménagères, mais le récit à écouter s'accompagne toujours d'un livret.

C'est pourquoi l'album pour enfants relatant le conte et l'illustrant prend de plus en plus d'importance dans les petits cadeaux offerts à l'enfant et fait l'objet d'achats empressés dans nombre de familles, bien avant que l'enfant ne sache lire. À vrai dire, quand il entre à l'école et définitivement dans le monde de l'écrit, notre petit privilégié connaît presque tout Perrault, et c'est sans doute le seul livre qu'il connaisse avant de savoir lire, à la différence de certains de ses camarades pour qui le livre reste un objet mystérieux à découvrir. Cependant, des contes imprimés, on en trouve partout et à des prix défiant toute concurrence par rapport à des biens de consommation de première nécessité. En ville, à la campagne ou en banlieue, dans n'importe quel supermarché même de taille réduite, *a fortiori* dans les hypermarchés où des rayons entiers qui leur sont consacrés s'offrent à la convoitise et même dans de multiples variantes pour le même texte, les chefs de rayons ont mis en bonne place des livres pour enfants, mini-livres ou mini-albums, ne contenant fréquemment qu'un seul conte, de Perrault ou des Grimm le plus généralement, et sans que ces noms d'auteurs, hélas, apparaissent toujours à côté du titre. La qualité de ces ouvrages n'est pas sans défauts : l'illustration parfois stéréotypée et se rapprochant de plus en plus des modèles des « contes à bon compte » de Walt Disney, comme l'écrit Jean-Paul Stoekel dans *Animation et éducation* de mai-juin 1992, est à l'égal de l'édulcoration stylistique du texte que les éditeurs croient devoir imposer à la compréhension du jeune lecteur.

Le fait pourtant existe, même s'il ne fait qu'illustrer un aspect de la société de consommation : le conte pour enfants est incontournable ; le regard de l'enfant finira tôt ou tard par le rencontrer, sur les rayons des grandes surfaces de vente auxquelles plus personne n'échappe, et plus tard à l'école.

L'école ? Parlons-en. Qui ne se rappelle l'heure du conte à la maternelle, ou même à la grande école, lorsque la maîtresse, pour nous récompenser d'avoir été bien sages, nous réunissait autour d'elle et d'une voix étonnamment contrefaite par rapport à son ton habituel, commençait à dire, en ouvrant pour nous les portes du mystère : « Il était une fois... » ? Nombreux sont les écrivains-pédagogues, de Sarah Cone Bryant à Georges Jean, qui parlent dans leurs écrits de cet enchantement délicieux de leurs premières années d'école et de ces traces restées indélébiles. Et il est parfaitement souhaitable que de tels moments de poésie, de rêverie et de mystère continuent à alimenter nos pratiques pédagogiques.

Mais là ne s'arrête pas la pédagogie du conte à l'école. Depuis quelques années, plus précisément depuis le début de la décennie des années quatre-vingt, des formateurs de maîtres dans les écoles normales d'instituteurs devenues maintenant les IUFM et des instituteurs eux-mêmes engagés dans des recherches pédagogiques se sont intéressés aux travaux de Bettelheim, de Propp et de ses épigones pour nourrir leurs pratiques professionnelles dans le domaine de la lecture et de l'expression écrite, et ont parfois abouti à la publication de leurs résultats. On pourrait dire qu'ils ont donné naissance à une nouvelle didactique du conte à l'école, courant dans lequel cet ouvrage se situe également.

Et tant pis pour les critiques de ceux qui estiment que la pédagogie du français, en s'annexant le conte et en en faisant un des moteurs de la production de textes correspondant au type narratif de la typologie d'Adam, finira par l'appauvrir de son contenu merveilleux et par le domestiquer banalement en le dépouillant de sa fonction symbolique et initiatrice ! Je soutiens résolument et fermement un point de vue contraire : la pédagogie du conte en tant que faisant appel à la motivation de l'enfant pour la lecture et à la créativité dans l'expression écrite n'est en rien appauvrissante et ne vient pas en contradiction avec la fonction habituelle du conte merveilleux, qui est de ravir par enchantement. Ouvrir l'esprit de l'enfant sur le mécanisme de la construction du récit qui l'a enchanté n'est pas contradictoire avec le charme opérant au niveau primaire du texte. A-t-on tué la poésie le jour où l'on a donné aux élèves la possibilité d'analyser la construction et les éléments pertinents de l'écriture poétique et de produire à leur tour des textes poétiques ? Sur un autre plan plus familier : a-t-on tué le Père Noël en expliquant à l'enfant ce qu'est vraiment le Père Noël, à savoir une superstition qui nous fait infiniment plaisir ? Non assurément.

Revenons au conte : la plupart des pédagogues seront d'accord pour reconnaître qu'il ne peut y avoir de création sans imprégnation préalable et sans analyse. Leur intérêt est plus de former des enfants créateurs de contes que de former des enfants conteurs. Et quand bien même ceci serait un des résultats de leur action pédagogique, on devrait s'en réjouir. On a vu des élèves du CM lire et conter des histoires aux petits du CP dans certains milieux défavorisés après avoir étudié le conte de manière approfondie. Où est le gain, où est la perte ? La réponse à cette question est facile. On voit mal quel déclin pourrait subir l'imaginaire de l'enfant dans de telles pratiques, sauf à le laisser seul en face de sa tâche sans intervention de l'adulte. Du reste rien n'interdit de continuer à favoriser la pratique du « contage » oral, telle qu'elle se renouvelle maintenant à l'école sous l'effet de l'entrée en son sein d'intervenants culturels. La preuve est faite que depuis que les conteurs professionnels sont habilités à exercer leur art en milieu scolaire grâce au financement de l'aide aux projets d'écoles par l'Éducation nationale et la Culture, la part du conte n'y est plus réduite à celle de Cendrillon, mais devient une place de choix, témoin de son renouveau, et capable de sauvegarder la tradition orale en trouvant à l'intérieur même du système éducatif le conservatoire qui lui manquait. L'école conservatoire des arts et traditions populaires ? Oui, pourquoi pas, et dans le même esprit que celui qui préside à l'enseignement des langues et cultures régionales, à condition toutefois qu'il ne s'agisse pas d'une « mise en conserve » de type musée et que les pratiques pédagogiques d'exploitation de ces objets culturels en soient singulièrement vivifiées.

Quant au reproche portant sur l'appauvrissement de la fonction symbolique et initiatrice des contes par la pédagogie scolaire, il devient caduc si l'on approfondit la réflexion sur la manière dont opère l'école au niveau de l'entrée de l'enfant dans le monde de l'écrit. Ceux qui voudraient limiter la pratique du conte à l'école au « contage » oral, prétextant par là que c'est le seul niveau où l'on respecte à la fois l'imaginaire de l'enfant et son accès au symbolique, oublient de penser qu'aujourd'hui le conte s'inscrit principalement dans la dimension du symbolisme écrit, et constitue un genre littéraire qui comporte ses lois, ses conventions, son code linguistique. Qu'on le veuille ou non, la civilisation que valorise l'école, reflet des valeurs dominantes du corps social, fait prévaloir la culture de l'écrit, au reste seul moyen d'accès à la réussite scolaire. Le symbolisme conventionnel qui est celui de l'écrit et qui permet aux hommes de communiquer par-delà le temps et l'espace exige que l'enfant, pour accéder lui aussi au statut d'élève et plus tard à celui d'homme, subisse une épreuve initiatrice. Aux rites d'initiation à la société des adultes si souvent symbolisés dans les contes oraux traditionnels, et plus spécialement dans ceux qui reprennent les mythes des sociétés tribales auxquelles s'intéressent les ethnologues, s'est substitué un autre phénomène social d'intégration « dans une culture où la tradition de l'écriture prévaut, et où l'apprentissage de la lecture est en quelque sorte l'épreuve initiatique requise pour appartenir pleinement au groupe[1] », comme l'écrit si bien Élisabeth Gardaz. L'entrée réussie au CP dans le monde des symboles, où le désir affirmé d'admission dans le monde de l'écrit devient la seule carte d'accès à bord valable pour la réussite scolaire, ne correspond-elle pas à cette épreuve initiatique et hautement symbolique ?

C'est précisément la raison pour laquelle j'ai jugé utile de consacrer une partie importante de l'ouvrage à la rééducation à l'école, domaine où

1. Elisabeth Gardaz, « Le Conte dans la littérature pour enfants : un espace symbolique et pour le symbolique », *in Livres et bibliothèques pour enfants,* sous la direction de C.-A. Parmigiani, Éditions du cercle de la librairie 1985, p. 32.

les problématiques du désir – désir d'apprendre, désir de grandir, désir de réussir – sont plus spécifiquement prises en compte. Ma pratique professionnelle m'a amené à intervenir dans le secteur de la formation des maîtres chargés des rééducations et à découvrir que les enfants pris en charge par ces personnels sont le plus souvent dans une situation de non-identification des attendus de l'école, de ses repères de fonctionnement et de réussite, de ses enjeux. L'apparent désintérêt pour la chose scolaire qu'ils présentent est un signifiant majeur que l'on peut interpréter comme une impossibilité de franchir le pas entre leur monde, encore fermé pour des raisons tenant autant au psycho-affectif qu'au social, et l'espace scolaire symbolisant la culture qui fait réussir ceux qui savent en décoder les clés. D'où les difficultés pour ces enfants de l'accès au symbolique à la fois sur le plan affectif et intellectuel, de la distanciation du réel par rapport à l'imaginaire, de l'expression du désir de réussir et de la relation à autrui. L'utilisation du conte, parce qu'il met en scène des situations où des épreuves et des quêtes se concluent en dénouements de réussite, à l'instar des épreuves difficiles et des quêtes douloureuses de l'enfant perturbé pris en rééducation, semble être un médiateur entre l'imaginaire de l'enfant, qu'il prend largement en compte, et la construction de compétences de l'élève que l'école attend de lui et qu'elle tente de lui rendre désirables. Partir de l'imaginaire pour parvenir, par un détour en quelque sorte lui aussi initiatique – il s'agit de l'initiation au sens large à une société où le principe de réalité prend le pas sur celui du plaisir sans le refouler définitivement –, tel est le pari que doit faire le rééducateur s'il veut concilier les extrêmes et les contraires, ce qui est la raison même de son travail. En effet une (ré)éducation réussie est celle qui parvient à rendre désirables des objets qui *a priori* paraissaient hors d'atteinte, et qui à leur tour peuvent procurer du plaisir.

Mais ces remarques, le lecteur l'aura compris, ne concernent pas que les enfants pris en charge par les réseaux d'aide spécialisée. Elles s'appliquent également au processus de maturation de tout individu. L'expérience culturelle, comme l'a dit Winnicott, commence chez le jeune enfant dans le jeu, le fantasme, la rêverie, et s'inscrit dans un espace potentiel. Elle se poursuit à l'âge de l'adolescence et de l'état adulte par la fréquentation des arts, de la religion, du travail scientifique créatif, dit l'auteur de *Jeu et réalité*. Gageons que le conte pourrait bien être pour l'enfant cet objet transitionnel qui lui permet de passer du monde de l'omnipotence imaginaire à celui de l'expérience culturelle, et où le plaisir et le désir peuvent trouver leur source de renouvellement.

Première partie

Approches théoriques du conte

1

La place du conte dans la littérature pour enfants

Le conte semble être un domaine privilégié et spécifique à l'enfance, et plus particulièrement lorsqu'il y est question de fées, de lutins, d'ogres, d'événements surnaturels. Il appartient lui-même à un genre littéraire, qui est le conte populaire, caractérisé autrefois par la seule transmission orale dans des assemblées constituées de familles de paysans réunis au moment de la veillée, ou de soldats ou encore de marins au long cours. Cette pratique du « contage » a quasiment disparu aujourd'hui en France et ne reste vivace que dans les pays où la culture orale est encore prévalente par rapport à la culture écrite.

Le conte traditionnel oral fait cependant l'objet d'un renouveau, tant auprès des chercheurs folkloristes, qui continuent à en collecter et à en transcrire les rares versions encore inconnues, que des conteurs professionnels, la plupart issus du monde des comédiens de théâtre, qui donnent des « récitals » (le terme n'est pas si impropre puisqu'il s'agit bien d'un récit) devant des publics adultes avertis ou des publics scolaires.

Le conte merveilleux

Ce qui caractérise tous les contes, qu'ils soient pour enfants ou pour adultes, qu'ils s'apparentent au récit « vrai » ou qu'ils ne concernent que la seule fiction, c'est avant tout qu'ils appartiennent à la littérature de type narratif relatant des faits qui ont un début, un développement et une fin dans le temps du récit qui est énoncé. Ainsi, la formule « Il était une fois... » en marque très souvent le début, mais tout conte peut également être introduit par une formulation qu'utilise l'énonciateur pour marquer le commencement de l'histoire, dont il nous dit rarement quels événements la précédaient. À la fois dans le temps – celui du récit qui commence et qui va se conclure quelques lignes ou quelques pages plus loin –, mais aussi hors du temps, puisque l'énonciateur va détacher du temps historique, sans le préciser – « au temps où les souhaits se réalisaient encore », dit le commencement du conte *Le Poêle de fonte* des Grimm –, son histoire qui du reste n'a ni avant, ni après, sauf celui d'une période où les héros vivront heureux jusqu'à la fin de leurs jours.

Il arrive même souvent que le début d'un conte merveilleux se passe de la formule « Il était une fois... ». C'est par exemple le cas pour *Le Chat Botté* de Perrault, qui commence ainsi : « Un meunier ne laissa pour tous biens à trois enfants qu'il avait, que son moulin, son âne, et son chat. » Un conte relatant une histoire « vraie » pourrait commencer de la sorte et se conclure également par un état nouveau marquant sa clôture dans le temps du récit. Ajoutons que le conte se déroule toujours au passé, exprimé par les temps de l'imparfait et du passé simple, qu'il ignore le plus souvent la description des lieux et des personnages, ces derniers étant en fait davantage des « actants » que des personnes, ce qui leur donne peu d'importance sur le plan psychologique, et nous aurons une première approche de ce genre littéraire dont la fonction est plus de distraire que d'apporter un savoir.

Les autres contes

Le conte merveilleux appartient à un genre plus vaste, que les folkloristes appellent le conte populaire et qui relève du folklore verbal, tout comme les chants populaires, les proverbes, les comptines et autres manifestations linguistiques des patois régionaux. À partir de la fin du XIXe siècle, les folkloristes ont tenté de dresser des catalogues raisonnés des contes populaires en collectant les diverses versions et en les transcrivant dans la langue spontanée des conteurs, parfois en les traduisant du patois en français, mais jamais en leur ajoutant une quelconque fioriture littéraire. Ce n'est pas le cas des écrivains comme Perrault, et dans une moindre mesure des Grimm, qui sont plus à considérer comme des adaptateurs que comme des transcripteurs, même s'ils ont procédé aux mêmes collectes que les folkloristes. On sait que ces derniers parviennent à localiser les diverses variations d'un même conte-type dans la plupart des régions de la planète, aidés au besoin par les ethnologues. Ainsi, un de nos plus célèbres contes, *Cendrillon,* est connu dans trente-huit versions françaises, répandu en Allemagne où les Grimm l'ont transcrit sous le nom d'*Aschenputtel,* et est également conté aux Indes, aux Philippines, en Afrique, et dans les deux Amériques.

Les spécialistes ont l'habitude de classer les contes populaires en s'inspirant de la classification internationale d'Aarne-Thomson[1] qui distingue de manière arbitraire les *contes d'animaux,* numérotés de 1 à 299, les *contes proprement dits* (de 300 à 1199), les *contes facétieux*, et en dernière position les *contes énumératifs* ou *randonnées* – il s'agit de contes où une phrase est répétée sans cesse et qui n'ont pas de fin –, ces deux dernières catégories étant numérotées de 1200 à 2340. Seule la catégorie « contes proprement dits » nous intéresse ici ; elle se subdivise en :

- *contes merveilleux*, souvent appelés en français improprement contes de fées, ces personnages intervenant dans très peu de contes. Les intervenants surnaturels peuvent tout aussi bien être des enchanteurs, des sorciers, des lutins, des ogres, etc. Cette catégorie est en fait assez réduite dans le répertoire général ;
- *contes réalistes ou nouvelles* de structure quelque peu semblable aux contes merveilleux, mais sans intervention obligatoire du surnaturel. Le type en est le conte des *Mille Et Une Nuits* ;
- *contes religieux distincts des légendes* ;
- *histoires d'ogres stupides.*

On voit à travers cette classification la difficulté de procéder à des repérages satisfaisants ; cependant, comme nous ne nous intéressons qu'aux contes merveilleux, cela ne nous gênera pas outre mesure.

Pour les contes français seulement et pour les contes des Grimm qui leur sont apparentés, on se référera au catalogue Delarue-Tenèze qui est établi d'après la classification internationale Aarne-Thomson :

« I. *Contes proprement dits :*

1. *Contes merveilleux (*adversaires surnaturels, époux enchantés, tâches surhumaines, aides surnaturels, objets magiques, pouvoir ou connaissance surnaturels)[2]. »

1. Anthi Aarne et Stith Thomson, *The types of folktale,* FFC, Helsinki 1928, rééd. 1961.
2. Paul Delarue, *Le Conte populaire français.* Catalogue raisonné des versions de France et de pays de langue française d'Outre-mer, Érasme, 1957, p. 4.

J'ajouterai à cette liste une catégorie : celle des *contes parodiques.* Ce type de contes, qui n'est pas redevable à la tradition orale, est produit exclusivement par des auteurs qui réalisent un pastiche d'un conte traditionnel célèbre, en inventant de toutes pièces une variante. Plusieurs écrivains modernes se sont illustrés dans ce type d'écrit, parmi lesquels les plus connus sont Roald Dahl, Philippe Dumas, Pierre Gripari, Grégoire Solotareff, Michel Tournier. Ces contes merveilleux modernes reprennent des motifs anciens puisés dans la tradition orale ou dans la littérature écrite et les arrangent dans un récit détourné du récit originel. D'où l'appellation également de *contes détournés,* qui sont des variantes d'un conte-type.

L'ORIGINE DES CONTES

Contes, récits mythiques, fables et légendes ont en commun de constituer un récit écrit ou parlé dans lequel la plupart des personnages possèdent une nature à la fois humaine et surhumaine, agissant dans des événements et un environnement à la fois réels et surréels, dans une fusion totale du récit[1].

Qu'est-ce qu'un mythe ? Un récit imaginaire d'exploits réalisés par des personnages considérés comme ayant des pouvoirs quasi divins, en tout cas hors du commun des mortels. Ainsi en est-il des mythes grecs contant les exploits sur terre et sur l'Olympe des dieux et des demi-dieux.

Qu'est-ce qu'une légende ? Un récit d'exploits réalisés par des personnages ayant vraisemblablement existé, mais qui étaient censés disposer de pouvoirs surnaturels, amplifiés par l'imaginaire de ceux qui ont transmis la légende. C'est la *saga* nordique, la *Sage* germanique chantée par la poésie épique et le théâtre lyrique.

Qu'est-ce qu'une fable ? Un récit également imaginaire mettant en scène des animaux qui parlent et qui servent d'illustration à des préceptes moraux. On connaît les fables d'Ésope et de Phèdre, qui ont inspiré La Fontaine. Les motifs de certaines de ces fables sont communs à des contes d'animaux. L'exemple frappant en est « Le loup, la chèvre et les chevreaux »,

1. D'après Didier Casalis, article « Mythe et mythologies » de *La Grande Encyclopédie,* Larousse, 1975

conte-type n° 123 de la classification Delarue-Tenèze, qui englobe aussi bien *Le Loup et les sept chevreaux* des Grimm que la fable de La Fontaine *Le Loup, la chèvre et le chevreau* (IV, 15 et 16). La différence entre les fables d'animaux et les contes d'animaux est parfois mince.

Et le conte dans tout cela ? On trouvera quelques éclairages intéressants sur les éléments divergents entre contes et mythes chez Mircea Eliade, dans un appendice à son livre *Aspects du mythe*. Reprenant une étude de Jean de Vries, à laquelle il souscrit sur plusieurs points, l'historien des religions examine lui aussi les rapports qu'entretiennent conte et mythe en les confrontant à la *saga*. Il est difficile de retrouver la forme originelle première d'un conte, la *Urform,* et on en est réduit à des hypothèses. Le plus vraisemblable est que « les mêmes archétypes – c'est-à-dire les mêmes figures et situations exemplaires – reviennent indifféremment dans les mythes, dans les *saga* et dans les contes[1] ». Mais dans le premier et le second cas, le héros finit tragiquement, alors que dans le conte le dénouement voit presque toujours le héros réussir son affaire.

Alors que la *saga* est encore proche du monde mythique, le conte s'en éloigne, ses personnages paraissant n'avoir plus besoin de l'aide des dieux, mais plutôt de celle de protecteurs et d'aides humains ou magiques. À tel point que Mircea Eliade estime qu'entre le pessimisme de la légende et l'optimisme du conte s'opère une « progressive désacralisation du monde mythique » (*op. cit.*, p. 240). L'origine exacte du conte ne le préoccupe d'ailleurs pas plus qu'elle n'intéresse le folkloriste, pour lequel l'apparition du conte dans la littérature orale en tant que récit est seule importante. Il n'y a pas de continuité entres les scénarios des mythes et ceux des légendes et des contes merveilleux, ces derniers se distinguant des deux précédents par « une dégradation du sacré », formule que préfère finalement Mircea Eliade. En effet, il y a une sorte de camouflage des motifs et des personnages mythiques, bien que ceux-ci interviennent toujours comme protecteurs ou adversaires du héros, en continuant de remplir leur fonction. On remarquera ce que cette analyse comporte comme ressemblance avec celle de Propp et de Greimas (*cf. infra*), les actants pouvant être dans le cas du mythe des divinités, et dans le cas du conte des êtres surnaturels émancipés des dieux, faisant des dons au héros, ou au contraire lui semant des embûches. On retrouve également un élément fort

1. Mircea Eliade, *Aspects du mythe,* Idées Gallimard, 1963, p. 239.

commun au mythe et au conte : le scénario initiatique, marquant le passage infiniment grave entre la vie de l'enfant et celle de l'adulte par le truchement d'une mort et d'une résurrection symboliques. Le conte reproduit sur un autre plan ce scénario d'initiation où la lutte contre le monstre (le mal), les obstacles à vaincre, les énigmes à résoudre, sont l'équivalent, au point de vue des motifs, de la descente aux enfers ou de la montée au ciel.

Plusieurs contes des Grimm reprennent ces scénarios sous une forme religieuse au premier degré à peine dépouillée de ses ornements sacrés, même s'ils sont traités de manière humoristique. Il s'agit le plus souvent d'épreuves imposées par le diable ou par la Mort à un simple mortel qui parvient, grâce à un don donné en échange d'une promesse, à les déjouer et, par un passage dans le monde souterrain, à accéder au paradis. C'est le cas dans les contes *Frère Loustic* et *Jeannot le joueur,* où apparaissent saint Pierre, plusieurs diables, Dieu lui-même, autour du héros pérégrinant entre le ciel et l'enfer. Beaucoup d'autres sont consacrés à la lutte entre le bien et le mal et font intervenir des personnages divins ou diaboliques, qui n'ont pas encore été désacralisés de leurs attributs. Qu'ils appartiennent au monde mythique des forces bienfaisantes ou malfaisantes incarnées par les divinités, les anges gardiens et les diables, ou au monde du conte merveilleux des fées et des sorcières, ces personnages remplissent une fonction d'actant, quelles que soient leur origine et leur condition, que Propp qualifie sous les termes d'agresseur, de donateur, d'auxiliaire et de mandateur. On pourra donc provisoirement conclure que ce qui est important, aussi bien dans le conte que dans le mythe, ce n'est pas ce que les personnages sont, mais ce qu'ils font.

Ce sont surtout les contes des Grimm qui marquent cette transition dans la littérature orale où des personnages passent du statut sacré au statut laïque ou magique, tout en conservant leurs fonctions. La fonction demeure, c'est l'incarnation qui change. Et si cette dernière fait l'objet d'une description sommaire et donne peu de profondeur et d'épaisseur aux personnages (un meunier *X*, un roi *Y*, une princesse *Z*, tous personnages dont on nous dit rarement le nom), ce n'est pas seulement pour laisser au lecteur le soin et le plaisir d'imaginer tout le reste (est-il d'ailleurs important que le chaperon soit rouge ou vert ou que la pantoufle soit de vair ou de verre ?), c'est avant tout parce que la question capitale qu'aborde le conte est de savoir ce qui agit ou qui est agi dans les personnages, au-delà de la mise en scène dans laquelle ils interviennent. C'est pourquoi je peux comprendre que certains puissent trouver peu d'intérêt, voire de charme, à la projection d'un conte adapté par Walt Disney, où l'effet plastique des décors et des personnages relègue l'intrigue loin derrière.

Propp lui-même dans *Les Racines historiques du conte merveilleux,* ouvrage moins connu que son œuvre maîtresse, tente de trouver les explications à l'existence de contes semblables en Russie, en Europe, en Amérique, en Nouvelle-Zélande, alors qu'aucun argument scientifique n'a encore démontré la présence de relations archaïques entre les divers peuples de la planète. Comme d'autres, il suppose qu'il y a un rapport entre mythes et contes merveilleux, mais à la différence du mythe, qui naît vraisemblablement en même temps que le contexte social qui le fait surgir, le conte n'est pas contemporain du temps où se déroule le récit. Il apparaît plus tard que ce contexte et en garde le souvenir. Par conséquent, le conte est forcément « hors du temps », et conserve essentiellement des rites primitifs qui ont subi des transformations. Sa démonstration, s'appuyant sur l'évolution des modes de production des biens matériels conditionnant les processus sociaux, politiques et culturels, est d'inspiration marxiste : le conte merveilleux est un phénomène de superstructure antérieur aux sociétés féodales, témoin de la modification de l'infrastructure économique. En tant que tel il a conservé la trace de nombreux rites, et d'abord ceux des sociétés primitives. Il s'agira donc d'établir et d'analyser des parallèles entre les éléments du conte merveilleux et les rites et les croyances des sociétés claniques. La théorie de l'origine mythique des contes n'est pas intégralement contestée, mais simplement remaniée à la lumière d'une autre, qui est d'affirmer que les rites ne mettent pas en scène des mythes existants, mais que ce sont ces derniers qui procèdent des rites. Propp fournit de nombreux exemples qui sont censés expliquer certains motifs des contes merveilleux. La forêt mystérieuse des contes lui semble être le lieu où se déroulaient les cérémonies d'initiation. « Cela est un trait constant, obligatoire, du rite d'initiation dans le monde entier[1] », écrit-il en s'appuyant sur les travaux des ethnologues. Au moment de la puberté, le jeune homme est introduit dans la société tribale, soumis à une cérémonie rituelle accompagnée de sévices et de tortures au cours de laquelle il est supposé mourir et ressusciter comme homme nouveau.

Ces motifs se retrouvent dans le conte, où la forêt est le lieu dans lequel l'enfant-héros est abandonné par sa marâtre, ou bien exilé volontairement

1. Vladimir Propp, *Les Racines historiques du conte merveilleux,* Gallimard, 1983, p. 69.

comme soldat fugitif ou tsarévitch. À l'abandon des enfants ou au départ volontaire dans la forêt mystérieuse font suite les différents épisodes des contes où intervient la sorcière, la Baba Yaga des contes russes, tantôt donateur du héros, tantôt personnage maléfique. Elle lui donne à manger mais lui impose aussi des chicanes : l'épreuve du feu, l'interdiction de se laver, etc. La Yaga est liée au cycle de l'initiation et incarne la fonction de gardienne du royaume des morts. La forêt du rite préfigure la forêt de la demeure de la sorcière d'*Hänsel et Gretel* où se déroulent d'étonnantes épreuves : être abandonné, devoir manger et risquer d'être mangé, résister au feu…

D'autres motifs du conte peuvent trouver leur origine dans des rites primitifs comme celui de l'interdiction de quitter la maison, assortie d'autres tabous, et celui du démembrement-remembrement du corps humain. Le premier évoque irrésistiblement *Barbe-Bleue* de Perrault, mais aussi *L'Enfant de Marie* et *L'Oiseau d'Ourdi,* deux contes des Grimm. Nous pouvons retrouver l'interdit de se laver pour l'initié et l'obligation de se couvrir de cendres, rites primitifs, dans deux autres contes des Grimm : *Le Frère noir de suie du diable* et *L'Homme à la peau d'ours,* qui reprennent littéralement ces motifs. Quant au remembrement-démembrement, rite où le garçon était symboliquement coupé, dépecé et démembré avant d'être ressuscité dans son intégrité, comment ne pas le retrouver dans *L'Oiseau d'Ourdi,* où l'héroïne reconstitue et ressuscite ses sœurs coupées en morceaux par le maître-sorcier, ou dans *Frère Loustic,* qui ressuscite le corps d'une princesse à partir de ses membres découpés ? Le conte, héritage de la religion, traduit le passage du sacré au profane : la déesse-mère devient une sorcière qui veut brûler les enfants, mais qui, ajoute Propp, est brûlée à son tour par le conteur. Le sacré et le terrible peuvent se transformer « en un grotesque mi-héroïque, mi-comique » (*op. cit.*, p. 142).

D'autres théories sur l'origine des contes cherchent à démontrer qu'un même motif est à l'origine de contes multiples qui ont émigré à partir d'un point unique. C'est la théorie indo-européenne qui soutient que les contes populaires sont des « reflets dégradés de mythes solaires indo-européens nés en Inde, berceau supposé du peuple aryen, mais développés, diffusés, et déformés lors de la dispersion de ce peuple à travers l'Asie et l'Europe[1] ».

On ne trouvera jamais quel genre, quel type, furent à l'origine de tous les autres. Il nous suffit de constater des motifs identiques. En voilà

1. Michèle Simonsen, *Le Conte populaire français,* Que-sais-je, PUF, 1994, p. 32.

quelques autres, dus au folkloriste Paul Delarue, puisés dans la mythologie grecque qui ne laissent non plus de doute sur les relations entre conte et mythe.

La méprise à laquelle succombe l'ogre du *Petit Poucet* en tuant ses propres filles est un motif déjà attesté dans le mythe grec d'Athamas. Thémisto, épouse d'Athamas, roi de Thessalie, jalouse d'Ino, la première femme de ce dernier, projette de tuer les enfants de sa rivale. Elle donne l'ordre à ses gardes de tuer les deux enfants, vêtus de noir, et d'épargner les siens, vêtus de blanc. Or Ino, qui avait deviné ses intentions, avait habillé ses propres enfants en blanc et les enfants de Thémisto en noir. Cette dernière assassine donc par méprise ses propres jumeaux et par désespoir se suicide. La source écrite de cette légende mythique se trouve dans un fragment d'Euripide, *Ino*[1].

Dans un conte des Grimm, *Jeannot le joueur,* on repère des motifs tirés du mythe de Sisyphe. Jeannot reçoit de Notre Seigneur et de saint Pierre une carte à jouer magique comme don pour un service rendu qui lui permet de gagner à tous les coups contre n'importe quel adversaire. Il défie la Mort au jeu de cartes et l'enchaîne pendant sept ans sur un arbre, laps de temps pendant lequel il n'y aura aucun décès parmi les humains. Tué par la Mort sur intervention divine, il se rend ensuite aux enfers, au purgatoire, puis au ciel, où il finit, avec ruse, par être accepté. Dans le mythe de Sisyphe, Zeus, à la suite d'une vengeance, chargea Hadès, la Mort, de s'emparer de Sisyphe. Mais c'est lui qui enchaîna Hadès avec des menottes pendant plusieurs jours où il n'y eut aucune mort d'homme. Zeus alors envoya Arès, dieu de la guerre, pour délivrer la Mort. Libérée, celle-ci entraîna Sisyphe aux enfers où il fut condamné indéfiniment à rouler le rocher qui retombe au pied de la colline[2].

La filiation de ces contes, qui évoque des mythes anciens, ne laisse pas de nous étonner. Il ne s'agit pas de détails mineurs ou aléatoires. Luda Schnitzer, qui a étudié les contes du monde entier, a retrouvé dans de nombreuses variantes dispersées sur plusieurs continents des motifs qui peuvent être rattachés aux mythes anciens, tels que celui des pérégrinations

---

1. Paul Delarue, *op. cit.*, p. 327, et Robert Graves, *Les Mythes grecs,* tome I, Fayard, collection « Pluriel », 1967, p. 245-246.
2. Paul Delarue, *op. cit.* p. 363, et Robert Graves, *op. cit.*, p. 235.

d'Orphée, musicien qui défie la mort et charme de son instrument les animaux, les hommes et les dieux[1].

Que conclure de tout cela ? Il semble que dans les contes merveilleux, où les mêmes fonctions sont remplies par une multitude de personnages évoluant au fil des variantes rattachées à un conte-type, le signifié soit plus important que les signifiants, si bien qu'on peut dire que les conteurs, transcripteurs et adaptateurs manipulent plus les symboles et les métaphores que les faits ou les personnages réels. Parce que chaque énonciation nouvelle se situe hors du temps de la naissance du récit, le merveilleux, qui est le rajout qu'apporte à chaque fois celui qui transmet l'histoire, opère sous les formes d'une condensation métaphorique de faits qui se seraient déroulés dans un univers mythique et surnaturel, à une époque où les modèles mythologiques dominants servaient de religion aux sociétés primitives, et la croyance au surnaturel, de seul mode d'explication des phénomènes naturels. De nos jours, comme nous sommes plus ou moins délivrés du recours à la superstition, nous ne croyons pas plus aux contes merveilleux qu'au Père Noël ; mais, l'imaginaire étant nécessaire à la raison, et inversement, chacun joue délicieusement à y croire, pour se faire plaisir en quelque sorte.

De générations en générations, se transmettent ainsi, plus par l'écrit maintenant que par l'oral, les histoires qui ont enchanté et qui continuent d'enchanter la pensée enfantine, qui, comme chacun le sait, est sur le plan du syncrétisme et de l'animisme en parfaite concordance avec le mode de pensée que véhicule le conte. Aimer la fiction, ce n'est pas adopter la fiction comme mode d'explication du sens du monde et de l'homme, c'est la situer hors du temps et de l'espace, et donc de la condition humaine, quelque part où le plaisir de l'esthétique que procure la narration du fictif est éminemment désirable. En somme, le conte merveilleux ne nous donne d'autre pouvoir que celui d'assumer le réel par une culture de l'imaginaire. Si cette affirmation n'apporte pas plus d'éclairage sur l'origine des contes, elle témoigne cependant de leur extrême fécondité qui en assure la diffusion par delà les siècles.

1. Luda Schnitzer, *Ce que disent les contes,* Éditions du Sorbier, rééd. 1995, p. 152 et suivantes.

Charles Perrault et la mode des contes de fées

Ce n'est qu'à la fin du XVIIe siècle que la littérature pour enfants prend son véritable essor, car il n'existait rien avant, hormis deux ou trois livres didactiques en Angleterre et en France au XIVe siècle et malgré la naissance de l'imprimerie deux cent cinquante ans auparavant. A. Brauner, qui fut un des premiers à s'intéresser au livre pour enfants, dans une étude dont le titre ne laisse aucun doute sur ses véritables motifs[1], considère le *Pantchatantra* comme le premier ouvrage pour enfants au VIIe siècle avant J.-C. L'imprimerie n'étant pas encore inventée, il est permis d'avoir quelque doute sur la réelle présence d'un écrit et sur sa diffusion à cette époque-là. Pourquoi donc la littérature enfantine connaît-elle ses premiers succès quelques décennies avant qu'une idée neuve de l'enfance ne soit lancée par Rousseau, qui, notons-le au passage, voulait tenir Émile éloigné des contes et des fables et à distance de tout livre autre que *Robinson Crusoë* ?

C'est vers 1685 que naît, dans les salons fréquentées par les dames de la cour, la mode des contes de fées, qui ne sont pas destinés, dans ces lieux de mondanités, à la jeunesse mais qui sont des récits où se mêlent la galanterie et le souvenir des contes racontés aux enfants de la noblesse par les nourrices. Il reviendra à Charles Perrault de publier, le premier en France en même temps que Mlle Lhéritier, des contes merveilleux, considérés par Paul Hazard comme la première œuvre de la littérature enfantine[2].

Lorsque paraissent en 1697 les *Histoires et contes du temps passé, avec des moralités,* l'auteur a près de soixante-dix ans. Haut fonctionnaire du ministère de Colbert, il a donné des gages de fidélité au règne de Louis XIV, et a derrière lui, comme membre de l'Académie française, une réputation d'écrivain polémiste, puisqu'il s'était illustré dans la querelle des Anciens et des Modernes, comme partisan des seconds contre ceux du parti de Boileau. C'est en 1691 que paraît le premier récit en vers, *La Marquise de Sallusses ou la patience de Grisélidis.* Le second conte en vers, *Les Souhaits ridicules,* est publié en 1693 ; puis un recueil reprenant les deux premiers auxquels Perrault ajoute *Peau d'Âne,* également en vers, voit le jour en 1694. En 1696, le *Mercure galant* édite *La Belle au bois dormant,* puis l'an d'après paraissent *Les Histoires ou contes du temps passé,* ouvrage préfacé

1. A. Brauner, *Nos livres d'enfants ont menti,* SABRI, 1951.
2. Paul Hazard, *Les Livres, les enfants, les hommes,* Boivin, 1949.

par un nommé P. Darmancour. Ce volume célèbre, dans lequel n'apparaît pas le nom de Perrault, Pierre Darmancour-Perrault étant le nom de son fils, contient huit contes en prose, dont sept nouveaux : *La Belle au bois dormant, Le Petit Chaperon rouge, La Barbe-Bleue, Le Maître chat ou le Chat botté, Les Fées, Cendrillon ou la petite pantoufle de verre*[1], *Riquet à la houppe, Le Petit Poucet.*

Il est établi aujourd'hui que ces contes attribués à Charles Perrault étaient d'abord destinés aux adultes et aux enfants des classes cultivées seulement, puisque chaque conte se conclut par une moralité en vers, et que leur auteur les a arrangés selon son propre goût par une stylisation littéraire, qui reste néanmoins proche de la simplicité et d'une vivacité de bon ton, contrairement à ses imitatrices de l'époque qui écrivent une littérature précieuse et affétée. « Perrault est frais comme une aube ; on ne finit pas de découvrir ses qualités. De la malice, de l'humour. Et cette grâce aisée ; il n'a jamais l'air d'accomplir un tour de force », dira de lui Paul Hazard (*op. cit.*, p. 21).

Pourquoi ce titre bizarre : *Contes de ma mère l'Oye,* accolé au titre principal du recueil de 1697 ? Pour faire « plus peuple » sans doute. Bien qu'à la fin du XVIIe siècle la majeure partie des Français ne sache pas lire, et encore moins écrire, puisque seulement un tiers des hommes et un huitième des femmes sont en mesure de signer leur acte de mariage, Perrault cherche à conquérir une clientèle plus large que les seules classes cultivées. Le succès lui donnera raison, et ses contes issus de la tradition populaire y retourneront pour alimenter les récits des nourrices, dont on trouve un portrait fidèle dans le frontispice de l'édition de 1697 : une conteuse, tenant la quenouille à filer et coiffée d'un bonnet de nourrice, est assise face à trois enfants près d'une cheminée d'un intérieur bourgeois ; à la porte est accroché un panneau où l'on peut lire *Contes de ma mère l'Oye*. Ces « contes de bonne femme » (l'Oye = l'oie ?), comme les appellent les lettrés, seront repris par la « Bibliothèque bleue[2] » répandant dans les campagnes la littérature de colportage, née au début du XVIe siècle, par laquelle, à partir du règne de Louis-Philippe, les contes de Perrault connaîtront une diffusion considérable, qui s'accompagne également de celle des

1. Et non pas « pantoufle de vair » que l'on retrouve dans plusieurs éditions après que Balzac eut lancé l'idée que le vair, qui est une fourrure, convenait mieux comme matériau !
1. Bibliothèque bleue parce que les livrets étaient très souvent imprimés sur du papier bleu.

abécédaires et d'autres récits merveilleux. Dans les classes cultivées l'engouement pour les contes est également très vif. De 1704 à 1712 paraissent les dix volumes des contes des *Mille Et Une Nuits.* Imitant Perrault, Mlle Lhéritier et Mme d'Aulnoy rivalisent dans leurs arrangements de contes populaires. Une gigantesque compilation de plus de quarante volumes est éditée de 1785 à 1789 à la fois en Suisse et en Hollande sous le titre de *Cabinet des fées* reprenant les divers ouvrages qui ont paru tout au long du siècle.

Voyons d'un peu plus près les dix contes de l'ouvrage de Perrault qui lui ont valu une notoriété littéraire sans pareille en France, si ce n'est au XIXe siècle Bruno et son succès constamment réédité, *Le Tour de la France par deux enfants*.

Peau d'Âne. Une édition ultérieure en prose attribuée à Perrault est souvent reprise dans les albums pour enfants, mais l'originale est en vers. Puisant dans la tradition orale, Perrault a aussi pu s'inspirer de deux auteurs italiens : Straparola, qui conte l'histoire de Doralice dans *Les Facétieuses Nuits,* ouvrage qui avait été traduit en français dès 1560 ; ou Basile, auteur du *Pentaméron,* paru à Naples en dialecte local. Les Grimm ont publié sous le titre de *Peau de mille bêtes* ou *Toutes fourrures* (selon les traductions) une histoire très apparentée, où l'héroïne, également revêtue d'une peau de bête, prépare au roi des soupes dans lesquelles elle glisse un anneau d'or avant de se faire épouser par lui. Comme dans Perrault, le conte allemand commence par l'interdit de l'inceste entre le père et sa fille, aussi belle que sa défunte mère.

Les Souhaits ridicules. Le conte ressemble à un fabliau médiéval où, de souhaits en souhaits, la condition sociale de deux manants s'améliore jusqu'à revenir à la situation initiale. Chez les Grimm, les mêmes motifs sont repris dans *Le Pauvre et le riche,* où la femme, au lieu d'avoir un boudin au nez par la magie de son souhait, se retrouve attachée par son séant à une selle. On peut également rapprocher *Les Souhaits ridicules* du conte des Grimm *Le Pêcheur et sa femme,* où, bien que l'intrigue soit différente, l'accomplissement des souhaits suit le même cycle.

La Belle au bois dormant. Ce conte célèbre ne semble pas correspondre à un conte-type européen. Les motifs de la jeune fille endormie que réveille un prince sont bien connus dans d'autres contes, de même que l'endormissement provoqué par une piqûre. Perrault s'est encore inspiré du *Pentaméron* de Basile, de même que les Grimm dans *Petite Rose à épines* (seule traduction possible de *Dornröschen*). Le conte allemand s'arrête après la célébration des noces, alors que, dans la version française, le récit s'achève par la mort de l'ogresse, dévorée dans une cuve par des serpents, et après un important épisode consacré aux péripéties des deux enfants, la petite Aurore et le petit Jour, en proie aux désirs anthropophages de l'ogresse.

Le Petit Chaperon rouge. Sans doute le conte le plus célèbre, mais qui chez Perrault se termine de façon tragique par la mort de Mère-grand et de la petite fille, et qui ne contient pas explicitement l'interdit. C'est un « conte d'avertissement », comme le *Schreckmärchen* très peu connu des Grimm, *Dame Trude,* contes qui sont censés faire peur aux petites filles trop peu craintives de faire de mauvaises rencontres, et c'est le seul conte de Perrault qui soit spécifiquement écrit pour les enfants. Paul Delarue a recensé trente-cinq versions françaises, dont vingt orales qui ne doivent rien à l'imprimé. La version allemande des Grimm descend du texte de Perrault, et réserve la vie sauve à la grand-mère et à la petite fille, que le chasseur vient délivrer du ventre du loup endormi. Mais il s'agit là d'une contamination par le conte *Le Loup et les sept chevreaux.* La version nivernaise citée par Paul Delarue laisse également le Chaperon rouge sain et sauf. La petite fille qui se glisse dans le lit avec le loup, comme dans le conte de Perrault, parvient à s'échapper en prétextant un besoin naturel urgent qui lui permet de s'enfuir ; détail horrible : le loup lui a fait préalablement manger la chair de la grand-mère et boire de son sang.

La Barbe-Bleue. Le conte est construit sur le motif de l'interdit et de sa transgression par une femme qui ne peut résister à son désir et à sa curiosité, mais qui sera délivrée par ses frères. C'est la forme la plus répandue en France. Dans tout le reste de l'Europe, c'est la version Grimm, *L'Oiseau d'Ourdi,* qui l'emporte. La femme échappe par ruse au sorcier ravisseur, ressuscite ses sœurs et fait périr le monstre. Un autre conte des Grimm, *L'Enfant de Marie,* met en scène la Vierge Marie, qui est ici l'actant prononçant l'interdit que transgresse une jeune fille devenue reine qui ne doit son salut qu'à l'intervention de la Vierge et à son pardon.

Le Maître chat ou le Chat botté. Un des contes préférés de Michel Tournier qui le place « au-dessus des tragédies de Corneille ou de Racine[1] ». Basile avait déjà écrit l'histoire du chat de Gagliuso, de même Straparola fait donner la propriété d'un fabuleux royaume à Constantin le fortuné par le moyen d'une chatte. Le conte est répandu dans toute l'Europe, en Inde, en Afrique, et en Amérique. Dans les versions populaires européennes, on trouve des noms aussi pittoresques que celui du marquis de Carabas : Monsieur de Marconfare, Monsieur Dicton, le marquis Barbara, et l'animal est parfois un renard. On notera que, comme pour *Barbe-Bleue*, les Grimm retirèrent ce récit, jugé trop peu digne du patrimoine germanique, de la seconde édition de leurs contes.

Les Fées. Nous sommes encore ici chez Basile, qui avait préalablement écrit *Les Trois Fées* et *Les Deux Gâteaux.* Perrault, et les Grimm dans *Les Trois Nains de la forêt,* ainsi que dans *La Noire et la Blanche Fiancée* et dans *Dame Holle*, construisent leur récit sur le principe du « conte en miroir[2] » où deux personnages, le héros et le faux-héros, interviennent en symétrie dans une quête

1. *Le Monde,* 14 juillet 1995.
2. Sur le point des contes en miroir consulter Denise Paulme, *La Mère dévorante. Essai sur la morphologie des contes africains,* Gallimard, 1976.

qui fait triompher le premier et échouer le second. L'un transforme en or tout ce qu'il touche, l'autre expulse des crapauds ou des serpents lorsqu'il parle.

Cendrillon ou la petite pantoufle de verre. La Petite Chatte des cendres de Basile est une version du même conte-type qui sert l'inspiration de Perrault. Delarue et Tenèze ont recensé trente-huit versions françaises de ce conte répandu universellement. Les noms de l'héroïne dans les versions françaises sont aussi colorés que celui de Cinderella dans l'édition anglaise : Cendrouse, Cendrouzette, Cendrassou, La Cendronné, Cendrillonne, Cendrillouse, Culcendron, selon les collectes effectuées par les folkloristes. Dans la version Grimm, *Aschenputtel,* les auxiliaires magiques sont des oiseaux et un arbre sur la tombe de la mère de la jeune fille. Les deux méchantes sœurs sont aveuglées pour leur punition par des colombes et pardonnées par la Cendrillon française qui leur trouve de riches seigneurs comme maris.

Riquet à la houppe. Le conte n'est pas issu de la tradition populaire mais s'inspire d'un récit de Mlle Bernard, publié en 1696 sous le même titre. Il a au moins un motif apparenté à *La Belle et la Bête* de Mme Leprince de Beaumont : celui de la métamorphose, même si chez Perrault elle est davantage dans le regard et l'esprit de la princesse que dans la personne physique de Riquet.

Le Petit Poucet. Le motif des enfants abandonnés dans la forêt est connu en France et dans toute l'Europe, où il a donné les versions anglaises de *Tom Thumbe* et allemandes de *Daumestick* des Grimm, traduites en *Tom Pouce.* Mais les versions allemandes et françaises diffèrent considérablement sur plusieurs points. Tom Pouce est aussi malin que le petit Poucet, même s'il ne fait pas s'enrichir ses parents comme dans Perrault. Parti volontairement dans la forêt, et non pas abandonné par ses parents, il passe par diverse épreuves dans le ventre d'une vache et d'un loup, avant de retrouver sa famille. Le conte français est à rapprocher de *Hänsel et Gretel* des Grimm en raison du motif de l'abandon des enfants dans la forêt par leurs parents.

Les émules de Perrault

« À l'imitation de Mlle Lhéritier et surtout du fils de Perrault, au lieu de se borner à faire circuler les contes en des cahiers, on se mit à en publier. Le genre fut surtout pratiqué par les dames », écrit Paul Delarue dans l'introduction à son catalogue raisonné de contes (*op. cit.*, p. 20). Parmi ces femmes écrivains, on retiendra d'abord le nom de Mme d'Aulnoy. Elle publie *Les Contes de fées* en quatre volumes entre 1697 et 1698, puis *Les Contes nouveaux ou les fées à la mode,* en 1699, et elle s'inspire de la tradition orale ou emprunte à Straparola ses thèmes d'écriture. De son œuvre éditée, beaucoup plus ample que celle de Perrault, mais écrite dans un style précieux et complexe, la postérité a retenu quelques contes comme *Gracieuse et Percinet, La Chatte blanche, La Belle aux cheveux d'or, Le Rameau d'or, Le Nain-Jaune, Finette-Cendron* et *L'Oiseau bleu.* Ces deux derniers doivent retenir notre attention, l'un parce qu'il met en scène une histoire où se mêlent les motifs de *Cendrillon* et celui des enfants abandonnés dans la forêt, l'autre parce qu'il est resté célèbre, et dans la tradition orale en Italie, Grèce et Turquie, et également dans l'édition enfantine jusqu'à nos jours.

> C'est l'histoire d'un prince qui tombe amoureux de Florine, une princesse très belle, qui est persécutée par sa marâtre et par la fille de celle-ci, Truitonne, la bien nommée, d'une laideur et d'une méchanceté repoussantes. C'est encore un conte en miroir puisque l'histoire oscille sans arrêt entre les multiples stratagèmes de Truitonne et de sa mère et les épreuves auxquelles ces deux-là soumettent Florine pour la détacher de l'amour du « roi charmant » qui déteste aussi fort Truitonne qu'il aime sa rivale. Le roi est transformé pendant sept ans en oiseau, qui vient voler auprès de Florine, emprisonnée dans une tour. Mais pour le blesser, les deux méchantes femmes font attacher à l'arbre où se repose l'oiseau bleu des épées et autres instruments tranchants et acérés. Un enchanteur essaie d'arranger les affaires du roi mais ne parvient pas à lever la métamorphose maléfique. Le récit est fort long et rebondit sans arrêt en diverses péripéties où l'on perçoit l'affrontement du bien et du mal, de la beauté et de la laideur. Finalement l'intervention d'une fée permet au roi de retrouver sa forme humaine, et le bonheur d'épouser enfin sa Florine. Quant à Truitonne, elle devient une truie pour de bon, grâce à l'action conjuguée de l'enchanteur et de la bonne fée.

Les auteurs de contes merveilleux qui vont suivre Mme d'Aulnoy tentent d'exploiter encore la veine initiale, mais comme ils se détachent de plus en plus de la tradition orale, leur nom tombera rapidement dans l'oubli.

Plus connu est le nom de Mme Leprince de Beaumont (1711-1780), femme de lettres qui fit publier en 1757 *Le Magasin des enfants* et qui laissa à sa mort un ensemble de soixante-dix volumes : récits historiques et géographiques, contes pour enfants et pour adultes, romans. De son œuvre pour enfants, on ne retiendra que le célèbre conte *La Belle et la Bête,* mis en scène à l'écran par Jean Cocteau.

> L'histoire est celle d'une métamorphose d'un prince transformé en monstre par une méchante fée ; il retrouve son apparence première grâce à l'amour que finit par lui vouer sa prisonnière, la fille d'un marchand devant s'acquitter d'un gage – mourir, lui ou sa fille – en contrepartie d'un bouquet de roses arraché dans la propriété de la Bête.

Si l'écriture du texte n'égale pas la sobriété de celle de Perrault, *La Belle et la Bête* est cependant considéré comme un conte très poétique et très émouvant où l'on retrouve la structure type du conte merveilleux traditionnel. Inspiré par l'histoire développée par Apulée dans *L'Âne d'or ou les métamorphoses,* le thème du fiancé-animal s'est répandu dans la tradition orale et a également inspiré le conte des Grimm *L'Alouette chanteuse et sautillante,* dont le début et la fin sont identiques à ceux de *La Belle et la Bête.*

Les frères Grimm

Jacob (1785-1863) et Wilhelm (1786-1859) Grimm sont comme Perrault universellement connus, à tel point qu'on les confond parfois, la plupart des contes de Perrault ayant été également publiés dans une version allemande par les deux frères Grimm, et certaines éditions françaises pour enfants mentionnant même sous le titre du conte « d'après Ch. Perrault et J. et W. Grimm ». Les deux frères sont également connus comme des philologues réputés à l'origine d'un monumental dictionnaire de la langue allemande, dont le dernier tome n'a paru qu'en 1960. Dans la première décennie du XIXe siècle ils se mettent à collecter des contes populaires « à peu près comme s'ils s'étaient mis à courir après des papillons », écrit Paul Hazard (*op. cit.*, p. 198). En effet, leur but n'est pas seulement de divertir les enfants et les adultes comme les conteurs des XVIIe et XVIIIe siècles français, mais avant tout de chercher à garder vive la mémoire de la tradition orale, en transcrivant les témoignages de la *Nationalpoesie,* la poésie populaire romantique de la nation allemande qu'idéalisaient d'autres écrivains amis des Grimm tels que Clemens Brentano ou Achim von Arnim. Poésie mythique, presque sacrée, où le merveilleux est une révélation de Dieu. Aussi bien n'est-il pas étonnant de trouver dans *Les Contes de l'enfance et du foyer,* à la différence des contes de Perrault, de nombreuses références à Dieu, à la Vierge Marie, aux anges gardiens, et d'une manière générale à la lutte entre le bien et le mal.

Le premier volume des *Kinder- und Hausmärchen* paraît peu avant la fête de Noël de 1812 et contient quatre-vingt-six contes. Un volume complémentaire de soixante-dix contes paraîtra en 1815. Une seconde édition complète sort des presses en 1819, dans laquelle on ne trouve plus que des contes strictement nationaux. Les auteurs en ont éliminé quelques textes trop marqués par leur origine étrangère, dont *Barbe-Bleue* et *Le Chat botté*. Ils usent plus volontiers du style direct, emploient des termes plus pittoresques, suppriment le mot « fée » du texte en le remplaçant par « sage-femme » ou « magicienne », ainsi que la plupart des mots étrangers de la première édition, ces retouches étant essentiellement dues à Wilhelm. D'autres remaniements suivront dans les éditions de 1837, 1840, 1843, 1850, et 1857, la dernière du vivant des Grimm, particularité qui amène à s'interroger sur la fidélité des auteurs à la source orale, dont on ne peut pas dire qu'elle soit absolue. De nombreuses études qui ont été consacrées aux *Contes de l'enfance et du foyer* laissent apparaître quelques manipulations des récits de tradition orale dont la littéralité populaire est souvent adaptée, bien que les Grimm s'en défendent.

Les deux cents contes de l'édition définitive n'ont pas tous été recueillis « à la source ». La plupart d'entre eux furent collectés auprès d'un cercle d'amis et de correspondants comportant quelques dizaines de noms, mais dont ceux qui participèrent le plus ne furent qu'une douzaine, tous issus de la bourgeoisie cultivée. Parmi ceux-ci il faut compter la famille Wild, dont Wilhelm épousera une fille, Dorothea, ainsi que la famille Hassenpflug, également de Cassel, la ville où vécurent les Grimm pendant de nombreuses années. Les filles Hassenpflug avaient entendu dans leur enfance les récits contés par Marie, leur domestique, et une de leurs ascendantes était d'origine huguenote, née Droume. Il n'y a aucun doute sur l'origine française de certains des contes des Grimm et sur l'appartenance sociale de leurs informateurs. Même la *Frau* Viehmann, que les Grimm avaient présentée dans leur préface de l'édition de 1819 comme une authentique paysanne et une vraie hessoise, était en réalité d'origine huguenote, née Pierson, et l'épouse d'un maître-tailleur, adressée aux Grimm par un prédicateur français de Cassel. L'image des Grimm se déplaçant dans les campagnes à la manière d'entomologues capturant les contes tout vivants comme des insectes d'une espèce en voie de disparition doit donc être révisée.

Il n'en reste pas moins vrai que la lecture des contes des Grimm, écrits dans une langue où à toutes les pages l'esprit peut s'enchanter du mystère et de la poésie des temps révolus, est un régal que je situerais au même niveau que celui occupé par les contes de Perrault, dont l'humour compense le manque d'effusion lyrique et de dimension fantastique que possède le conte allemand.

Quelles autres différences existent encore entre les contes de Perrault et ceux des Grimm ?

Dans les *Contes de l'enfance et du foyer* les récits se situent souvent dans la forêt, ce qui est l'exception chez Perrault. Les êtres fantastiques sont innombrables : nains de toutes sortes, géants, griffons, diables, personnages métamorphosés en animaux.

Dans les *Contes de ma mère l'Oye*, il n'y a pas de nains, si l'on fait exception du Petit Poucet, et les géants sont des ogres. Les fées sont présentes, bien sûr, et Perrault appelait lui-même ses histoires des « contes d'ogres et de fées ». Mais les personnages fantastiques sont parfois simplifiés, et remplacés par d'autres, qui ont des apparences plus humaines. Dans *Les Souhaits ridicules,* c'est Jupiter qui exauce les souhaits. La fée marraine de *Peau d'Âne* donne plus de conseils qu'elle n'accorde de dons magiques, et *Barbe-Bleue* est certes un sale bonhomme, laid et terrible, mais qui a une apparence humaine normale, sans pouvoir magique, alors que, dans *L'Oiseau d'Ourdi,* celui qui joue le même rôle est un maître-sorcier qui peut porter dans sa hotte d'or les deux sœurs de l'héroïne. « Le conte français a une tendance à rationaliser », dit Paul Delarue (*op. cit.*, p. 38), même lorsqu'il fait intervenir le merveilleux. Perrault se laisse aller dans certains contes à substituer aux ressorts de l'action magique des éléments humains dans le développement de l'action dramatique. C'est de nouveau dans la comparaison entre les contes *Barbe-Bleue* et *L'Oiseau d'Ourdi,* qui appartiennent tous deux au même conte-type, que l'on perçoit les différences : le seul fantastique qui subsiste dans le premier est celui de la clef qui n'en finit pas d'être tachée de sang.

Mais ce qui est peut-être le plus remarquable dans cette différence, c'est le peu de cruauté que l'on trouve dans le conte français. Le lecteur objectera que la cruauté sanguinaire de l'ogre du *Petit Poucet* qui égorge ses enfants est un contre-argument, de même que l'abominable Barbe-Bleue ou le loup qui dévore Mère-grand et sa petite fille. Manquent cependant les fréquentes descriptions auxquelles se livrent les frères Grimm dans de courtes séquences, par exemple dans *Cendrillon,* où sont montrées les deux sœurs se tailladant les talons pour entrer dans la pantoufle en serrant les dents de douleur, où l'on voit le sang ruisseler et tacher le bas blanc, et deux colombes crever les yeux des deux malheureuses. Sans doute le conte le plus cruel jamais publié par les Grimm est-il le n° 22 de la première édition, intitulé *Comment des enfants jouèrent à s'égorger,* qui relate littéralement des scènes d'abattage jouées par des enfants avec des détails sanguinaires extrêmes, à tel point que, sur les conseil d'Arnim, ce conte fut à jamais retiré des éditions ultérieures.

Cette cruauté qu'on peut trouver gratuite n'est cependant pas un effet littéraire pour provoquer plus d'effroi encore auprès du lecteur. Pour les Grimm, le souci de fidélité aux sources l'emporte sur des considérations littéraires. La réponse qu'ils font à Arnim est cependant étonnante : « On peut, en s'en remettant à Dieu, laisser tous les enfants lire d'un bout à l'autre notre livre, et les abandonner à eux-mêmes[1]. »

Le lecteur français peut accéder sans peine aux contes des Grimm, qui n'ont cessé d'être réédités sous diverses traductions, mais sous un choix néanmoins réduit par rapport aux deux cents contes originaux. Parmi les plus connus sont ceux déjà cités par comparaison avec les contes de Perrault : *La Belle au bois dormant, Le Petit Chaperon rouge, Cendrillon,* sous le même titre, *Peau d'Âne, Les Fées,* et *Le Petit Poucet* sous un titre différent. Citons encore quelques-uns des plus célèbres : *Le Roi grenouille, Le Loup et les sept chevreaux, Hänsel et Gretel (Jeannot et Margot), Le Valeureux Petit Tailleur, Les Musiciens de la ville de Brême, Les Sept Corbeaux, Neigeblanche et Roserouge,* et surtout le plus célèbre, *Blanche-Neige,* qui doit son succès auprès des enfants moins aux Grimm qu'à Walt Disney qui en 1937 en signa une version en dessin animé. L'histoire est assez fidèle à la version originelle, et innove cependant sur plusieurs plans : les cocasseries des nains qui sont tous affublés d'un sobriquet, la métamorphose de la méchante reine en sorcière, le prolongement de l'idylle entre Blanche-Neige et le prince – assez mièvre il faut dire –, l'accentuation des traits qui singularisent la naïveté de Blanche-Neige, la malice des nains et la méchanceté de la reine. Le film parvient cependant à entretenir le suspense et le sens du fantastique. Qu'on idolâtre Walt Disney, ou au contraire qu'on l'abomine, les *cartoons* qu'il a créés font partie de l'histoire du conte merveilleux et ont contribué, sous une forme particulière, à en renouveler le genre auprès des enfants.

---

1. Cité par Jean-Claude Schneider, notice, *in* Grimm, *Contes,* préface de Marthe Robert, Folio Gallimard, 1976, p. 400.

Hans Christian Andersen

Hans Christian Andersen, que Paul Hazard considère comme « le prince des écrivains de l'enfance », naît en 1805 au Danemark et y meurt en 1875. Son enfance, il la vit difficilement dans une famille très pauvre, où le décès de son père le laisse à dix ans aux mains de trois femmes qui ne pourront lui servir d'exemples : une grand-mère « sèche et dure[1] », une mère alcoolique, une sœur prostituée. C'est à partir de cette enfance misérable qu'il s'est forgé une idéologie contre l'adversité et une sympathie envers les plus défavorisés par la fortune. Bon nombre de ses contes sont orientés par la tendresse à l'égard des malheureux, pour lesquels, sauf quelques-uns comme *La Petite Fille aux allumettes,* le dénouement des épreuves est heureux. *Le Vilain Petit Canard* semble être le récit qui illustre le mieux le parcours personnel de l'écrivain, réussissant à l'âge adulte, comme dans un conte qui finit bien, à devenir célèbre et adulé. Après des années de jeunesse à courir après un sort meilleur, Andersen trouve un protecteur dans la personne d'un haut fonctionnaire danois, qui obtient pour lui une bourse et sait lui donner le goût des études. En 1835, les premiers contes paraissent sous le titre *Aventures contées aux enfants* et connaissent un succès immédiat. Il en publiera en tout cent cinquante-six. Certains sont tirés de la tradition orale, comme *La Princesse au petit pois* ou *Le Compagnon de voyage.*

À partir de 1843, Andersen écrit principalement des contes qu'il invente lui-même. Ainsi, *La Bergère et le ramoneur, L'Intrépide Soldat de plomb, Le Sapin* n'ont pas d'équivalent dans la littérature populaire. D'autres histoires, dont *La Petite Fille aux allumettes, Les Habits neufs de l'empereur, Le Rossignol, Le Jardinier et ses maîtres,* ne comportent aucun élément surnaturel et sont de simples récits poétiques ou humoristiques, racontés avec émotion, qui s'inscrivent dans le romantisme mystique né en Allemagne, auquel Andersen avait pu puiser, en rendant visite à Wilhelm Grimm à Berlin au cours de l'hiver 1845-1846. D'autres textes encore sont de purs chefs-d'œuvre du merveilleux et font intervenir fées, ondines, sirènes elfes, animaux fantastiques. Marc Soriano considère l'auteur de *La Reine des neiges* comme le créateur du style pour enfants, parce qu'il a

1. Marc Soriano, *Guide de littérature pour la jeunesse,* Flammarion, 1975, article « Andersen ».

d'abord rêvé son enfance et l'a transfigurée pour l'offrir aux autres sous la forme littéraire, en utilisant les mêmes techniques que Perrault, mais en y ajoutant plus d'émotion et en y exprimant la densité de la vie par un mélange complexe de rêve et de réalité, de fantastique et de sensibilité humaine. Les contes d'Andersen plaisent aux enfants autant que ceux de Perrault et des Grimm. Il faut leur réserver une place de choix dans les rayons des bibliothèques, même si on les trouve en moindre nombre chez les libraires.

Les contes merveilleux modernes

J'appelle contes merveilleux modernes des productions qui ont marqué la littérature enfantine par leur appartenance à un genre faisant intervenir le surnaturel sous une forme mêlant personnages féeriques, dons magiques, épreuves initiatiques, enchantements et dénouements heureux, et qui ont été publiés à la suite de la grande vague des Perrault, Grimm et Andersen. En fait ce sont des contes dont la structure est à peu près identique à celle de leurs illustres prédécesseurs, et qui sont consacrés à la relation d'une quête, partant d'un méfait ou d'un manque et aboutissant, à travers des péripéties où interviennent des auxiliaires ou des adversaires, à une fin heureuse, cette fin représentant la réparation du manque ou du méfait et un état terminal toujours plus satisfaisant que l'état initial.

Tous les enfants connaissent l'histoire de *Pinocchio,* écrite sous forme de feuilleton en 1881 par Collodi, qui avait d'abord adapté en italien les contes de Perrault, de Mme d'Aulnoy et de Mme Leprince de Beaumont.

> C'est l'histoire d'un pantin né des mains d'un pauvre sculpteur, le brave Geppetto, à qui son coquin de fils en fera voir de toutes les couleurs. La bonne fée, qui intervient de plus en plus dans l'avancement de l'histoire, obtiendra qu'à la fin Pinocchio devienne obéissant et se métamorphose physiquement et moralement en un gentil garçon coulant désormais des jours heureux avec son papa. Des épisodes fantastiques, par exemple le séjour dans le ventre de la baleine, ponctuent le récit où la quête incessante de Pinocchio oscille entre le principe de réalité (obéir à son papa et être sage) et le principe de plaisir (obéir à ses caprices qui lui vaudront d'être transformé en âne et de nombreux autres malheurs). L'allongement ou le rétrécissement du nez au fur et à mesure que Pinocchio ment ou dit la vérité est un motif qui renvoie au thème du châtiment de la désobéissance ou de la rédemption de la faute, ce qui a fait dire à cer-

tains que *Pinocchio* est un conte exclusivement moral destiné comme avertissement aux petits garçons espiègles et désobéissants. Il n'empêche : les ingrédients du conte merveilleux classique sont là. Ils ont été pris largement en compte par Comencini dans le superbe film, *Les Aventures de Pinocchio* (1971), qui restitue merveilleusement la féerie, bien davantage que la version de Walt Disney en dessin animé, qui est pourtant considéré comme l'un de ses chefs-d'œuvre.

Lewis Caroll (1832-1898) occupe une place à part dans le panthéon des écrivains pour enfants. A-t-il vraiment pensé aux enfants en écrivant *Les Aventures d'Alice au pays des merveilles* et *De l'autre côté du miroir* ? Sans aucun doute, puisque ces ouvrages sont destinés à Alice Liddell, une fillette avec laquelle Charles Dodgson – son vrai nom – avait des relations amicales, et qu'il avait appris à observer dans ses jeux avec ses deux sœurs dans le jardin de la bibliothèque de l'université d'Oxford. Curieux homme que ce Dodgson, qui ne résiste que tard dans sa vie à son penchant pour la photographie des petites filles, torturé par sa vocation religieuse, prêtant grand intérêt aux phénomènes occultes, et en même temps passionné par les mathématiques, auxquelles il consacre plusieurs traités ! En 1885, vingt ans après la première édition, il écrit une version abrégée pour jeunes enfants, *Alice racontée aux enfants.*

Venons-en maintenant aux auteurs français contemporains qui se sont illustrés dans l'écriture du conte pour enfants. Au premier plan je citerai Marcel Aymé (1902-1967) pour les *Contes du chat perché* parus à partir de 1937 sous forme d'albums illustrés, puis regroupés en deux volumes, *Les Contes bleus* et *Les Contes roses,* racontant les jeux de deux fillettes espiègles et désobéissantes, Delphine et Marinette, dans une mise en scène où les animaux de la basse-cour parlent comme des humains. Ces récits n'épousent pas la structure-type du conte merveilleux, mais comme le surnaturel se mêle à toutes les pages au réel quotidien, le merveilleux est à découvrir dans la parodie du merveilleux, en particulier dans l'épisode du loup, au cours duquel ce dernier, croyant sincèrement être devenu bon et sage, joue avec les deux petites filles, jusqu'à ce que son appétit naturel de chair fraîche se réveille et lui fasse commettre à nouveau l'irréparable. La réparation cependant se fera : les parents, comme dans Grimm, ouvrent le ventre du loup et délivrent les petites, qui pardonnent de bon cœur au repenti et lui donnent le droit de s'en aller.

Avec Marcel Aymé, nous voici parvenus dans ce que l'on appelle l'anti-conte ou le conte parodique, genre qui caractérisera bon nombre de productions littéraires contemporaines. On continue, et on continuera sans doute à écrire des contes merveilleux pour enfants en reprenant sous des histoires nouvelles des motifs anciens et sans forcément chercher la parodie. Établir ici une liste nous mènerait trop loin. Au lecteur de se rendre dans les bibliothèques et les librairies, de consulter les catalogues et les rayons, et de découvrir lui-même la clé d'or de la cassette renfermant toutes ces féeries, anciennes et nouvelles, à l'instar de ce jeune garçon dans le dernier conte des Grimm, *La Clé d'or :*

> « Puis il la tourna une fois dans la serrure, et maintenant il nous faut attendre qu'il ait fini d'ouvrir et soulevé le couvercle. Nous saurons alors quelles choses merveilleuses étaient contenues dans la cassette. »

2

L'analyse structurale des contes

Dans le chapitre précédent, le pédagogue aura pu se convaincre du parti qu'il pouvait tirer de la connaissance des travaux des folkloristes consacrés au classement des diverses variantes à partir d'un conte-type. Ces savoirs constitués par les éclairages historico-géographiques et associés à la fréquentation assidue des œuvres littéraires elles-mêmes ainsi qu'aux données fournies par les guides de littérature pour enfants ont pour effet de lui ouvrir les voies d'accès à une culture authentique du conte, préalable à toute mise en œuvre pédagogique. Il est important en effet que le maître soucieux de rendre désirable le goût du conte aux enfants soit lui-même suffisamment imprégné des dimensions historiques, littéraires et folkloriques du conte. Connaître en tant qu'adulte les différentes versions du *Petit Chaperon rouge,* en particulier celle de Perrault et celle des Grimm, mais aussi les versions modernes parodiques et détournées, donc être à même de pouvoir repérer la variabilité des motifs, paraît être une condition nécessaire à un travail au cycle III par exemple sur la thématique de l'interdit et de sa transgression, ou sur l'image du loup et sa symbolique dans les contes et autres récits qui le mettent en scène. Imaginerait-on un travail de création orale et de production écrite à ce niveau, qui ne peut être qu'une nouvelle version dérivée d'un modèle ou de modèles, sans que l'enfant – *a fortiori* son maître – soit bien au courant de ce mode de fonctionnement littéraire particulier, et que l'empreinte lui en soit restée ? On s'aperçoit donc que l'inscription du conte dans des pratiques culturelles est nécessaire.

Condition nécessaire, mais pas suffisante. Il est important également, lorsqu'on veut donner aux enfants la possibilité de produire à leur tour du culturel, à moins de ne jurer que par le slogan de la seule créativité spontanée, de leur fournir le cadre de référence et le code d'accès qui régit la production. Bref, sauf exception et don particulier, on ne produit bien que si l'on est à la fois imprégné et capable de décoder l'objet de cette imprégnation dans ses règles fondamentales. C'est dire que l'imprégnation culturelle ne représenterait qu'une modeste valeur si la capacité d'analyse ne venait la compléter et la rationaliser, et par là même donner paradoxalement de nouvelles perspectives à l'imaginaire, dont le pédagogue oublie parfois de penser qu'il nécessite en amont une information, au sens littéral du terme (donner forme à, façonner), et un traitement de cette information. Il importe donc maintenant d'éclairer l'approche théorique du conte par ce que l'on appelle l'analyse structurale, née des travaux de Vladimir Propp, dont il convient de présenter ici, pour une culture et une pédagogie du conte, et avec le souci de ne pas plus tomber dans le piège du trop érudit que dans celui du trop sommaire, ce qu'il n'est pas permis d'ignorer.

V. Propp et l'analyse morphologique

Le livre de Vladimir Propp *Morphologie du conte* paraît en Russie en 1928 et passe inaperçu en Europe de l'Ouest jusqu'au milieu des années soixante, lorsque C. Lévi-Strauss et A.-J. Greimas lui consacrent des articles, en s'appuyant sur une traduction américaine de 1958, et lui trouvent l'intérêt de pouvoir s'inscrire dans la pertinence structuraliste. La méthode de Propp est inductive. Au lieu de concevoir un modèle hypothétique de description à partir d'une théorie, et de l'appliquer, en descendant, à des productions littéraires pour constater qu'elles lui correspondent ou s'en écartent – ce qui est la méthode déductive qu'utiliseront Greimas et Brémond –, le morphologiste russe part d'un corpus – une centaine de contes merveilleux russes du recueil d'Afanassiev (1826-1871) – et par l'étude des parties constitutives de chaque conte de ce corpus parvient à esquisser un modèle général de description et de fonctionnement qui permet de classer les contes, non selon leur sujet, mais selon leurs structures.

C'est par la critique des classifications ethno-historiques d'Aarne-Thompson et d'autres folkloristes russes et allemands que débute la *Morphologie du conte,* classifications auxquelles Propp ne reconnaît que la simple valeur d'un index et non d'un procédé scientifique, en démontrant que les sujets et les motifs sont en fait décomposables et ne forment pas une entité pertinente pour la comparaison et l'analyse. Il lui paraît nécessaire de découvrir les lois des structures qui régissent l'ensemble du récit, solution préférable à l'élaboration de catalogues des procédés formels d'écriture. Le résultat de ce travail, Propp lui donne le nom de morphologie « c'est-à-dire une description des contes selon leurs parties constitutives et des rapports de ces parties entre elles et avec l'ensemble[1] ». Dans les contes de son corpus, il trouve des éléments variables : les noms et les attributs des personnages, et des valeurs constantes : les actions des personnages, en fait leurs fonctions, quelle que soit la manière dont ils les accomplissent. Ces fonctions sont répétitives : la mise à l'épreuve du héros ou le don d'un objet magique peuvent être opérés par plusieurs personnages, tous différents, sans que le cours de l'intrigue soit changé. D'où l'idée que telle ou telle fonction demeure toujours une valeur constante d'un conte à l'autre, et que ce sont les modalités par lesquelles la fonction se réalise qui seules changent. C'est le sens que l'on doit donner à ces lignes : « Dans l'étude du conte, la question de savoir ce que font les personnages est seule importante ; qui fait quelque chose et comment il le fait, sont des questions qui ne se posent qu'accessoirement. » (*Op. cit.*, p. 29).

La fonction est donc « l'action d'un personnage, définie du point de vue de sa signification dans le déroulement de l'intrigue » (*ibid.*, p. 31). En première conclusion de ses observations, Propp estime que le nombre des fonctions que comprend le conte est limité, que leur succession est toujours identique et que tous les contes merveilleux appartiennent au même type en ce qui concerne leur structure. On sera largement d'accord avec la première affirmation concernant le nombre des fonctions, limitées à trente et une. Se succèdent-elles toujours dans le même ordre, ce qui veut dire que la fonction douze par exemple vient obligatoirement après celles qui se terminent par onze et avant celles qui se positionnent à partir de treize ? On peut en douter, et Brémond ne se privera pas de le faire, preuves à l'appui. La démonstration d'une classification des contes d'un même type selon leur morphologie est également convaincante, mais limitée aux contes merveilleux russes dont se sert Propp pour l'analyse. Bon nombre de contes des Grimm échappent à l'analyse au moyen du modèle proppien.

---

1. Vladimir Propp, *Morphologie du conte,* Le Seuil, 1973, p. 28.

En fait, force est de constater que les contes autres que ceux du corpus réduit analysé d'Afanassief (son recueil comporte en fait plus de six cents contes) se prêtant à une classification selon leur morphologie sont précisément ceux qui relèvent davantage d'une classification selon leurs sujets et motifs, tels qu'ils apparaissent dans les index des folkloristes en tant que contes-types recensant aussi bien les versions de l'Europe occidentale que celles propres à la Russie du XIXe siècle ! Constat qui limite la portée des critiques portées par Propp conte les écoles ethno-historiques. Avant que le lecteur puisse se faire sa propre opinion, voyons de près, dans l'encadré ci-contre, l'inventaire des trente et une fonctions représentant la base morphologique des contes merveilleux, dont Propp lui-même reconnaît qu'elles ne sont pas toutes présentes dans les textes qu'il a analysés.

Avec Propp on notera qu'un grand nombre de fonctions sont assemblées par couple de fonctions : interdiction/transgression, interrogation/information, combat/victoire, poursuite/secours, épreuve/récompense. La fonction constitue une unité de mesure : « De la même façon qu'on applique un tissu à un mètre pour déterminer sa longueur, on peut appliquer les contes à ce schéma pour les définir. » (*Ibid.*, p. 80.)

Essayons cette application en prenant comme exemple le conte très connu des Grimm *Le Loup et les sept chevreaux,* qu'analyse lui-même Propp dans la version d'Afanassiev, *Le loup et la chèvre,* se terminant par la mort du loup et non par la résurrection des six autres chevreaux, leur nombre n'étant d'ailleurs pas précisé dans le conte russe, ce qui prouve, au vu de l'analyse des fonctions, que ce n'est pas ce détail qui importe. À la situation initiale : la présence de la chèvre et des sept chevreaux, font suite l'interdit, l'éloignement de la mère, la tromperie de l'agresseur, la transgression de l'interdit, le méfait, l'annonce du méfait, la quête, la victoire sur l'agresseur. Faisons l'inventaire de ces fonctions, que Propp code dans une formule linéaire de neuf lettres ou signes (tableau page 38).

Quel est l'intérêt de ce type d'analyse ? En tant que telle elle peut satisfaire la curiosité intellectuelle du lecteur désireux de comprendre davantage la mécanique du conte entrevu sous l'angle de ses structures. Mais c'est l'application de cette méthode pointant aussi bien la véritable fonction des personnages que l'évolution de l'intrigue décomposée en unités narratives qui peut se révéler féconde pour le pédagogue. Un conte démonté en ses différentes parties peut constituer un modèle de matrice d'écriture pour un conte nouveau, où les fonctions restées identiques et

LES TRENTE ET UNE FONCTIONS

1. *Absence ou éloignement* : un des membres de la famille s'éloigne de la maison.
2. *Interdiction* : le héros se fait signifier un interdit.
3. *Transgression* : l'interdit est transgressé.
4. *Interrogation ou demande de renseignements* : l'agresseur essaie d'obtenir des renseignements.
5. *Information ou renseignement obtenu* : l'agresseur reçoit des informations.
6. *Tromperie* : l'agresseur tente de duper sa victime pour s'emparer d'elle ou de ses biens.
7. *Complicité involontaire* : la victime se laisse tromper et aide involontairement son ennemi.
8. *Méfait* : l'agresseur nuit à l'un des membres de la famille ou lui porte préjudice.

8a. *Manque.*

9. *Appel ou envoi au secours* : la nouvelle du méfait ou du manque se répand. Le héros est mandé et envoyé pour réparer le méfait ou on le laisse partir dans sa quête.
10. *Début de l'entreprise réparatrice* (fonction que Propp nomme début de l'action contraire) : le héros-quêteur accepte ou décide d'agir.
11. *Départ* : le héros quitte sa maison.

Un nouveau personnage va maintenant entrer en scène pour aider le héros : le donateur.

12. *Première fonction du donateur* : le héros subit une épreuve préparatoire au don d'un objet ou auxiliaire magique.
13. *Réaction du héros* : le héros réagit aux actions du futur donateur.
14. *Réception de l'objet magique* : l'objet magique est mis à la disposition du héros.
15. *Transport dans l'espace entre deux royaumes* : le héros est transporté près du lieu où se trouve l'objet de sa quête.
16. *Combat* : le héros et son agresseur s'affrontent dans un combat.
17. *Marquage* : le héros reçoit une marque.
18. *Victoire* : l'agresseur est vaincu.
19. *Réparation* : le méfait est réparé ou le manque comblé.
20. *Retour* : le héros revient
21. *Poursuite* : le héros est poursuivi.
22. *Secours* : le héros est secouru.

C'est après cette fonction que peut débuter un autre récit qui donne lieu à une seconde séquence redémarrant à la fonction 8 pour une nouvelle quête.

23. *Arrivée incognito* : le héros arrive incognito chez lui ou dans une autre contrée.
25. *Tâche difficile* : le héros se voit proposer une épreuve .
26. *Accomplissement de la tâche* : l'épreuve est accomplie.
27. *Reconnaissance* : le héros est reconnu dans sa réussite de l'épreuve.
28. *Découverte* : le faux-héros ou l'agresseur est démasqué.
29. *Transfiguration* : le héros reçoit une nouvelle apparence.
30. *Punition* : le faux-héros ou l'agresseur est puni.
31. *Mariage* : le héros se marie et monte sur le trône.

INVENTAIRE DES FONCTIONS

Actions des personnages dans l'ordre	*Fonctions*
Prologue : il était une fois une chèvre et ses sept chevreaux.	
Formulation de l'interdit : ne pas laisser entrer le loup.	Fonction 2 : interdiction
Éloignement de la maman chèvre de la maison.	Fonction 1 : éloignement
Le loup après deux tromperies parvient, à la troisième, à entrer au logis et mange six chevreaux .	Fonction 8 : méfait
Retour de la maman-chèvre. Constat du mobilier brisé et de la disparition de ses enfants. Appel.	Fonction 9 : information du malheur et appel
Retrouvaille du septième chevreau et, après opération du loup, des six autres.	Fonction 19 : réparation
Noyade et mort du loup.	Fonction 18 : victoire
Situation finale : joie des chevreaux et de leur mère.	

invariantes permettent de faire varier, à partir de leur nombre fini et de leur mise en schéma, d'autres situations dans lesquelles se meuvent d'autres personnages, mais en correspondance rigoureuse avec ces fonctions. Il suffit de prendre la partie droite du tableau et d'inventer en parallèle dans chaque case de gauche, redevenue vierge, une autre histoire. Nous aurons l'occasion d'y revenir. Une remarque également qui prend dès maintenant son importance : l'ordre des fonctions du conte ci-dessus analysé ne suit pas, à deux reprises, le schéma canonique de Propp (2,1,8,9,19,18). On peut en conclure que la succession des fonctions n'est pas toujours identique et qu'elle ne constitue donc pas un absolu.

Le modèle d'analyse de Propp ne se limite pas aux trente et une fonctions. C'est la répartition des fonctions entre les personnages qui présente également un grand intérêt. Les fonctions peuvent donc être regroupées en sphères d'action, le conte merveilleux étant défini par Propp comme un récit à sept personnages.

LES 7 SPHÈRES D'ACTION

Personnages	*Fonctions*
1. Sphère d'action de l'agresseur	• méfait • combat • poursuite
2. Sphère d'action du donateur (ou pourvoyeur)	• préparation de la transmission de l'objet magique • don de l'objet magique
3. Sphère d'action de l'auxiliaire	• transport dans l'espace • réparation du méfait ou du manque • secours • accomplissement • transfiguration
4. Sphère d'action de la princesse (personnage objet de la quête) et de son père	• mariage • tâche difficile • découverte du faux-héros • reconnaissance du héros • châtiment • mariage
5. Sphère d'action du mandateur	• envoi du héros
6. Sphère d'action du héros	• Départ en vue de la quête • réaction du héros • mariage
7. Sphère d'action du faux-héros	• départ en vue de la quête • réaction du faux–héros • prétention mensongère

Vers quelles nouvelles conclusions mène ce tableau ? Le concept de sphère d'action des sept personnages fondamentaux du conte merveilleux ouvre la voie au concept d'actant et au schéma actantiel, que propose Greimas, dans la poursuite de la recherche engagée par Propp.

A.-J. Greimas et le schéma actantiel

L'ouvrage de référence, *Sémantique structurale,* paru en 1966 est de lecture difficile, comparé à l'ouvrage de Propp. Deux chapitres néanmoins, intitulés « Réflexions sur les modèles actantiels » et « À la recherche de modèles de transformation », doivent au moins retenir notre attention parce qu'ils élargissent le modèle d'analyse de Propp et proposent l'utilisation de concepts permettant l'analyse de toute forme de récit. Greimas se préoccupe d'abord de retravailler l'inventaire des trente et une fonctions en les réduisant dans un premier temps à vingt. S'inspirant à la fois des fonctions des sept personnages de Propp regroupées en sphères d'action, des fonctions dramatiques mises en évidence par Souriau dans les pièces de théâtre, et de la syntaxe traditionnelle, il introduit la notion d'*actant* comme constituant fondamental de la syntaxe du récit. Ce terme n'est pas nouveau : il est utilisé en linguistique pour caractériser le sujet qui fait l'action indiquée par le verbe et répondant à la question : que fait *X* ? *X* étant l'actant ou agent de l'action[1]. L'auteur de *Sémantique structurale* reprend le schéma syntaxique classique transitif sujet → verbe → objet pour en extrapoler une formulation actantielle nouvelle sous forme d'opposition sujet *vs* objet, passant ainsi du micro-univers syntaxique au micro-univers sémantique[2].

À cette catégorie il en ajoute deux autres : destinateur *vs* destinataire et adjuvant *vs* opposant, qu'il tire d'une transformation du modèle des sphères d'action de Propp.

Le schéma actantiel devient alors le suivant :

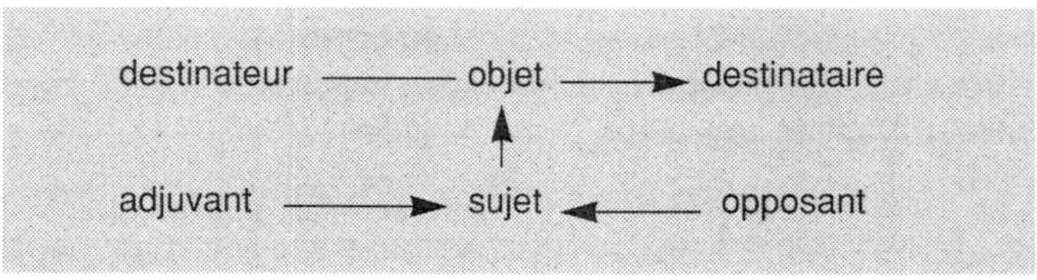

1. Jean Dubois et coll., *Dictionnaire de linguistique*, Larousse, 1973, article « Actant ».
2. Le terme *versus* (vs en abrégé) signifie opposé à… en linguistique et en sémiotique.

Ces six actants sont supposés rendre compte de l'organisation de tout récit, en particulier du conte merveilleux, puisque c'est à partir de ce dernier que procède Greimas pour sa démonstration.

On remarquera qu'il ne s'agit pas là d'un simple inventaire mais d'un schéma sagittal mettant en évidence les différentes relations possibles entre les protagonistes : sujet-héros du conte, antagonistes, auxiliaires, la quête (la flèche verticale) et l'objet de la quête. Une catégorisation des actants sera donc nécessaire, qui permettra de mieux rendre compte des relations entre les différents termes de ce schéma.

Mais tout d'abord reprenons les personnages du conte populaire russe pour comprendre la différenciation que Greimas opère entre *acteurs* et *actants*. Les acteurs, terme équivalent à celui de personnages, sont variables d'un conte à l'autre, et prennent pour la même fonction, qui est invariante, rappelons-le, des noms et des attributs multiples. Greimas dit des acteurs qu'ils sont les « expressions occurrentielles d'un seul et même actant défini par la même sphère d'activité » (*op. cit.*, p. 175). Ceci est simple à comprendre, l'occurrence étant en linguistique l'apparition de tel ou tel terme dans le discours. Chaque fois donc qu'un acteur apparaît comme occurrent dans un conte, l'analyse consistera à identifier quel actant il « costume », puisque les actants sont des classes d'acteurs renvoyant à un *genre* (le conte en général), et que les acteurs sont les personnages d'un *conte particulier*. Identifions donc les actants à partir des sept sphères d'action de Propp.

Le destinateur. On retrouve dans ce concept celui du mandateur. C'est lui qui pousse le héros à accomplir les tâches difficiles, qui l'envoie dans sa quête, qui peut lui imposer une marque.

Le destinataire. Il est confondu avec le héros bénéficiaire de l'objet de la quête, qui s'avère être en même temps le sujet mis en mouvement par son pendant logique, le mandateur-destinateur.

L'adjuvant. C'est l'auxiliaire magique et donateur à la fois.

L'opposant. Le plus simple à identifier, celui qui veut du mal au héros, donc le faux-héros ou l'agresseur.

On constate par ces observations que deux acteurs peuvent jouer le rôle d'un seul actant, aussi bien chez Greimas que chez Propp, ce qui conforte l'idée que les actants sont bien des classes d'acteurs. Dans le conte *Dame*

Holle, la fille de la marâtre est l'actant opposant, en tant que faux-héros, mais sa mère est également un actant opposant. Dans *Les Trois Nains de la forêt,* conte des Grimm, l'opposant est « joué » par la fille de la marâtre, sujet faux-héros, mais aussi par cette dernière. Les nains, d'adjuvants à la demi-sœur, sujet-héros, deviennent opposants à la fille de la marâtre, en lui jetant des sortilèges maléfiques. Dans ce conte, à l'actant opposant correspondent cinq acteurs : la marâtre, sa fille, et les trois nains de la forêt qui chacun lui font don d'un maléfice.

Voyons maintenant les catégorisations actantielles opérées par Greimas qui nous feront comprendre les relations entre les actants du schéma.

La catégorie actantielle sujet vs *objet*

Sur le plan de l'analyse sémantique la relation sujet *vs* objet traduit l'investissement du désir. La relation de transitivité la plus élémentaire dans le conte, comme dans le mythe, genres qui constituent chacun un micro-univers, est que le désir du sujet se manifeste sous la forme de la quête de l'objet. Greimas voit lui-même dans le désir mis en scène dans le conte russe l'équivalent de la libido freudienne et de la relation d'objet, objet de tant d'écrits des psychanalystes. À la lecture de plusieurs contes, il paraît tout à fait évident que c'est bien le désir qui est le moteur de la quête du héros : désir de richesses dans *Le Chat Botté,* désir amoureux dans *L'Oiseau bleu,* désir de dépasser sa condition dans *Le Vaillant Petit Tailleur* des Grimm, désir de connaître dans *La Barbe-Bleue,* etc. La relation de désir qui unit le sujet à l'objet dans le conte merveilleux est isomorphe à celle qui caractérise dans la vie réelle de l'homme soit la pulsion d'amour, soit son énergétique personnelle et sa volonté de réussite dans la vie culturelle, religieuse ou politique, soit son besoin d'absolu ou sa recherche de compensations à son incomplétude. Ces constatations dégagées du modèle actantiel seront précieuses pour l'utilisation du conte en rééducation, dans la dernière partie de l'ouvrage.

La catégorie actantielle destinateur vs *destinataire*

Greimas reprend l'exemple de la relation amoureuse. Le sujet est le destinataire tandis que l'objet est le destinateur de l'amour. L'exemple de la quête du Saint Graal est également significatif de l'articulation destinateur/destinataire :

– destinateur = Dieu ;
– destinataire = l'humanité tout entière.

Quant au sujet, on aura reconnu les chevaliers de la Table Ronde, et dans l'objet, le Saint Graal lui-même.

Dans le conte, le destinataire est toujours le sujet-héros, facile à identifier. Il n'en est pas de même pour ce qui concerne le destinateur. D'une manière générale, c'est la force qui pousse le héros, c'est son énergétique qui le fait avancer vers l'objet de son désir, mais ce peut également être un personnage qui mandate le héros. L'actant destinateur est parfois difficile à identifier.

La catégorie actantielle adjuvant vs *opposant*

Dans le cas du conte merveilleux, les catégories d'auxiliaires et de mandateurs, d'agresseur et de faux-héros sont facilement reconnaissables sous ces deux actants, dont l'opposition formelle est d'ailleurs largement caractéristique du combat entre le bien et le mal quand il s'agit d'une quête héroïque ou chrétienne (au sens donné par Loup, Slama et Choukroun, voir *infra* p. 51), ou des succès et avatars que rencontrent les amants lorsqu'il s'agit d'une quête amoureuse. Greimas voit les actants de la quête intervenant dans l'univers mythique des forces bienfaisantes et malfaisantes du monde sous les traits des acteurs qui jouent le rôle de l'ange gardien ou celui des diables du drame chrétien médiéval. De nombreux contes des Grimm illustrent parfaitement cette opposition par une scénographie où interviennent directement anges, saints du paradis et démons. Mais comme nous l'avons déjà vu dans la transition du mythe au conte, les tendances « désacralisantes » du conte font que les bonnes et mauvaises fées, les ogres, les lutins et autres personnages de la féerie assument la fonction que jouaient sur une autre scène les divinités et les démons, principaux acteurs du mythe.

Essayons d'appliquer le schéma actantiel au conte anglais *Jack et les haricots magiques* (voir tableau p. 44).

Une veuve très pauvre, habitant dans une masure avec son fils Jack, lui demande de vendre la vache qui ne donne plus de lait. Sur le chemin conduisant au bourg, Jack rencontre un vieillard qui échange avec lui des graines magiques de haricots contre sa vache. Sa mère, furieuse, jette les haricots par la fenêtre, mais le lendemain, les haricots ont germé et leurs tiges montent jusqu'au ciel par-dessus les nuages. Jack grimpe sur les tiges et parvient au lieu où habitent l'ogre et sa femme. Cette dernière donne à manger à Jack, mais l'arrivée de l'ogre a pour conséquence que la femme offre à l'enfant de le

Tableau actantiel Jack et les haricots magiques

Axe paradigmatique →

Axe syntagmatique ↓

Actants / *Schéma de narration*	*Sujet*	*Objet*	*Adjuvant*	*Opposant*	*Destinateur*	*Destinataire*
Situation initiale : équilibre précaire						
Rupture : décision de vendre vache						
Unité narrative 1	Départ				Misère : incomplétude	
Unité narrative 2	Échange		Vieillard : don des haricots magiques		Vieillard : don des haricots magiques	Jack
Unité narrative 3						
Unité narrative 4	Semis					
Unité narrative 5	1re ascension	Sac d'or	Femme de l'ogre	Ogre	Désir de richesse	Jack et sa mère
Unité narrative 6	2e ascension	poule aux œufs d'or	Femme de l'ogre	Ogre	Désir de richesse	Jack et sa mère
Unité narrative 7	3e ascension	Harpe d'or		Ogre	Désir de richesse	Jack et sa mère
Unité narrative 8	Décapitation des haricots		Mère	Ogre	Peur de la mort	Jack et sa mère
Situation finale : nouvel équilibre		Complétude : ils ne manqueront plus de rien				

Tableau actantiel Le Petit Poucet

Axe paradigmatique →

Axe syntagmatique ↓

Actants / *Schéma de narration*	*Sujet*	*Objet*	*Adjuvant*	*Opposant*	*Destinateur*	*Destinataire*
Situation initiale : équilibre précaire						
Rupture : projet d'abandon					Famine	
Unité narrative 1	Départ dans la forêt				Famine	
Unité narrative 2	Abandon			Parents		
Unité narrative 3	Retour à la maison, rassasiement	10 écus	Seigneur			Poucet et sa famille
Unité narrative 4	Nouvel abandon			Parents		
Unité narrative 5	Dans la maison de l'ogre, restauration et mise à l'abri		Femme de l'ogre			
Unité narrative 6	Arrivée de l'ogre, protection		Femme de l'ogre	Ogre		
Unité narrative 7	Coucher, échange des bonnets			Ogre	Ruse	
Unité narrative 8	Meurtre par méprise des filles de l'ogre					
Unité narrative 9	Fuite			Ogre	Peur	
Unité narrative 10	Dérobade des bottes et des richesses	Bottes, richesses		Ogre	Ruse, désir de richesse	Poucet et ses frères
Unité narrative 11	Retour à domicile					
Situation finale : nouvel équilibre		Enrichissement				Poucet et sa famille

cacher dans le four. Cette première épreuve se conclut par le vol d'un sac d'or par Jack, qui retourne chez sa mère. Seconde épreuve : à la suite d'une nouvelle disette familiale, Jack retourne chez l'ogre pour lui voler la poule aux œufs d'or, aidé une nouvelle fois par la femme de celui-ci. Il revient chez sa mère, mais malgré la fortune, remonte une troisième fois chez l'ogre pour lui dérober la harpe d'or, sans l'aide de la femme cette fois-ci. En redescendant le long des haricots, Jack manque se faire attraper par l'ogre, que la harpe d'or avait appelé au secours. La mère lui fournit *in extremis* une hache qui lui permet de couper les haricots, ce qui entraîne la chute et la mort de l'ogre. Désormais Jack et sa mère ne manqueront plus de rien.

La logique narrative de Claude Brémond

C'est également dans la continuité des analyses morphologiques de Propp que Brémond inscrit ses travaux, mais en les étendant vers tout type de message narratif. À la différence de Greimas, qui trouve la fécondité du modèle actantiel directement dans *Morphologie du conte,* Brémond s'écarte des postulats de cet ouvrage et en récuse même certains, en particulier celui de la linéarité absolue des fonctions dans le conte, dont Propp avait dit que la succession était toujours rigoureusement identique, quelle que soit par ailleurs la motivation psychologique des personnages. La trame du conte lui semble correspondre à une chaîne dans laquelle les maillons sont solidairement assemblés, et s'il y a des lacunes de fonctions dans tel ou tel conte, cela ne brise pas l'enchaînement prévu par Propp, qui lui-même avait admis que le schéma canonique du conte n'était pas réalisé dans tous les contes merveilleux par la présence simultanée des trente et une fonctions. Nous avons vu par exemple dans *La Chèvre et les sept chevreaux* que seules neuf fonctions étaient mobilisées. Par contre, la proposition de l'ordre immuable des fonctions doit être sérieusement mise en question, écrit l'auteur de *Logique du récit,* en récusant l'affirmation qu'il ne puisse y avoir de bifurcations, d'alternatives, de « fonctions-pivots », et que la liberté du conteur doive s'astreindre à suivre le trajet unilinéaire formalisé par Propp, alors que des aiguillages paraissent possibles pour faire rebondir autrement l'intrigue dans le cours du récit. À l'image du vecteur unilinéaire, il substitue celle d'un réseau où les rebondissements suivraient d'autres voies que celles de la causalité mécanique et de la finalité temporelle. C'est pourquoi Brémond soutient qu'une fonction, au lieu de provoquer la suivante dans l'ordre de 1 à 31, peut ouvrir une alternative et conclut de ce fait que la conception finaliste de la structure séquentielle est irrecevable. De plus, les motivations des héros ne sont pas prises en compte dans la logique de Propp, et c'est cela même qui est contestable, puisque le cours du récit n'obéit pas qu'aux lois de la causalité linéaire et mécanique, mais également à l'évolution psychologique des personnages. Dès lors les réserves ne sont plus sans fondement. Puisque le schéma canonique ne s'applique même pas à tous les contes russes du corpus retenu par Propp, comment s'appliquerait-il aux autres contes d'Afanassiev, et *a fortiori* à tous les contes merveilleux en général ?

C'est donc l'éventail des possibles qu'ouvre Brémond dans un article de 1966, « La logique des possibles narratifs ». Il y conserve la fonction de Propp comme unité de base, comme « atome narratif » du récit. La séquence élémentaire est alors une triade correspondant à trois phases principales donnant chacune lieu à une alternative :

« *a.* une fonction qui ouvre la possibilité du processus sous forme de conduite à tenir où d'événement à prévoir ;

b. une fonction qui réalise cette virtualité sous forme de conduite ou d'événement en acte ;

c. une fonction qui clôt le processus sous forme de résultat atteint[1]. »

Le schéma[2] devient alors le suivant.

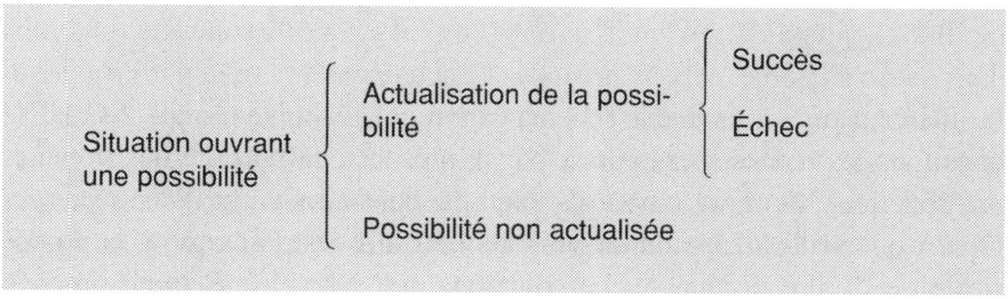

S'il est évident que dans pratiquement tous les contes les méchants sont punis et les bons récompensés (sauf dans le cas précis des« contes à l'envers » où une mère-grand serait en droit de dévorer le loup !), la logique du récit s'inscrit non pas dans le déterminisme causal pur de Propp, qui

1. Claude Brémond, « La logique des possibles narratifs », *Communications, 8, in L'Analyse structurale du récit,* Le Seuil, 1981, p. 66.
2. Claude Brémond, « Le message narratif », *Communications*, 4, 1964, p. 21.

renonce à la morale et à la psychologie, mais dans l'exigence d'une éthique. La formule de base qui caractérise le mieux le conte merveilleux, et qui est considérée par Georges Jean comme une clef pour tous les contes, est celle représentée dans la figure ci-dessous[1].

Dégradation du sort de *X* (victime)	Amélioration du sort de *X* (bénéficiaire)
||	||
Démérite de *Z* → châtiment de *Z* (persécuteur de *X*)	Mérite de *Y* → récompense de *Y* (bienfaiteur de *X*)

Appliquons cette formule au conte *L'Oiseau bleu* :

Dégradation de Florine (victime)	Amélioration du sort de Florine (bénéficiaire)
||	||
Démérite de Truitonne → châtiment de Truitonne, persécutrice de Florine	Mérite du roi Charmant → récompense du Roi Charmant, bienfaiteur de Florine

Conclusion : ça marche ! Mais à quoi cela nous mène-t-il ? C'est la question que ne manquera pas de se poser le lecteur à propos des schémas de Brémond. Et représentent-ils plus de possibilités que Propp ou que Greimas ? Si l'on reprend de près les tableaux proposés p. 40 et 44-45, force est de constater que pour l'analyse, et surtout dans la perspective pédagogique de les réserver à des matrices de récit, ils se révèlent plus commodes que les schémas de Brémond et ouvrent plus de perspectives quant à la structure textuelle. Nous pouvons conclure avec Métélinski que « l'analyse de Brémond est trop abstraite (et en cela appauvrie) car sa démarche est générale et non pas issue de l'analyse d'un genre précis

1. Claude Brémond, « Le Meccano des contes », *Magazine littéraire,* n° 150, juillet-août 1979, p. 13.
2. Evgueni Mélétinski, « L'Étude structurale et typologie du conte », *in* Vladimir Propp, *op. cit.*, p. 232.

(comme chez Propp)[2]. »

L'intérêt que le pédagogue peut trouver chez Brémond est ailleurs que dans l'application de ses schémas. Il complète Propp et Greimas et surtout corrige le refus du premier de prendre en compte les aspects moraux et psychologiques. Sous ce rapport la lecture de Brémond rend l'amateur de contes attentif au fait que les types narratifs mis en évidence par l'analyse structurale du récit ne sont pas seulement déterminés par la logique causale et la succession chronologique des événements, mais également spécifiés par la culture, les croyances, les religions, les idéologies. De même que le narrateur retient comme possible à chaque instant l'option laissée par l'alternative, il reste à l'homme la liberté d'agir et de se réaliser par rapport à ce que le destin lui laisse comme options, si modestes soient-elles. Mais n'est-ce pas là précisément ce dont rend compte le conte ? Et n'est-ce pas ce que doit préserver « la sémiologie du récit [qui] tire sa possibilité et sa fécondité de son enracinement dans une anthropologie[1] » ?

Le modèle de Larivaille

Les travaux de Larivaille se situent dans le droit fil de l'exploitation des schémas fonctionnels de Propp, de Greimas et de Brémond. Ce chercheur tente de démontrer dans un article publié en 1974, consacré à l'analyse morphologique du récit[2], que ses modèles structuralistes pratiqués sur des contes italiens de version orale permettent de réviser le schéma canonique des trente et une fonctions, en les réduisant à une série de cinq séquences de structure identique s'enchaînant logiquement et chronologiquement, série qui serait la transformation des cinq fonctions d'une séquence élémentaire. La progression du récit s'opérerait suivant « un axe logique conduisant d'un état dégradé initial à un état amélioré final » (*op. cit.*, p. 379). Parmi les schémas proposés par Larivaille, qui valent la plupart en complexité ceux de Greimas et de Brémond, le plus intéressant et aussi le plus applicable à une situation pédagogique est celui d'une séquence qui-

1. Claude Brémond, « La logique des possibles narratifs », *op. cit.* p. 82.
2. Paul Larivaille, « L'Analyse (morpho)logique du récit », *Poétique*, 19, 1974.

naire, qui traduit une transformation dynamique entre deux états, celui du début et celui de la fin du conte, comme ci-dessous (*ibid.*, p. 385) :

I AVANT *état initial* *équilibre*	*II* PENDANT *transformation (agie ou subie)* *processus dynamique*		*III* APRÈS *état final* *équilibre*
1	2 Provocation (détonateur) (déclencheur)	3 Action	4 Sanction (conséquence)

Ainsi présentée, la structure du récit présente l'intérêt d'être utilisable par le pédagogue pour l'élaboration du schéma narratif du conte qui suit de très près le déroulement logique et chronologique en trois temps découpant le texte en trois parties : le début, l'entre-deux, la fin du récit, l'entre-deux étant lui-même sécable en trois parties.

La plupart des contes peuvent être analysés selon cette grille, à cette réserve près que l'état initial ne correspond pas toujours à un état d'équilibre, mais plus souvent à un équilibre précaire, voire à un déséquilibre, qui sera transformé *in fine* en équilibre plus stable. Autre réserve d'importance : au temps II de l'ensemble de la séquence, l'action est presque toujours démultipliée. C'est donc « actions » qu'il convient d'écrire. Appliquons cette grille au conte bien connu *Hänsel et Gretel* (voir ci-contre).

Ce schéma qui reprend les unités narratives du récit (quelques-unes ont été sautées) représente un découpage linéaire qui a l'avantage de clairement délimiter trois, puis cinq parties du texte. L'état initial et l'état terminal sont incontestablement repérables sans la moindre confusion possible avec l'entre-deux des actions. Cette partie est introduite par une rupture que Larivaille appelle une provocation ou un déclencheur. Nous verrons que cette rupture est extrêmement importante lorsqu'on passe à la phase production avec les élèves, puisqu'elle introduit un changement dans le temps des verbes du récit. Le « Il était une fois... » devient dans ce conte «Un pauvre bûcheron vivait [imparfait]... » et la rupture survient à la phrase « En soupirant il dit [passé simple]... » Nous y reviendrons.

I. AVANT

1. *État initial, équilibre précaire*
Hänsel et Gretel et leurs parents vivent une grande famine.

II. PENDANT

2. *Déclenchement, provocation*
Les parents décident d'abandonner les enfants dans la forêt.

3. *Autres actions de l'entre-deux*
Abandon des enfants dans la forêt par deux fois.
La seconde fois, les enfants ne retrouvent pas le chemin du retour.
Rencontre de l'oiseau qui indique la maison de la sorcière.
Les enfants grignotent des parties de la maison de la sorcière.
Apparition de la sorcière, restauration et coucher des enfants.
Enfermement de Hänsel et asservissement de Gretel.
Épreuves de Hänsel : épisodes du doigt qui ne veut pas grossir.
Préparation du sacrifice de Hänsel. Enfournement et mort de la sorcière.

4 *Sanction. Conséquence*
Retrouvailles des enfants avec la liberté, retour à la maison, mort de la marâtre, enrichissement grâce aux perles et pierres précieuses dérobées à la sorcière.

III. Après

5. *État final.*
« Ainsi finirent tous leurs soucis et ils vécurent désormais heureux ensemble. »

VERS UNE APPLICATION PÉDAGOGIQUE DES SCHÉMAS D'ANALYSE STRUCTURALE

D. Loup, P. Slama et M. Choukroun, professeurs d'école normale, réalisent une synthèse des différentes approches de structuration du récit en proposant dans leur ouvrage *Le Fil d'Ariane ou le plaisir des contes* (1980) une grille très simple directement utilisable par les pédagogues et des outils d'analyse à la portée d'élèves de CM, qui s'inspirent du modèle de Larivaille, sans que cet auteur soit cité comme référence. Leurs travaux comportent cette originalité de réintroduire dans l'analyse du conte des structures profondes dont ils interrogent la signification par un traitement sémantique faisant apparaître l'idéologie sous-jacente. Le schéma est le suivant (*op. cit.*, p. 9).

Situation initiale négative 1	Passage 2	Situation finale positive 3

Nous remarquons qu'il s'applique immédiatement au conte analysé ci-dessus selon le schéma de Larivaille, avec une réduction notable toutefois. C'est pourquoi les auteurs se préoccupent de compléter cette matrice de base, quelque peu sommaire, par la mise en évidence des effets idéologiques du conte selon le tableau suivant (*ibid.*, p. 10).

	Situation initiale négative 1	*Passage* 2	*Situation finale* positive 3
Structure faute + sauveur	Le héros (ou ses parents) commet une faute.	• Le héros est prisonnier des forces du mal. • Le sauveur délivre le héros.	« Mariage royal ».
Quête	Il n'y a pas de faute. Le héros se trouve dans une situation problématique (manque, désir, héros dominé, victime).	Le héros accomplit une quête : – épreuve(s) qualifiante(s) ; – épreuves principales.	Glorification du héros sous une autre forme que le mariage.

La première partie du tableau indique que le conte qui correspond à ce type d'analyse est construit sur une structure *faute + sauveur* qui semble rappeler aux auteurs le schéma fondamental du christianisme : péché originel, punition, épreuves, rédemption. Parmi les contes de nos répertoires familiers construits selon cette structure, on peut reconnaître *Le Petit Chaperon rouge, La Belle au bois dormant, Blanche-Neige, Le Loup et les sept chevreaux.* La seconde partie du tableau correspond à l'analyse des contes où le héros accomplit une quête. C'est la structure *quête + épreuves + glorification.* Cette quête peut être, selon les auteurs, *héroïque* (vertus guerrière, courage, idéologie, chevaleresque) ou *chrétienne* (vertus chrétiennes permettant à un dominé de parvenir au bien désiré, qui est le plus souvent le mariage) ou *populaire* (vertus de débrouillardise ou d'intelligence permettant à un dominé de réussir à s'enrichir ou à conquérir le pouvoir). Appartiennent à cette structure *Cendrillon* (quête chrétienne), *Le Petit Poucet, Le Chat Botté, Tom Pouce, Le Vaillant Petit Tailleur* (quête populaire). Quant à la quête héroïque, je pense que cette structure caractérise plus la légende et le mythe que le conte. Du reste ces distinctions ne nous paraissent pas d'un intérêt majeur, pas plus que les épreuves qualifiantes, principales et glorifiantes, reprises de Greimas.

En conclusion, on pourra retenir que les modèles de Larivaille et de Loup, Slama et Choukroun sont les plus adaptés à un traitement analytique des structures du conte par le pédagogue. Néanmoins, la compréhension des modèles de Propp, de Greimas et de Brémond paraît indispensable en tant que propédeutique à l'utilisation de matrices d'analyse servant à la mise en place d'outils méthodologiques d'écriture. À ce niveau, qui n'est plus celui du linguiste ou du sémioticien, mais celui du pédagogue, l'analyse structurale peut certes opérer des séductions, mais elle doit toujours être comprise comme s'inscrivant dans la conception de l'action pédagogique et dans l'opérationnalisation de cette conception, l'ensemble faisant partie de la triade « imprégnation-analyse-production » avec laquelle tous les auteurs des manuels actuels sur la pédagogie du conte sont maintenant d'accord. Ainsi averti, le pédagogue ne tombera pas dans la déformation « professionnelle » que risquent le linguiste et le sémioticien : être parfois fascinés davantage par l'outil qu'ils élaborent pour éclairer l'objet que par cet objet lui-même.

3

Le merveilleux et le symbolique

Interrogeons-nous un instant sur l'étrange destin des contes populaires qui ont parcouru des siècles pour parvenir jusqu'à nous et qui continueront sans doute encore longtemps, désormais sous la forme écrite, à accompagner le passage de l'état d'enfance à l'état d'homme. Comment expliquer leur succès autrement d'abord que par l'enchantement qu'ils exercent sur les enfants ? Mais comment expliquer ensuite que l'enfant devenu à son tour homme ait besoin de continuer à faire croire à ses propres enfants que les contes de fées leur sont indispensables ?

Beaucoup de nos contemporains sont convaincus qu'à notre époque, où la rationalité et la science gouvernent de plus en plus la pensée humaine, le merveilleux, qui puise ses racines dans l'imaginaire, doit être un des antidotes nécessaires à l'équilibre de la raison. Cette hypothèse est plausible mais elle n'explique pas tout. La science-fiction, et la fiction sous toutes ses formes – littéraires, cinématographiques, théâtrales... – de même que la croyance religieuse, qu'elle se manifeste dans les églises officielles ou dans les sectes, occupent le champ de l'irrationnel sans ruiner et sans faire taire en nous le besoin du merveilleux. La science-fiction est un genre littéraire qui, même s'il met en scène le fantastique proche du merveilleux, se démarque également du conte par le fait que ce qui n'est pas possible aujourd'hui peut advenir demain. Dans ce domaine, le surnaturel auquel croyaient les lecteurs de Jules Verne est en passe de devenir un phénomène réel que la science et la technique parviennent à expliquer. Le voyage dans l'espace depuis que la lune a été visitée et conquise par l'homme n'appartient plus à la fiction. Le tapis volant des contes des *Mille Et Une Nuits* est devenu aéronef, puis astronef et, depuis un siècle déjà, « la fée Électricité » comme on l'appelait à sa naissance est devenue une banale affaire de physique.

Restent les Mélusine et les Carabosse de nos contes et leur présence parmi nous, du moins dans les œuvres littéraires. Passé l'âge des contes de fées et du Père Noël, l'enfant donne encore longtemps l'impression d'y croire. Il serait plus juste de dire qu'il joue à y croire, puisque cette attitude n'est absolument pas de l'ordre d'un acte de foi ou d'une conviction quelconque, aucun enjeu dans l'au-delà du réel n'étant par ailleurs posé. Sans doute des amorces de réponses peuvent-elles être trouvées si l'on commence par se poser avec Soriano la question : « À supposer que les fées soient mortes, il ne faudrait pas se hâter de les enterrer. En effet par quoi les remplacer[1] ? »

Oui, par quoi les remplacer ? Par des extra-terrestres, des *E.T.* ? Mais les enfants continuent à réclamer des contes de fées ! Par la croyance aux esprits des sciences occultes, par l'engouement dans le spiritisme ? Mais ce n'est pas pour les enfants ! Par un retour de flamme du spiritualisme, que d'aucuns trouvent si nécessaire aujourd'hui en réaction au matérialisme ambiant ? Mais le spiritualisme ne peut entrer en concurrence avec le goût pour le merveilleux, même si le surnaturel est leur liant naturel ! Il n'est pas d'esprit qui fonde ses postulats et ses valeurs propres à la fois sur le spiritualisme et sur le matérialisme positiviste, à moins d'un compromis exceptionnel. En revanche on en connaît beaucoup qui, bien qu'agnostiques, sont épris du merveilleux des contes de fées, non comme clé d'explication de l'aventure humaine, mais comme valeur esthétique. C'est pourquoi je suis convaincu que de nos jours le conte merveilleux n'a plus aucun rapport avec l'attitude religieuse, bien qu'en son centre persiste, sous des formes à peine altérées, une conception mythique de l'univers que les psychanalystes aussi bien que les historiens des religions rattachent aux constantes de l'âme humaine.

L'enfance de l'humanité serait-elle à l'image de l'enfance de l'homme « si proche encore des sources de la vie[2] » ? Et les images archétypales de Jung n'expliqueraient-elles pas la permanence dans le conte de données

1. Marc Soriano, *Guide de littérature enfantine,* Flammarion, 1959, p. 156.
2. Marc Soriano, *Les Contes de Perrault, culture savante et traditions populaires,* Gallimard, coll. « Tel », 1978, p. 345.

originelles appartenant aussi bien à la conscience individuelle qu'à l'inconscient collectif ? Cette explication est également plausible, tant il est vrai que notre système de représentation du mystère de la nature, et plus particulièrement de la nature humaine, restera sans doute à jamais incomplet sur l'origine de l'homme, sa place dans l'univers, son éventuelle survie dans un au-delà sur lequel aucune science ne pourra jamais se prononcer. De même que dans le conte qui traduit une transition entre deux équilibres, la vie de l'homme sur terre entre la naissance et la mort ne représente qu'un passage plus ou moins bref semé d'épreuves. Faut-il voir dans cette image une première métaphore qui représente le scénario conçu par notre angoisse devant l'existence, donc un scénario fortement chargé en symboles ? Oui, sans doute.

Le désir de vivre et de bien vivre, de réussir notre destinée ici-bas, participe d'abord d'un rêve avant de devenir réalité. Si nous étions immortels, ce à quoi nous rêvons dans les songes diurnes qui verticalisent notre rapport à un hypothétique dieu (d'où les expressions « ici bas » et « Très Haut »), à quoi servirait le merveilleux, puisqu'il est naturel d'être merveilleux quand on est immortel ? Le merveilleux est une réponse de l'homme à son incomplétude, et les inventions que suscite cette réponse, de l'ordre du mythe ou du conte, sont des productions qui ont valeur de symbole. Le merveilleux n'est jamais dans le réel quotidien (sauf exception lorsque vous avez joué parmi des millions de malchanceux le seul numéro qui vous fait milliardaire et héros d'un conte qui commence...) mais dans l'imaginaire et le symbolique. Il nous faut découvrir maintenant comment il fonctionne dans le conte.

Le merveilleux et ses fonctions

La langue française comporte de nombreux synonymes du terme « merveilleux » : « prodigieux », « fabuleux », « fantastique », sont les plus proches et viennent spontanément à l'esprit. En allemand il n'y a que *wunderbar* qui soit la bonne traduction et on saisit d'emblée sa portée sémantique, *wunderbar* signifiant également « miraculeux », l'équivalent du *wonderful* anglais, qui fait double emploi avec *marvellous.* Puisque c'est donc l'idée de miracle qui est ainsi évoquée, on peut en conclure qu'on est bien dans le surnaturel, c'est-à-dire dans le domaine qui ne relève pas des lois naturelles, mais de la magie ou de l'intervention divine. Il vient également à l'esprit que la lampe d'Aladin n'a pas un fonctionnement explicable par la physique, que le voyage de Nils Holgersson se fait à califourchon sur des oies sauvages en dépit de toutes les démonstrations de Newton, et qu'Alice, hélas, n'a fait que rêver d'un pays nommé *Wonderland* à côté duquel celui de Marne-La-Vallée est un décor de carton pâte et de machines à fabriquer des artifices ! Ce qui n'empêche personne d'y trouver du merveilleux à son goût, ou tout au moins quelque chose qui évoque le merveilleux.

C'est le substantif, plus que l'adjectif, qui doit nous intéresser ici, car il s'agit bien d'expliquer comment le merveilleux peut faire naître l'émerveillement. Notons tout de suite que, dans l'histoire de l'éducation, il n'y a jamais eu de consensus sur la nécessité du merveilleux dans les contes pour enfants. Le *Manuel des salles d'asile* en usage au XIXe siècle admet les contes parmi les histoires à raconter aux petits enfants, mais à condition qu'ils ne racontent point de mensonges. Sont donc bannis les contes de fées « dont le merveilleux ne saurait produire, sur d'aussi jeunes imaginations, qu'un très mauvais effet[1] ». Édouard Laboulaye, lui-même auteur de contes pour enfants, est d'un avis différent. Dans l'article « conte » du *Nouveau dictionnaire de pédagogie* de Ferdinand Buisson paru en 1911, il considère que les contes de fées ont leur place dans l'éducation et qu'ils ne sont pas plus faux que le théâtre ou la poésie : « Ils sont, écrit-il, la poésie épique des enfants. »

La question de savoir si le conte merveilleux est éducatif ou ne l'est pas, s'il est un empêchement à la construction du réel chez l'enfant, et si donc il ne lui apprend pas des mensonges, n'est pas encore définitivement tranchée aujourd'hui. Un des premiers auteurs à avoir écrit vers 1950 sur la littérature pour enfants, A. Brauner, soutient dans son livre *Nos livres d'enfants ont menti* que les livres de contes de fées racontent des mensonges aux enfants et leur donnent de mauvaises habitudes. Il les déconseille formellement aux parents et aux éducateurs soucieux d'éviter à la jeunesse des erreurs de pensée et désireux de les engager à fortifier le sens de l'effort. « Ne vous étonnez pas, dit-il, s'ils mettent leur espoir plutôt dans l'aide d'une bonne fée que dans leur propre effort. » (*Op. cit.*, p. 91.) Cet auteur ne renie pas le recours à la poésie et à l'imaginaire, mais la conception du merveilleux qui est la sienne est fondée sur le rationnel et

1. *Nouveau manuel des salles d'asile à l'usage des filles de la Charité,* Dezobry, Magdeleine et Cie, 1854, p. 496.

le sensible : les fleurs, les bêtes, le soleil, les étoiles et d'autres « choses naturelles » forment selon lui les sujets essentiels du merveilleux enfantin, capable d'éveiller la curiosité et l'étonnement. Quant aux fées, aux lutins et aux ogres, il ne voit pas la nécessité « d'ajouter ces produits de la fantaisie à la foule des choses étonnantes qui existent déjà au monde » (*ibid.*). Sa condamnation du surnaturel des contes de fées est sans appel : « On ne peut inventer rien de plus merveilleux que ce qui existe. » (*Ibid.*) Bannissons donc *La Belle au bois dormant,* son fatalisme et la malédiction d'une mauvaise fée, interdisons-nous de raconter aux enfants *La Barbe-Bleue* et « la férocité de la bête humaine » (*ibid.*), évitons l'orgueil démesuré et l'ambition cruelle de la marâtre de *Blanche-Neige.* S'agit-il d'armer les enfants pour la vie ? Supprimons cette contradiction flagrante du merveilleux qui les désarme devant le danger ! On comprend que cet auteur est lui-même armé d'un hyperpositivisme aveugle devant les réalités de la pensée enfantine qu'il veut endiguer à tout prix. La réalité dont il parle est tout autre et même diamétralement opposée à la conception de la réalité de Bettelheim. On reste confondu de l'audace d'une argumentation qui situe uniquement le merveilleux dans le réel : « En réalité, le merveilleux est simplement tout ce que découvre l'enfant en grandissant, c'est la réalité qui se révèle à lui à mesure qu'augmentent ses facultés, sa compréhension. C'est l'étonnement toujours renouvelé devant les découvertes quotidiennes. » (*Op. cit.*, p. 93.)

Au comble de sa méfiance, Brauner avertit solennellement son lecteur que l'histoire de la pomme empoisonnée dans *Blanche-Neige,* l'assassinat des femmes de *La Barbe-Bleue* et la mégalomanie du *Chat Botté* ne peuvent mener qu'au pire : « Que ceux qui s'intéressent si passionnément à la psychologie des criminels recherchent un jour de quand date leur première idée sadique et comment ils y ont été amenés. » (*Op. cit.*, p. 95.)

Le merveilleux est quand même autre chose que ce qu'en dit A. Brauner et ses fonctions doivent être dégagées de l'étude des textes eux-mêmes et non de présupposés d'ordre moral sur leurs effets. J'en perçois au moins trois.

La fonction fantasmatique

L'idée que le conte traduit d'une manière symbolique les aspirations de l'homme est largement partagée par les auteurs cités au chapitre 2 qui se sont penchés sur son analyse. Quête du héros, désir de réussir, fantasme d'omnipotence, dépassement du conflit, et toutes autres modalités de la réalité psychique sont les matériaux qu'utilise le conte merveilleux, et ce sont en partie les mêmes que dans le rêve puisqu'il s'agit là également de la réalisation d'un désir. Ce sont les psychanalystes qui seraient habilités le plus à s'exprimer sur l'interprétation du merveilleux dans le conte et quelques-uns s'y sont essayés avec un certain succès[1]. Freud lui-même s'est intéressé aux récits folkloriques et y a vu la représentation de songes. Les matériaux des contes de fées sont parfois l'équivalent de signifiants que l'on retrouve dans le rêve et la psychanalyse se trouve concernée au premier chef par l'interprétation du fantasme, ce « scénario imaginaire où le sujet est présent et [qui] figure de façon plus ou moins déformée par les processus défensifs, l'accomplissement d'un désir, et en dernier ressort d'un désir inconscient[2] ».

Les fantasmes présents dans les contes sont divers et renvoient aux processus de l'inconscient. Le merveilleux est là pour les habiller sous une forme qui les rend acceptables et désirables. L'enfant caché dans un poêle dans *Jack et les haricots magiques* évoquerait le fantasme du retour au sein maternel. Le fantasme de la scène primitive et l'éveil de la curiosité sexuelle se retrouveraient dans *La Barbe-Bleue* ainsi que dans *Hänsel et Gretel* (l'enfant qui écoute à la porte de la chambre de ses parents). Celui de la séduction est particulièrement latent dans *Le Petit Chaperon rouge, Cendrillon* et *Blanche-Neige.*

Freud donne l'exemple de l'approche clinique du conte de fées et de son influence sur la névrose infantile dans *L'Homme aux loups.* Les problèmes sexuels se seraient éveillés chez cet enfant à l'audition des contes *Le Petit Chaperon rouge* et *Le Loup et les sept chevreaux.* Dans cette étude, le père de la psychanalyse établit le parallèle entre les motifs de ces contes où apparaît le loup dévoreur et le mal dont souffre le patient : une phobie et un refoulement sexuel.

S'il est pertinent que la psychanalyse se soit intéressée au-delà des aspects pathologiques de l'inconscient à tout ce qui relève du symbolique dans le rêve et dans la littérature folklorique, notre problème est d'abord

---

1. Je ne ferai que suggérer au lecteur de compléter son information. Le livre de Michèle Simonsen, *op. cit.,* p. 67-98, est très documenté sur l'interprétation psychanalytique des contes populaires.
2. J. Laplanche et J.-B. Pontalis, *Vocabulaire de la psychanalyse,* PUF, éd. de 1992, article « Fantasme ».

de découvrir le merveilleux sous les traits du fantasme dans la vie quotidienne et de faire un parallèle avec ses manifestations dans le conte. Limitée aux fantasmes conscients ou rêves diurnes, la liste des merveilles qui nous font rêver est déjà impressionnante : être riche, beau, puissant, célèbre, rencontrer le prince charmant, retarder le vieillissement, être éternellement jeune, devenir une vedette... Quant aux fantasmes inconscients de nos rêves nocturnes, ils sont du même ordre, mais l'interprétation de leur contenu manifeste ne nous est pas directement accessible.

Qui n'a rêvé d'être Batman et de voler dans les airs ou de franchir l'espace comme *Le Petit Poucet* avec ses bottes de sept lieues volées à l'ogre, ou comme *Vassillissa la Magique et Ivan-Tsariévitch* sur leurs chevaux volants dans un conte d'Afanassief ? Mais le rêve de puissance, comme le cauchemar, s'arrête à un moment ou à un autre par un réveil parfois brutal. Et le merveilleux cesse d'opérer. Nous voici revenus à notre condition humaine et à jalouser Batman, le Petit Poucet ou Vassillissa. Le conte de fées apparaît alors comme pouvant prolonger le rêve... Quel plaisir que de suivre Alice au pays des merveilles !

La fonction esthétique

On oublie parfois que les contes, ceux qui ont connu une version écrite tout particulièrement, appartiennent à un genre littéraire et sont des œuvres d'art. S'il en était autrement, comment expliquer l'extraordinaire succès, encore actuel, des contes signés Perrault, Grimm et Andersen ? C'est donc du grand art qui appartient au patrimoine culturel de l'humanité tout entière et qui représente la vision du monde, les rapports entre l'homme et la nature, sous les formes esthétiques les plus achevées, celles qui provoquent précisément l'émerveillement du public, comme beaucoup d'œuvres auréolées de prestige. La logique du merveilleux est en fait nécessaire à la logique du récit dans le conte de fées. Supprimer le merveilleux dans un conte, ce n'est pas empêcher la poursuite d'un récit, mais c'est le rendre réaliste et lui donner une autre fonction, y compris sur le plan esthétique.

Dans les contes qui traitent essentiellement du désir de l'homme d'être le plus beau, le plus fort, le plus désirable et le plus riche, le conteur a intérêt à amplifier et à multiplier les aspects surnaturels nécessaires à la réalisation de la (con)quête de l'objet désiré. D'où de nombreuses épreuves où le héros se montrera à la hauteur de sa tâche puisque l'intrigue doit progresser jusqu'à la réussite finale. D'où des interventions extraordinaires, et tous ces protagonistes, destinateurs, destinataires, adjuvants et opposants qui viendront mettre des chicanes dans le parcours du héros ou lui donner les moyens de les contourner. Au théâtre la fantasmagorie est entretenue par les effets du *deus ex machina,* au cinéma par ce que l'on appelle les effets spéciaux, au spectacle de magie par des trucages. Machines, trucages et effets spéciaux entretiennent l'illusion qui est nécessaire à l'émerveillement et à la sensation que la fiction ne dépasse pas la réalité. Comme le dit Étienne Souriau, « dans les arts du spectacle, il faut produire des faits réels qui soient perçus par le public comme hors du réel[1] ». Il en est de même dans le conte où le conteur joue sur l'illusion du réel et où l'enchantement se fait dans une certaine relation de connivence avec l'auditeur ou le lecteur, même chez les enfants très jeunes.

Que demandent le lecteur et l'auditeur ? Que la puissance de suggestion du récit raconté ou lu soit telle que le merveilleux nous enveloppe et nous délivre – momentanément du moins par substitution – du banal de l'existence quotidienne. Cette puissance de suggestion n'est pas donnée à tout le monde, c'est pourquoi les bons conteurs, par exemple, sont avant tout des artistes entraînés, et revendiquent d'être traités, à juste titre, comme des professionnels du spectacle.

Quels sont les rapports du merveilleux des contes avec le merveilleux païen et le merveilleux chrétien dont parle Chateaubriand ? Comme le dit Souriau, dans le merveilleux païen le naturel et le surnaturel sont en continuité l'un de l'autre : « L'univers de la physique et le surnaturel sont en osmose constante. » (*Op. cit.*) Au Moyen Âge par exemple le miracle ne s'oppose pas à la nature, il en fait partie. Le merveilleux chrétien ayant absorbé les croyances de la mythologie antique ne sépare pas le naturel du surnaturel. Dans certaines religions apportées aux peuplades primitives, les saints du paradis, la Vierge Marie et le Dieu des chrétiens cohabitent avec les esprits des croyances animistes.

L'évolution de la pensée scientifique va entraîner une révision de la conception du merveilleux. Au XVIIe siècle Corneille pose la question de la compatibilité du merveilleux avec le vraisemblable. On peut apprécier esthétiquement une œuvre d'art sans qu'il soit nécessaire de croire à sa

1. Étienne Souriau, *Vocabulaire d'esthétique,* PUF, 1990, article « Merveilleux ».

vraisemblance. C'est la conception qui prévaut encore aujourd'hui et de plus en plus à mesure que la science et ses applications font reculer la superstition et la croyance aux forces occultes. Mais le progrès scientifique ne provoque cependant pas la fin du merveilleux, précisément parce que de nos jours le merveilleux peut être largement différencié de la superstition.

Souriau cite l'exemple de la permanence de l'intérêt du merveilleux malgré l'évolution de la technique : « Une vitesse de 10 km/h est merveilleuse quand aucun engin réel n'atteint pareille vitesse. » (*Ibid.*) Aujourd'hui, à l'ère des vols supersoniques, quelle vitesse nous paraît merveilleuse ? Celle qui permet de se déplacer très rapidement en quelques secondes dans deux endroits de la planète distants de milliers de kilomètres ? C'est la fonction 15 de Propp : « transport dans l'espace entre deux royaumes », celle qui risque de ne jamais se produire dans le réel tant elle paraît invraisemblable. Nombreux sont les héros dans les contes russes qui volent dans les airs, à cheval sur un oiseau, sur un bateau ou sur un tapis volant, sur le dos d'un géant, etc. Et nombreux sont les humains qui rêvent d'en faire autant. Ce qui est merveilleux, ce n'est pas le fait en soi, dit encore Souriau, mais c'est le fait qui est « merveilleux dans sa relation avec le réel » (*ibid.*). Un réel absolument hors d'atteinte ; et c'est cela même qui nous stupéfie et nous plonge dans l'admiration et le ravissement.

La fonction de ravissement

Avez-vous observé un groupe d'enfants suspendus aux lèvres du conteur, captifs du charme qu'opère le merveilleux ? Il s'agit bien d'une sorte de captation ressemblant à l'« état d'une âme ravie en extase » (*Le Robert*) qui transporte le ravi du quotidien banal dans l'univers merveilleux du conte. Une transfiguration en quelque sorte, au sens littéral du terme, puisque c'est sur le visage que l'on voit les effets du ravissement. Le conte – et *a fortiori* le conteur – est, à n'en pas douter, un preneur d'enfants. Il est un conte qui illustre fort à propos la séduction que peut opérer un personnage envers des enfants, c'est *Le Joueur de flûte de Hameln,* et c'est en lui que Pierre Péju trouve une illustration de la fonction de ravissement[1].

1. Pierre Péju, *La Petite Fille dans la forêt des contes,* R. Laffont, 1981.

> Un étranger de passage fut engagé par les habitants de Hameln en Basse-Saxe pour débarrasser la ville des rats et des souris qui l'infestaient, en échange de la promesse d'une forte somme d'argent. Il tira de son sac une flûte et commença à jouer un air et tout à coup une armée de rats et de souris sortit des profondeurs des maisons et suivit le joueur jusqu'au fleuve où tous les rongeurs se noyèrent. L'étranger réclama alors sa récompense, mais en pure perte. Alors il sortit à nouveau son instrument et se remit à en jouer et cette fois-ci ce furent tous les enfants de la ville qui le suivirent, fascinés par cette musique, jusque dans une montagne proche qui s'ouvrit et se referma définitivement sur eux[1].

Comme tous les kidnappeurs-ravisseurs du monde moderne, le joueur de flûte met à prix les enfants d'Hameln : de l'argent sinon... On est également proche d'*Hänsel et Gretel,* du *Petit Poucet,* de *Tom Pouce* et du risque pour un enfant d'être abandonné par ses parents. Ceux d'Hameln n'ont même pas le réflexe élémentaire de revenir sur le non-respect du marché dès qu'ils voient leurs enfants les abandonner ! Mais on est aussi et principalement dans le thème de la séduction, que l'on retrouve dans les mythes d'Orphée et dans le conte des Grimm *Le Cercueil de verre* où l'héroïne tombe sous le charme d'un magicien qui parvient à l'enfermer dans un cercueil vitré. Le conteur est un peu à sa manière le ravisseur qui entraîne les enfants avec lui dans le monde de la féerie et de l'enchantement, mais bien sûr, avec leur accord. Et le terme émerveillement dans les pages du *Petit Robert* a comme synonyme « ravissement ». On ne sera donc pas surpris de la fin du conte *Le Joueur de flûte de Hameln* : un seul rescapé de la troupe des enfants parvient à échapper au sortilège du flûtiste. Interrogé par les habitants : pourquoi a-t-il suivi la musique ?, il répond :

> « Je ne sais pas ce que les autres enfants entendaient ; il me semblait entendre une voix qui parlait d'un merveilleux pays, tout près de moi, où les chevaux avaient des ailes, où chaque fleur était un bol de miel, où les arbres portaient des fruits merveilleux, de toutes les couleurs de l'arc-en-ciel, où personne n'était jamais pauvre, ni fatigué, ni malade. »

1. Le conte se trouve dans une version traditionnelle dans le livre de Miss Sarah Cone Bryant, *Comment raconter des histoires à nos enfants,* Fernand Nathan, 1937, p. 232-234. Certaine versions traduisent Hameln par Hamelin.

Quelques éléments symboliques du conte

Fées, sorcières, ogres, géants et lutins ne sont pas seulement des éléments indispensables au merveilleux mais sont des personnages de l'ordre de l'imaginaire, qui, avec d'autres, ont une fonction symbolique.

Le symbole n'est pas un signe arbitraire et conventionnel entre le signifiant et le signifié ; il s'inscrit dans une relation de continuité entre les deux et dans un « dynamisme organisateur [...] facteur d'homogénéité dans la représentation[1] ». Par exemple, le symbole de la richesse est l'or et on voit très bien le rapport d'homogénéité qu'il y a entre les deux. Depuis que les psychanalystes se sont appliqués à démontrer que les matériaux du mythe et du conte entretiennent des rapports étroits avec ceux du rêve en donnant lieu à une sorte de revanche scénographique du désir refoulé (Freud et les freudiens) ou expriment des archétypes (Jung et les jungiens), on a cherché à élaborer une « clé des contes » qui serait le pendant de la « clé des songes ». L'interprétation des contes à partir de leur lecture au moyen des concepts psychanalytiques (textanalyse) peut en effet se révéler féconde, nous le verrons avec Bettelheim.

Mais interroger l'inconscient des récits merveilleux sans précaution ou avec des référents appartenant aux arts divinatoires, voire à l'astrologie, peut mener à des dérives fantaisistes. Georges Jean cite deux exemples d'interprétation extrême dont il souligne le ridicule et la sophistication : dans *Le Petit Chaperon rouge* les chasseurs qui tuent le loup symboliseraient l'aube qui fait à nouveau surgir le soleil ; dans certaines versions de *La Belle au bois dormant,* l'élimination de la treizième fée correspondrait au passage chez les anciens Germains de l'année lunaire de treize mois à l'année solaire de douze mois ! L'explication donnée par Bettelheim – qui ne se réfère pas ici à la psychanalyse – n'est pas plus convaincante : les douze bonnes fées, plus la treizième, expriment symboliquement la malédiction de la menstruation qui revient tous les vingt-huit jours des mois lunaires et non tous les trente ou trente et un jours des mois solaires[2]. On ne voit pas ce que ces interprétations apportent de plus à l'intérêt de l'enfant pour les contes et encore moins à leur compréhension. Limitons-nous

---

1. Gilbert Durand, *Les Structures anthropologiques de l'imaginaire,* Dunod, édition de 1983, p. 26.
2. Bruno Bettelheim, *Psychanalyse des contes de fées,* Pluriel, Le Livre de poche, 1976, p. 385-386.

à la recherche de quelques symboles autour desquels peut se faire un accord relatif sur le signifié.

Les fées

D'après le *Dictionnaire des symboles,* les fées représentent « les pouvoirs de l'homme de construire en imagination les projets qu'il n'a pas pu réaliser[1] ». Comme les divinités de l'Olympe dans les mythes grecs, les fées nées d'une conception mythique de l'univers « sont descendues du ciel sur la terre » (Soriano, 1975, p. 154) pour aider les hommes ou pour les contrarier, puisqu'il y a les bonnes et les mauvaises. Les premières sont les plus connues, ce sont celles qui prononcent les vœux positifs à la naissance du héros, voire qui aident à son accouchement. Les secondes ont plutôt des pouvoirs maléfiques et s'opposent à la quête initiatrice. Parmi elles : la marâtre de Blanche-Neige, qui bien que n'ayant pas le statut et le nom de fée en a tous les pouvoirs, la fée Carabosse et sa sœur, la fée Magotine, présentes dans les contes de Mme d'Aulnoy, et, dans les contes russes, la Baba-Yaga, personnage ambivalent qui peut être dans le même récit l'adjuvant ou l'opposant du héros.

Contrairement à l'opinion répandue, les fées sont en nombre restreint dans les contes de Perrault et des Grimm. Chez le premier, elles apparaissent principalement dans *Les Fées, Cendrillon, La Belle au bois dormant, Riquet à la houppe.* Dans *Peau d'Âne* la fée n'a que peu de pouvoirs et donne surtout des conseils. Les fées ne portent pas de nom chez Perrault, ce qui est de peu d'importance puisque c'est en tant qu'actants qu'elles nous intéressent. Présidant à la naissance du héros, elles ont, sauf la dernière arrivée au baptême de *La Belle au bois dormant,* le rôle d'une marraine qui saura préserver l'enfant des dangers qu'il court jusqu'à son adolescence, et c'est alors qu'elles disparaissent. Leur personnage évoque la fonction d'un ange gardien. Dans les contes de Mme d'Aulnoy, les fées sont bien plus présentes et décrites dans toute leur féerie, le descriptif l'emportant même parfois sur le narratif. Leur nom est aussi révélé, mais on ne voit pas ce que cette information apporte de plus au récit et au sens : Bénigne, Ragotte, Merluche, Fanferluche, Tulipe...

1. Jean Chevalier, Alain Gheerbrant, *Dictionnaire des symboles,* R. Laffont, 1982, article « Fée ».

Dans les contes des Grimm, à partir de l'édition de 1819, la *Fee* devient la *weise Frau* (femme sage ou sage-femme) ou la *Zauberin* (magicienne). Cette particularité a été relevée et analysée par Marie-Louise von Franz[1] et par Marthe Robert[2] dans sa préface à un choix de contes des Grimm. La fée dans le conte allemand a l'apparence d'une vieille femme, contrairement à l'image de la fée rayonnante et étincelante du conte français. De même que dans la version de Perrault, la fée maléfique de *Dornröschen* (dans l'ordre d'arrivée, c'est la treizième) lance la malédiction et se retrouve plus loin dans le récit sous les traits de la vieille fileuse, responsable de la piqûre qui entraînera le long sommeil de la Belle. Selon Marthe Robert le rôle de la fée « sage-femme » est de transmettre aux enfants « la connaissance des pratiques religieuses et sociales par quoi l'homme peut s'insérer dans l'ordre des choses, venir vraiment au monde et y être à sa place » (*op. cit.*, p. 16). La fée est donc la dépositaire des secrets des rites d'initiation.

Pierre Grimal suggère que les fées de notre folklore ne sont en fait que les Parques romaines, elles-mêmes successeurs des Moires grecques. Sous l'étymologie on trouve leur fonction : *fata* en latin signifie « destinées ». Les *tria fata* étaient représentées au forum de Rome par trois statues que l'on appelait les trois fées dans la plupart des langues latines. Le terme aurait donné naissance aux autres personnages de l'imagination populaire : *fadas, fadettes, farfadets, fadets.* La signification paraît évidente : détentrices de la magie mais surtout du destin de l'homme, dont la présence sur terre reste inexplicable et mystérieuse, les deux premières fées sont représentées avec le fuseau, duquel est tiré le fil de la vie humaine, enroulé sur le rouet et coupé avec les ciseaux de la troisième. Cette symbolisation est d'ordre allégorique[3]. Une autre explication, proposée par Jan de Vries, est séduisante : les fées seraient l'équivalent des *matres* ou *matrones* (accoucheuses dans le langage populaire), représentées également par trois, avec un nourrisson sur leurs genoux, survivantes des déesses pré-celtiques de la maternité et donc ancêtres des sages-femmes des contes germaniques[4].

---

1. Marie-Louise von Franz, *La Femme dans les contes de fées,* Albin Michel, 1993.
2. Grimm, *Contes,* préface de Marthe Robert, Folio Gallimard, 1973.
3. Voir *Dictionnaire des symboles, op. cit.* article « Fée ».
4. Sur ce point voir Jacques Brosse, *Mythologie des arbres,* Petite bibliothèque Payot, 1989, p. 241.

Les ogres et les géants

Ces personnages trouveraient leur origine dans les *Oïgurs* hongrois du XIe siècle, terrible tribu qui a laissé le souvenir de ses atrocités dans l'imaginaire collectif représentant des monstres anthropophages C'est l'interprétation proposée par Jean de Trigon[1]. Il est plus plausible de rattacher l'ogre des contes français et anglais à la figure mythique de Kronos « le prototype de tous les ogres du folklore européen » (Durand, 1983, p. 94). Le tableau de Goya « Saturne [Kronos] avalant ses enfants » exprime toute l'horreur attachée à ce personnage, de même que l'image par Gustave Doré de l'ogre du *Petit Poucet* coupant le cou à ses propres filles. Dans les contes des Grimm le monstre est un géant qu'affrontent les héros au risque d'être détruits par lui. Mais comme ses cousins français ou anglais, c'est le petit rusé qui triomphe du grand méchant, ce qui correspond au fantasme de « l'avaleur avalé » décrit par Gilbert Durand, et très exactement à l'histoire du *Chat Botté*. Transposé donc sur le plan du rapport dissymétrique nain/géant, le fantasme est celui de tous les David qui désirent vaincre Goliath, et c'est ce qui se produit dans le conte au niveau de la mise en scène par l'imaginaire de l'éternel affrontement de l'homme contre les forces obscures et irrationnelles qui le contrarient dans sa quête de l'absolu et risquent de l'anéantir.

Le miroir magique

L'histoire de la méchante marâtre de Blanche-Neige et de l'usage qu'elle fait d'un miroir magique est bien connue. Ce motif est également fréquent dans d'autres contes. Dans *L'Oiseau bleu,* Florine rencontre une vallée faite d'un miroir où se mirent soixante mille femmes éprises d'illusion : « La rousse y paraissait plus blonde, la brune avait les cheveux noirs, la vieille croyait être jeune, la jeune n'y vieillissait point. » Le miroir de *La Reine des neiges* d'Andersen a une autre fonction, parce qu'il ne reflète que ce qui est mauvais et l'accentue encore davantage. Un méchant troll s'ingénie à faire ainsi apparaître les choses les plus hideuses du monde. Le miroir brisé en milliards de morceaux s'incruste dans les yeux des humains et leur fait voir tout ce qui est mal. L'héroïne de *La Belle et la*

1. Jean de Trigon, *Histoire de la littérature enfantine,* Hachette, 1950, p. 15.

Bête, enfermée dans le château du monstre, voit avec nostalgie dans un miroir son père et ses sœurs. Dans un récit en prose, *Le Miroir ou la métamorphose d'Orante,* que l'on trouve en annexe dans certaines éditions des *Contes de ma mère l'Oye,* Perrault met en scène l'histoire d'Orante qui n'est autre qu'un miroir faiseur de portraits qui sera puni de destruction parce qu'il disait trop la vérité à celle qui le possédait.

Le miroir a toujours fasciné l'imaginaire des écrivains producteurs de contes[1] parce qu'il reflète la vérité qui peut être bonne ou mauvaise à apprendre. En fait il ne reflète pas seulement ce qu'il y a de plus beau ou de plus laid à contempler sur le plan physique – on connaît surtout des contes où il sert aux femmes, à l'exception de l'histoire de Narcisse – mais ce qui se trouve dans le cœur des humains, c'est-à-dire la révélation de la vérité morale. Instrument utilisé en divination, il aurait également le don d'interroger les esprits et de lire dans l'avenir. C'est un thème privilégié dans de nombreuses philosophies agnostiques ou spiritualistes, l'âme de l'homme reflétant les forces du bien et du mal présentes dans la nature. Dans le *Dictionnaire des symboles* il est dit que le miroir est « le symbole même du symbolisme ».

Les métamorphoses

La mythologie grecque est pleine de métamorphoses de dieux prenant des formes humaines ou animales. C'est également un des thèmes favoris des contes merveilleux dans toutes les cultures. L'homme peut être victime des sortilèges le transformant en oiseau, en végétal ou en objet, ou choisir délibérément de se métamorphoser à l'aide d'un objet magique.

La métamorphose peut n'être qu'un simple levier du merveilleux : la citrouille devient carrosse, les lézards sont transformés en laquais, les rats en cochers, les souris en chevaux, par l'effet de la baguette magique de la fée-marraine de Cendrillon. C'est suffisant pour provoquer l'émerveillement de l'enfant et il ne faut pas y voir autre chose.

Il y a la métamorphose descendante : elle représente un châtiment, à la suite d'un vœu fait de manière irréfléchie, ou exercé sur le héros par un opposant. C'est un motif fréquent dans les contes des Grimm, où des frères

1. *Cf.* également Lewis Carroll, *De l'autre côté du miroir.*

sont transformés en oiseaux. Exemples : *Les Sept Corbeaux, Les Douze Frères, Les Six Cygnes.* Dans *La Belle au bois dormant* la métamorphose se fait au terme d'un décalage temporel de cent ans, mais le temps ne compte pas dans la métamorphose, qui dans son anachronie semble être un défi au temps menant l'enfant au vieillissement et à la mort. À la léthargie métamorphique des contes merveilleux de jadis correspond dans l'imaginaire de l'homme d'aujourd'hui le rêve de la renaissance cryogénique.

Il y a aussi la métamorphose ascendante : les différentes transformations de Peau d'Âne lui permettent de fuir le désir incestueux de son père et de parvenir au mariage avec le jeune prince.

Dans toutes ces métamorphoses, celle mise en scène par le conte *La Belle et la Bête* est la plus suggestive, parce qu'elle traduit le passage de la laideur (physique) à la beauté (morale). Ce n'est qu'à la fin de l'histoire, quand la Belle accomplit sa propre métamorphose intérieure et trouve la Bête désirable, et que cette dernière redevient homme, que le lecteur apprend la raison de la première transformation du prince en monstre repoussant : une sanction, sans doute méritée, infligée par une fée. Les changements opérés dans le physique n'affectent pas la personnalité des métamorphosés. Ce qui arrive à la Bête est comparable à un rite d'initiation et à un passage d'un état d'imperfection – ici l'animalité – à un état meilleur, qui signifie pour elle sa récompense. Le héros devient digne d'être aimé après avoir passé par les épreuves, et l'initiation équivaut à la rencontre de l'amour. Cette thématique est propre à tous les contes où l'on rencontre le fiancé-animal. Chez les Grimm, la meilleure illustration en est *Le Roi des grenouilles ou Henri de fer,* le premier conte du recueil. La métamorphose est le symbole qui signifie le passage de l'homme de son immaturité de départ à sa maturité à la conclusion du récit, et le conte est bien « le miroir magique », dit Bettelheim, qui reflète ce passage.

B. Bettelheim et le bon usage du conte

Plus de vingt ans après sa parution en France, *Psychanalyse des contes de fées* continue dans ses multiples rééditions à contribuer à entretenir auprès du public le goût pour les contes merveilleux, et à se maintenir comme un classique de toute première importance. Le titre français et la table des matières suggèrent que le lecteur va y trouver, outre le plaisir de renouer le contact avec les histoires qui ont enchanté son enfance, la révélation du sens caché dans les contes, principalement ceux de Perrault et des Grimm. Se situant dans le sillage de Freud, Bettelheim recherche dans les constantes du conte merveilleux la symbolique propre aux thèmes œdipiens, aux processus de maturation de l'enfant, aux fantasmes de l'angoisse et, d'une manière générale, toutes les traces exprimées de l'inconscient du conte en rapport avec les problèmes de l'enfance. À ce titre certains lui reprocheront d'utiliser la psychanalyse uniquement comme un instrument de l'éducation et de l'apprentissage de la vie psycho-affective, et de prendre des libertés excessives dans l'interprétation par rapport à la doctrine freudienne[1]. Mais c'est précisément cet aspect qui constitue l'intérêt du livre pour le pédagogue et l'éducateur. Le titre original anglais, *The uses of enchantement,* laisse bien entendre quel usage pratique on peut faire du merveilleux dans l'éducation. Bettelheim se charge de nous faire comprendre, dans plus de cinq cents pages d'écriture très didactique, mais de lecture facile même pour un lecteur qui n'a pas l'habitude de manier les concepts psychanalytiques, que les contes de fées sont des instruments de sublimation qui permettent aux enfants non seulement de fantasmer pour le plaisir, mais aussi de résoudre leurs problèmes psychologiques personnels. C'est donc un traité d'éducation et de psychologie que nous livre l'auteur, dont on sait par ailleurs qu'il fut le fondateur de l'école orthogénique de Chicago spécialisée dans les thérapies d'enfants autistes. Voyons donc les idées-forces qui se dégagent à la lecture de *Psychanalyse des contes de fées.*

Réalité et fiction

Bettelheim cherche à nous faire adhérer à l'idée que les contes réalistes, et au-delà la plupart des récits de fiction, ne parviennent pas à donner à l'enfant un véritable sens à la vie. Il cite l'exemple de plusieurs histoires fictives qui, bien qu'amusant l'enfant et lui permettant de s'évader en oubliant le poids de la vie et de la condition humaine, ne lui offrent aucun espoir précis pour l'avenir. Le conte de fées est psychologiquement plus convaincant que le récit réaliste parce qu'il met l'enfant en face d'une

1. Voir sur ce point par exemple Jean Bellemin-Noël, *Les Contes et leurs fantasmes,* PUF, 1983, p. 109-125.

situation-problème dont il trouvera la solution grâce à sa capacité d'imaginer. En fait le réel dont parle Bettelheim, ce n'est pas ce qui se passe devant nos yeux tous les jours, mais à l'intérieur de nous. C'est la réalité psychique qui l'intéresse, et le conte peut apporter une réponse imaginaire à un conflit réel en mettant ce dernier à bonne distance, pour mieux le traiter.

Le conte de fées, contrairement à ce qu'affirment certains éducateurs – et on ne manquera pas de faire ici la confrontation nécessaire avec A. Brauner et ses convictions que le conte ne peut que mentir –, tient un discours de vérité à l'enfant dans un langage symbolique. Par le fait même qu'il se situe dans l'imaginaire, attesté par des formules du genre : « Il était une fois... au temps où les bêtes parlaient... quand les désirs s'exauçaient encore... », l'enfant comprend fort bien qu'il ne peut s'agir de faits tangibles, et qu'on est bien de l'autre côté du miroir, au pays des fées, au royaume de l'inconscient. Pas plus que dans le temps ou l'espace réels, le récit ne se déroule dans la causalité physique ou dans une logique naturelle de l'événement, mais en plein irrationnel, puisque les faits s'enchaînent magiquement, par enchantement et dans le cadre du surnaturel fantastique. Le conte de fées emmène donc l'enfant dans un voyage merveilleux et, à la fin, revient à la réalité, une réalité qui n'a plus rien de magique, puisqu'on se retrouve au niveau du quotidien ordinaire : « Ils vécurent dès lors longtemps heureux... » Plus aucun élément magique ne nous étant fourni sur ce « longtemps », on comprend que le rêve est terminé. Le lecteur, si jeune soit-il, dit Bettelheim, sait qu'aucun enfant n'est abandonné par ses parents ou obligé de se coucher dans l'âtre, comme Cendrillon.

C'est dire que personne n'est dupé dans le conte de fées, qui n'exprime pas la réalité extérieure, mais qui sur le mode symbolique exprime une réalité intérieure fantasmée, se développant à partir de nos angoisses et de nos aspirations. En ce sens le conte merveilleux mettant en scène nos problématiques les plus intimes permet de symboliser le travail psycho-affectif de notre inconscient, et de le mettre en résonance avec l'inconscient collectif qui y est exprimé dans des significations plus ou moins cachées permettant la projection et l'identification. En clair, comme le dit Bettelheim, le conte de fées est le miroir dans lequel nous nous reconnaissons avec nos problèmes éternels et des propositions de solutions qui ne peuvent s'élaborer que dans l'imagination.

Les confrontations dans l'imaginaire avec des monstres sous diverses formes autorisent le travail de la psyché, en tant que projection de l'angoisse. Les vaincre par identification avec le héros n'est pas traumatisant, bien au contraire. Et si parfois le conte donne raison au plus rusé, voire au moins moral, c'est pour donner le message que le plus faible, le plus benêt – *cf.* toutes les figures de héros simplets qui réussissent à conquérir des royaumes dans les contes des Grimm – peut également réussir dans la vie. C'est donc que le fantasme permet de rendre les frustrations supportables et de les assumer. Non par la fuite en avant, mais par un travail simultané du préconscient et du conscient, puisqu'à la différence du rêve nocturne qui échappe au contrôle de la conscience et qui n'amène pas toujours le soulagement malgré le travail inconscient du désir, le conte rétablit la continuité entre la réalité et la fiction, en permettant justement à l'enfant de contrôler l'irrationnel par différenciation avec le réel de tous les jours. Alors que le rêve n'apporte pas de solution aux conflits, mais se contente de les symboliser en leur donnant des signifiants dans la scénographie de l'inconscient, et d'ouvrir ainsi le robinet de purge des tensions intérieures, le conte de fées entretient un dialogue intuitif entre l'inconscient, le préconscient et le conscient.

Mettre de l'ordre en soi

En fait, plus que d'exutoire à la pression de l'inconscient, c'est d'équilibre de la personnalité qu'il s'agit. « Mettre de l'ordre dans sa maison intérieure » (Bettelheim, *op. cit.*, p. 19), tel est le message délivré par le conte à l'enfant, invité à ne pas se laisser abattre par le réel et à lutter contre les difficultés de la vie, en s'identifiant aux héros qui parviennent, en sortant victorieux des épreuves, à la maîtrise et à la plénitude de leurs moyens. C'est le leitmotiv qui faufile toute l'écriture de *Psychanalyse des contes de fées* et qui permet à son auteur de nous recommander l'usage du merveilleux comme remède aux tendances contradictoires et ambivalentes chez l'enfant.

L'argumentation qu'il préfère est celle de la thématique œdipienne et de la trilogie du *ça,* du *moi,* et du *surmoi,* qui, si elles sont bien résolues, facilitent chez l'adulte équilibré « une intégration satisfaisante des deux mondes de la réalité et de l'imagination [...] » et le rendent capable de « concilier l'ordre rationnel avec l'illogisme de son inconscient » (*ibid.*, p. 121). Les histoires des contes merveilleux sont irréelles, mais la vérité qu'elles mettent en scène est celle du monde intérieur des sentiments complexes et contradictoires.

La référence à Freud devient alors explicite : les symboles dans les contes sont les figures des instances de l'appareil psychique. Les animaux malfaisants, par exemple les loups et les dragons, représentent le *ça* pulsionnel de notre nature animale. Les animaux sages et serviables – les colombes par exemple dans la version de *Cendrillon* des Grimm – représentent le *moi* ou le *surmoi.* Dans le conte *La Reine des abeilles* des Grimm analysé par Bettelheim, le benêt qui incarne le *moi* en ne tuant pas les bêtes par plaisir, comme ses frères qui se laissent aller au *ça,* utilise sa conscience (le *surmoi* censeur de la conscience morale) pour faire le bien, et par là même est récompensé en parvenant à épouser la princesse et à devenir roi. À l'inverse, ses frères sont métamorphosés en statues de pierre. Ce symbolisme signifie à l'enfant que, s'il met de l'ordre entre sa nature animale et sa nature humaine, et qu'il réalise ainsi un compromis équilibré au sein de cette dualité, la réussite devient possible.

La morale des contes de fées finalement n'est que celle qui rend désirable le bien par la récompense suprême sous la forme de la possession de l'objet de la quête, et qui sanctionne le mal par la non-réussite, et très souvent par la mort de ceux qui s'abandonnent aux pulsions destructrices du *ça.* Celui qui contrôle son *moi* parvient au bonheur, celui qui vit en mauvaise compagnie avec son *moi* et ne le comble pas ne parvient pas à équilibrer sa personnalité. Les fées et les lutins et autres adjuvants sont là pour empêcher souvent le *ça* de prendre le pas sur le *moi* et le *surmoi*, lorsque le héros est exposé au épreuves. Mais lorsque le héros réussit, ce n'est pas la magie seule qui lui permet de réaliser sa performance. Au mieux, elle donne le coup de pouce nécessaire. La fée est alors identifiée comme étant le *surmoi* de l'homme, son ange gardien qui va dans le sens de ses qualités.

En réalité la réussite du héros est due moins à l'intervention de l'adjuvant qu'à sa propre capacité de surmonter ses mauvais penchants. C'est l'évidence même dans les contes comme *Dame Holle,* ou *Les Fées,* ou *Les Trois Nains de la forêt.* L'héroïne y est récompensée par les fées ou les lutins parce qu'elle se montre gentille et généreuse, donc parce qu'elle est déjà en partie capable de rétablir la tension entre les instances de son appareil psychique. D'où la récompense sous la forme du don magique permettant de transformer en or tout ce qui lui sort de la bouche. Quant à l'anti-héroïne, sa méchanceté naturelle ne peut évidemment faire l'objet d'une issue heureuse. La punition de sa conduite entièrement sous l'emprise du *ça* est sans appel dans de nombreux contes : cracher des serpents ou des crapauds, avoir les yeux crevés ou, pire encore, mourir de mort atroce. Quelques contes lui permettent d'en réchapper parfois : la version de Perrault de *Cendrillon* laisse aux deux méchantes demi-sœurs une fin heureuse en les mariant avec deux seigneurs, mais ce n'est que pour mettre encore mieux en relief la magnanimité de l'héroïne et le mérite de sa vertu. Dans ce type de conte mettant en scène le conflit du bien et du mal, le dénouement heureux dans l'irréel signifie à l'enfant le message que le triomphe du *moi* et du *surmoi* sont éminemment désirables dans le réel.

Grandir et atteindre la maturité

Céder au *ça,* c'est aussi ne suivre que le principe de plaisir et ignorer que seul le compromis nécessaire avec le principe de réalité peut mener à la maturité. La maturité dont parle essentiellement Bettelheim, c'est la maturité sexuelle. Tous les contes qu'il étudie démontrent que, si l'on veut atteindre son équilibre personnel, le passage par la résolution des conflits œdipiens est absolument nécessaire, au risque d'être condamné à la régression au *ça,* de ne jamais pouvoir atteindre l'objet de la quête, et finalement de ne jamais pouvoir « gagner son propre royaume » (*ibid.*, p. 454). À supposer que ce parcours initiatique puisse se faire pour le héros qui trouve en lui-même une partie des ressources nécessaires et auprès des adjuvants l'aide nécessaire pour résoudre toutes les épreuves avant d'accéder à la félicité tant convoitée, il lui reste néanmoins à trouver la solution d'un autre problème et à réussir une autre initiation, qui ne sont pas données d'évidence et doivent être recherchées dans le sens latent des contes.

La psychanalyse apprend à l'homme à maîtriser sa sexualité mais elle lui sert également à ne pas la refouler. Telle est l'interprétation que Bettelheim fait dans de nombreux contes où il nous fait découvrir qu'une sexualité épanouie délivre de la névrose et de la régression infra-œdipienne. Ainsi en est-il du fiancé-animal qui va être transformé au cours du récit en être humain désirable, et connaître le bonheur du mariage. C'est la morale des contes de fée traditionnels écrits à une époque où l'amour n'était pas autorisé en-dehors des liens matrimoniaux. Le plus bel exemple de ce cycle du fiancé-animal est *La Belle et la Bête,* dont le récit commence par la présentation de l'immaturité de l'homme condamné par un don maléfique à une monstrueuse animalité. L'histoire est celle d'une double métamorphose provoquée par la maturation de chaque protagoniste : la Bête immonde redevient humain grâce à l'amour que finit par éprouver pour elle la Belle ; la Belle finit par renoncer à l'amour œdipien envers son père et transfère cet amour sur la Bête. C'est ainsi que le récit connaîtra son *happy end,* dont le message est clair à deux niveaux.

1. Pour passer de l'immaturité à la maturité, le complexe d'Œdipe doit être résolu et entraîner une sexualité normale.

2. Ce qui paraît immonde et bestial dans l'amour ne doit pas être refoulé.

C'est encore une fois le *ça* assumé par le *moi* dans la perspective positive de l'amour et de sa réalisation dans le mariage qui donne lieu au compromis sur lequel s'appuie la maturité, équilibre contrôlé des trois instance de l'appareil psychique. Une sexualité ainsi stabilisée nous est présentée dans les contes du cycle du fiancé-animal comme désirable. À l'inverse le désordre amoureux qui ne réalise que l'emprise du *ça* sur le *moi* représente le pouvoir destructeur du sexe et mène à la mort comme dans *La Barbe-Bleue* et *L'Oiseau d'Ourdi.*

Vaincre sa peur

Si notre peur d'être dévoré prend le symbole d'une sorcière, « il est facile de s'en débarrasser en la faisant rôtir dans un four », dit Bettelheim (*ibid.*, p. 212). Voilà qui est rassurant. On pourrait en dire autant du *Petit Chaperon Rouge,* version Grimm, où il suffit d'un chasseur pour renaître. C'est pourquoi la version de Perrault gêne profondément Bettelheim, qui n'y voit qu'un conte d'avertissement se terminant fort mal et ne laissant pas grand-chose à l'imagination du lecteur ou de l'auditeur.

D'une manière générale, les monstres, les sorcières, les personnages effrayants, ne sont que des projections imaginaires des fantasmes que l'enfant porte en lui : peur d'être abandonné par ses parents, peur d'être dévoré, peur de la rivalité fraternelle. À toutes ces angoisses, les contes de fées sont utiles, en aidant les enfants à se projeter dans ces histoires qui finissent bien, et à s'identifier au héros. Malgré toutes les épreuves, le conte finit bien, et l'enfant est ainsi rassuré. Tout seul, il est incapable de s'inventer des histoires qui l'aideraient à vaincre sa peur. Le conte de fées donne donc à l'enfant un matériau imaginatif où il puisera ce qu'il lui faut d'images pour rendre son problème soluble.

Le refoulé des discours éducatifs traditionnels (peur de l'enfer, peur du châtiment éternel) ne peut qu'angoisser davantage et s'ajoute au refoulé spontané de l'enfant. L'angoisse jugulée est ce qui permet de dépasser la peur première comme le dit Bettelheim : « Le déplaisir initial de l'angoisse devient alors le grand plaisir de l'angoisse affrontée avec succès et maîtrisée. » (*Ibid.*, p. 216.) La meilleure preuve en est que l'enfant en redemande, de ces contes qui font peur et qui lui permettent de s'assurer qu'il ne sera ni abandonné, ni dévoré, puisque ces choses-là n'arrivent que dans le conte.

Le conte trace ainsi la véritable frontière entre la réalité et la fiction, donne les moyens d'élucider davantage le mystère et le sens de la vie, ce qui constitue la tâche la plus difficile de l'éducation et de la rééducation, comme nous le verrons dans la troisième partie.

Deuxième partie

Pédagogie du conte

4

Conter

Les pédagogues exerçant, ou ayant exercé, en maternelle savent quelle importance donner à « l'heure du conte » avec les jeunes enfants, et connaissent la fascination qu'ils peuvent exercer sur eux à travers cette activité. Comme dans le conte *Le Joueur de flûte de Hameln,* les enfants sont captivés et captifs de la musique du conte qui s'exprime par la voix du conteur. Celle-ci se fait douce, insinuante, mystérieuse lorsqu'on s'enfonce pas à pas dans la forêt du conte, ou bien vibrante, enflammée, grinçante, lorsqu'apparaît l'ogre ou la sorcière. La voix résonne avec le sens du texte, et par toutes sortes d'intonations peut exprimer une infinie variété de registres allant de l'exultation à l'effroi. Mais elle entre aussi en résonance avec les enfants, selon les mimiques qu'ils expriment sur leurs visages : la joie, la jubilation, la tristesse, la peur, l'étonnement, l'expectative. Devant tant de réactions de transfiguration continue, le conteur exploite cette rencontre alternée d'angoisse et de jouissance pour montrer dans ses propres mimiques et dans sa gestuelle comme il a peur ou comme il jubile. Conter, dit Henri Cazaux, « c'est aussi se rencontrer dans l'écoute mutuelle, par la bouche, par l'oreille, par le regard, les visages et les corps[1]. »

Le conteur est un artiste de la voix et du geste, travaillant en solitaire devant un public avec lequel il doit créer une connivence autour d'un récit. Sa fonction aujourd'hui reprend celle de l'aède grec, du troubadour-trouvère du Moyen Âge, du Minnesinger germanique, du barde celtique, et bien sûr

1. Henri Cazaux, *Le Conte est bon,* Se former, 1992.

du conteur de nos chaumières dont parle Pierre Jakez Héliaz dans ses récits ethnographiques consacrés à la vie autrefois en Bretagne. Le pédagogue est-il capable d'acquérir cet art et cette science du « contage » à l'égal de ceux qui aujourd'hui en font leur métier principal et proposent des récitals dans les écoles ou les centres socio-culturels ? Il n'est pas question d'en faire un concurrent direct du conteur professionnel, mais on est en droit d'estimer que ce dernier n'a pas toujours à se substituer au pédagogue. Conter aux enfants, et pas seulement en maternelle, reste à la portée du maître, et est toujours d'actualité à l'école à condition de chercher à se perfectionner dans ce domaine et de ne pas le considérer comme une simple activité de détente pour meubler un temps mort qui se résumerait à prendre un livre parmi d'autres et à le lire aux élèves. En fait, conter à l'école ne s'improvise pas et exige une véritable connaissance du rituel, et ce d'autant plus que le pédagogue-conteur est parfois la seule personne qui maintient vivace auprès de l'enfant la pratique du « contage », puisque, y compris dans nos campagnes, les conteurs de veillée ont disparu définitivement et ont été remplacés par la télévision. Il faut donc se préparer à conter, de la même manière que l'on prépare les autres activités de la classe.

SE PRÉPARER

Il importe d'abord que le pédagogue connaisse la théorie et la pratique du « contage » en cherchant l'information qui lui manque encore.

Pour ce qui est de la théorie, peu de choses ont changé depuis la parution princeps de l'ouvrage de Miss Sara Cone Bryant *Comment raconter des histoires à nos enfants* (1937), qui a connu de multiples rééditions. Les ouvrages actuels qui paraissent sur la pédagogie du conte ignorent souvent la pratique du « contage » et s'orientent davantage vers la lecture et la construction de la compétence narrative à travers l'analyse et la production écrite de contes. Cela ne signifie pas que le « contage » est désuet, mais que tout ou presque tout a été dit sur ce point. Raison de plus pour découvrir ou pour redécouvrir un classique comme *L'Imaginaire de l'enfant, les contes* par Jeanne Michel (1976), ouvrage entièrement consacré à l'étude de l'imagination enfantine entre trois et sept ans. Même si cet écrit a quelque peu vieilli dans ses considérations sur l'éveil de l'imaginaire enfantin, que l'auteur lie impérativement à l'éveil moral, la lecture du chapitre 5 de la page 147 à la page 168, intitulé « Conter », reste toujours d'actualité. Une grande partie du répertoire des contes de l'école maternelle s'y trouve présentée à côté des orientations pédagogiques et des fonctions du conteur.

Le lecteur complétera son information sur les possibilités du répertoire actuel en consultant régulièrement les catalogues des éditeurs spécialisés. La meilleure voie est encore d'aller se renseigner auprès des bibliothèques spécialisées pour enfants et de prendre son temps sur place pour y étudier et y choisir ce qui convient, tout comme sur les rayons des librairies. Autre solution : consulter régulièrement les périodiques pédagogiques ou les bulletins d'information que publient maintenant certaines maisons d'édition ou des associations, de plus en plus nombreuses, spécialisées dans la lecture pour enfants. On ne manquera pas non plus de lire un certain nombre d'ouvrages consacrés à la place de la littérature enfantine dans la culture de l'école, et à l'analyse d'albums pour enfants tout particulièrement[1].

Il faut ensuite procéder à un lent travail d'imprégnation en lisant méthodiquement les contes et en les étudiant d'abord pour soi-même de manière à acquérir une culture préalable personnelle du conte. Il n'est point nécessaire de viser jusqu'à l'érudition et de lire dans le détail les travaux des folkloristes. Une culture du conte s'acquiert d'abord par une ouverture éclectique de l'esprit cherchant à diversifier les approches : contes traditionnels, contes de nos provinces et contes des pays du monde, contes merveilleux modernes. Mais cette culture n'est pas que quantitative. Le plus important, une fois que l'on s'est approprié les récits et que l'on a procédé à un classement par motifs, c'est de parvenir à l'imprégnation par les structures narratives. La plupart des contes merveilleux se prêtent à cette mise en mémoire par les schémas d'analyse structurale. Conter sans livre à l'appui, ce n'est pas simplement réciter par cœur un texte mémorisé, ni même l'interpréter – à la différence du récital de poèmes –, mais c'est prendre le risque d'improviser à partir d'un schéma que l'on maîtrise : le point de départ, le passage, les épreuves, les actants, et le point d'arrivée, au moins. En somme, tout ce que nous avons découvert par l'analyse structurale et fonctionnelle.

---

1. Je pense par exemple aux écrits de Rémi Stoecklé, *Des albums pour une situation,* Armand Colin, 1986, et *Activités à partir de l'album de fiction,* L'École des loisirs, 1994, ainsi qu'au *Guide de lecture Castor poche,* Flammarion, 1992, ouvrages qui présentent des sélections thématiques d'albums et les analysent.

Pour ceux qui souhaitent aller plus loin, les perspectives ne manquent pas : se former comme conteur dans des stages proposés par le secteur associatif, participer à une classe culturelle « contes », écouter des récitals de contes dans des lieux culturels, y compris dans certaines librairies spécialisées pour enfants, apprendre des conteurs que l'on fait intervenir en milieu scolaire sur projets. Dans ce cas, ne pas se contenter du projet « clés en main » du conteur, mais l'inviter à élaborer ensemble le projet en lui soumettant un cahier de charges précis : la part qui revient au conteur, celle que prend en charge le pédagogue (*cf. infra*, p. 85-89).

Lire ou raconter ?

La question est d'importance et a connu des réponses plus ou moins divergentes, plus ou moins catégoriques. Selon Bettelheim, « il est préférable de raconter les contes de fées, au lieu de les lire à haute voix » (*op. cit.*, p. 261). L'intérêt, d'après l'auteur de *Psychanalyse des contes de fées,* est que le « contage » sans livre permet au conteur d'accentuer l'émotion provoquée par l'histoire et d'entrer en meilleure communication avec les enfants, en se donnant aussi la possibilité de modifier l'histoire selon leurs réactions.

Miss Sara Cone Bryant émet un avis identique : « Si le conteur est libre, le lecteur est lié : le livre en mains ou les mots dans l'esprit entravent le lecteur. » (*Op. cit.*, p. 18-19.) L'enfant et le conteur sans livre auraient plus de jouissance, le courant s'établirait de manière plus sympathique, le conteur serait plus disponible pour travailler sa voix et sa gestuelle.

Ceux qui sont farouchement opposés au « contage » avec support écrit oublient de penser que le conte aujourd'hui ne se transmet plus par la tradition orale et qu'il s'inscrit désormais dans une civilisation de l'image et de l'écrit, qui, loin de l'appauvrir, lui ont donné de nouvelles lettres de noblesse. Soutenir que le conteur peut et doit se passer de l'écrit était valable avant 1930, à l'époque où l'album pour enfants n'existait pas et où il était donc inutile d'utiliser un médium, celui-ci se réduisant d'ailleurs à des illustrations en noir et blanc intercalées dans les pages du livre mais sans véritable intégration dans le récit, comme les illustrations de Gustave Doré pour *Le Petit Chaperon rouge* chez l'éditeur Hetzel (1862). La question ne se posait donc pas. Aujourd'hui plusieurs raisons plaident en faveur de l'utilisation de l'album pendant le contage, en tout cas pour la levée de la prohibition catégorique de celui-ci.

1. Comme Jeanne Michel le soutient, il n'est pas superflu de démontrer aux enfants que le plaisir qu'ils éprouvent à l'audition du conte, ils peuvent également le prendre dans un livre. S'ils sont capables de constater eux-mêmes ce plaisir dans l'expression du visage du conteur, c'est précisément que ce dernier le découvre dans la lecture qu'il fait devant leurs yeux.

2. Un bon conteur n'est pas gêné par l'album. Au contraire, si son art du « contage » est consommé, et si la préparation s'est suffisamment appuyée sur le texte, il sait utiliser l'album comme un accessoire intégré à la technique de la voix et du geste. Du reste « il vaut mieux un conte bien lu qu'un conte mal dit » (J. Michel, *op. cit.*, p. 173).

3. Le problème posé n'est pas seulement celui du conte oral, mais celui de l'image et de son rapport au texte et inversement. L'inventeur de la série du *Père Castor*, Paul Faucher, a lancé en 1931 le concept de l'album comme un tout où l'image aide à la compréhension du texte et inversement. Il en est de même de toutes les productions pour jeune public éditées par Jean Fabre, fondateur en 1965 de *L'École des loisirs*. Le bon conteur-lecteur n'oublie point de retourner à certains moments l'album vers son public pour que les enfants soient émerveillés encore davantage par les images qui ne s'opposent en rien à la voix et au geste. Au contraire je constate, lorsque j'ai terminé de raconter ainsi une histoire aux enfants, que ceux-ci en fin de séance sont absolument désireux de regarder et de manipuler l'album.

4. J'utilise l'album dans un but précis : provoquer également une rencontre et une relation entre l'enfant et l'objet-livre. Cette relation fondée sur le plaisir de désirer me paraît importante, voire fondamentale avec certains enfants, dans la perspective de se servir du conte pour ouvrir non seulement les portes de l'imaginaire, mais aussi celles de la culture. Le plaisir jubilatoire provoqué par l'écoute d'un conte puise ses racines dans l'imaginaire. Il s'agit de l'appropriation par l'enfant de la parole du conteur, de lui donner sens et de l'intégrer dans son univers personnel psycho-affectif. Mais l'écrit du conte puise également dans l'imaginaire, qui est symbolisé par le code conventionnel alphabétique, dont la porte d'accès peut ou non susciter le désir d'y pénétrer. Il est nécessaire que cette entrée dans le monde de l'écrit se fasse avec un désir et un plaisir du même ordre. D'où l'intérêt de la présence du conte écrit dans le « contage », comme vecteur de transmission de l'objet du désir/plaisir de l'imaginaire vers le culturel. Le conte écrit est bien un objet transitionnel que l'on peut palper, manipuler, sentir d'abord par ses sens, c'est à dire intégrer à soi, s'approprier.

LE CONFORT MATÉRIEL

Il faut le maximum de confort pour une activité qui veut éveiller le désir et le plaisir chez les enfants. Une histoire lue du haut d'une estrade (réduite actuellement pratiquement partout au niveau des tables individuelles des élèves, mais conservant néanmoins la fonction de la *cathedra* d'où rayonne la didactique de la chose enseignée) devant quinze à trente tables derrière lesquelles sont assis les élèves, ne saurait créer une atmosphère. Il faut trouver dans la salle de classe ou de l'école un « coin » favorable où la musique du silence du conte pourra se faire d'un « certain nombre d'accords » (J. Michel, *op. cit.*, p. 179) : accords de la lumière grâce aux rideaux tirés ou à la lumière artificielle d'une lampe à abat-jour, accords des sièges moelleux ou coussins en BCD (bibliothèque centre documentaire), éventuels accords musicaux préalables pour lancer le rituel du conte, accords spatiaux.

Le lecteur a-t-il suffisamment mesuré que, dans certaines BCD particulièrement confortables, les gradins recouverts de moquette verticalisent la relation des élèves au maître en un sens diamétralement opposé à celui de l'estrade d'autrefois ? Là les élèves étaient en plan panoramique de plongée sous le regard omniprésent du maître ; ici le regard du maître, assis au plus bas, les filme en contre-plongée ou au maximum se trouve à leur hauteur. Preuve que la BCD déscolarise presque totalement l'espace pédagogique, ce qui paraît nécessaire aux libres ébats de l'imaginaire hors des contraintes inutiles, à une modification fondamentale de la relation pédagogique, au rapport de l'enfant à l'école, et à la culture au sens large.

Et s'il n'est pas nécessaire d'aller à chaque occasion en BCD pour l'heure du conte, le coin-lecture saura suffire : quelques coussins, un éclairage d'ambiance, un bout de moquette, un vieux fauteuil peut-être pour le maître-conteur, et la présence quasi obligatoire des albums de contes sur le présentoir, l'atmosphère, ici également la moins scolaire possible, est parfaite pour que la parole du conteur puisse s'élever dans le silence et le recueillement.

5

Écouter, jouer, lire, écrire des contes

L'institut de rééducation psychothérapique *Les mouettes du Rhin* à Strasbourg accueille une cinquantaine d'enfants de huit à quatorze ans, issus de milieux socio-culturels le plus souvent défavorisés, et étant passés pour la plupart d'entre eux avant leur admission par un nombre impressionnant de séances de rééducation de la dyslexie sans progrès significatifs dans l'apprentissage de la lecture. De plus, bon nombre d'entre eux présentent des troubles réactionnels légers se manifestant par un comportement instable. C'est avec deux classes de cette école (le niveau CE1 et le niveau CM1 où les institutrices avaient une bonne information théorique et une pratique déjà réelle des contes), soit une vingtaine d'enfants âgés de dix à quatorze ans, que fut élaboré à la rentrée de septembre 1994 un projet d'atelier de pratiques artistiques prenant le conte comme support.

Le projet eut l'accord et le subventionnement de l'Éducation nationale et de la Direction régionale des affaires culturelles, et fut négocié entre l'école et un intervenant de la compagnie de théâtre *Tohu-Bohu,* en la personne de Gilbert Meyer, pour l'animation d'une quinzaine de séances de novembre 1994 à février 1995. Cet artiste présenta d'emblée des capacités d'adaptation à un public en difficultés et accepta ce qu'on pourrait appeler une « commande » plutôt que d'imposer un projet clés en main sous forme de récitals de conte, ce qui est habituellement proposé par d'autres intervenants culturels.

L'objectif général de cet atelier était de mettre en perspective une démarche de travail qui partait du plaisir partagé au niveau de l'imaginaire pour aboutir à l'accès à la lecture et à l'écriture de contes. Les objectifs spécifiques furent les suivants.

1. Éprouver le plaisir de l'écoute de contes merveilleux.
2. S'imprégner des structures morphologiques et syntaxiques du conte.
3. Acquérir des compétences sur le plan de l'expression dramatique, corporelle et plastique.
4. Prolonger l'expérience de communication dans le domaine de l'accès à la lecture des contes en relation avec le projet d'école de l'institut (fortement axé sur le désir de lire, l'apprendre à lire et le savoir-lire) en utilisant l'album pour enfants.
5. À partir du plaisir partagé et de l'imprégnation du schéma narratif, acquérir de nouvelles compétences dans le domaine de l'écriture rédactionnelle.

Il était entendu que l'intervenant prendrait encore en charge la réalisation des objectifs 1, 2 et 3 et que les institutrices, à partir de leur participation à toutes les séances, privilégieraient en classe les objectifs 4 et 5, en partie pendant la durée de fonctionnement de l'atelier et, en prolongement de celui-ci, tout au long de l'année scolaire et au-delà si nécessaire.

ÉCOUTER ET JOUER DES CONTES

Après une phase de trois mois de découverte des contes menée par les maîtresses en classe et en BCD à travers la lecture, l'intervenant commença son cycle de travail avec chacun des groupes en partageant chaque séance en deux temps : une partie « contage » avec support des livres de son répertoire personnel ou à l'aide d'albums de contes acquis avec une partie de la subvention, et qui se limitaient aux contes traditionnels. La seconde partie de la séance était réservée à des jeux : travail avec des matériaux divers (tissus, peluches, laines et autres objets investis affectivement) pour accéder à de courtes séquences narratives. Très vite Gilbert Meyer a fait intervenir les enfants dans la narration en leur demandant de rythmer certaines parties du récit conté avec :

– des instruments de musique, en fonction des contes lus (instruments africains lors de contage de contes africains) ;

– des jeux de bouche inventées, des mélopées, des formulettes ;
– des rythmes de mains, des cris, des chuchotements.

Pour préparer les enfants à la création de contes et au jeu dramatique, l'intervenant leur a tout d'abord demandé de raconter le début d'une histoire à partir de trois éléments :

– le héros ;
– le lieu ;
– l'action.

Exemple donné par G[1] : *Il était une fois un dragon qui vivait dans une forêt et qui adorait manger les enfants.*

Dans la classe de niveau 4, les histoires inventées faisaient intervenir des personnages imaginaires – fées, ogres, géants, nains, sorcières – en raison d'un travail plus avancé avec l'institutrice en classe portant sur l'imprégnation à travers les textes littéraires des contes traditionnels.

Dans la classe de niveau 2, les productions des enfants restaient plus attachées au monde réel, les héros étant Batman, Platini, Mikaël Jackson.

À partir de là, les interventions de l'intervenant se faisaient de manière différente : aux plus jeunes, il demandait d'apporter un objet auquel ils tenaient particulièrement, et de le présenter à leurs camarades. Ils ont pu alors associer leur objet à d'autres matériaux (chiffons, plumes, bouts de laine, objets divers) et ainsi inventer une courte histoire. Exemple : une boîte d'allumettes pouvait devenir un carrosse. Aux plus âgés, il demandait également de présenter un objet, mais en l'associant à leur histoire faite des trois éléments imaginés précédemment. *Exemple.* L'histoire racontée par L commençait ainsi : *Il était une fois un roi qui avait sept reines et qui habitait un château.* L'objet de L était son trousseau de clés. Il l'a associé et accroché à un petit bout de bois. Le morceau de bois se transformait en roi muni de ses clés. Devant ses camarades, L déplaçait son roi sur la table, et le tintement des clés donnait vie au personnage et à l'histoire. Le trousseau de clés finit par devenir celui des sept clés ouvrant les sept chambres des sept reines !

Il faut noter que la prestation de chacun était attendue avec impatience par tout le groupe et se déroulait dans un profond silence entrecoupé de questions-réponses des enfants extrêmement pertinentes, signe que le tra-

1. Les enfants qui interviennent sont désormais désignés par l'initiale de leur prénom.

vail sur le conte révélait d'autres objectifs, complémentaires de ceux qui avaient été fixés initialement dans le projet.

À chaque prestation, l'intervenant ajoutait quelques conseils, faisait rejouer des scènes et essayait d'orienter telle ou telle invention vers le jeu dramatique. À ces moments-là, les enfants étaient moins disciplinés et la dramatisation à plusieurs protagonistes devant le reste de la classe fut une tentative qui n'obtint pas d'emblée le succès escompté.

Dans la classe de niveau 2, il fut décidé avec l'intervenant, les institutrices et les enfants, de préparer des spectacles à partir de l'écoute de trois contes : *Le Chat Botté, Les Trois Petits Cochons, Le Petit Chaperon rouge.*

De même, dans la classe de niveau 4, le travail commença avec les contes *Aladin et la lampe merveilleuse,* et *Le prince-crapaud.* Seul ce dernier fut retenu pour un travail plus approfondi. La préparation avec les élèves fut surtout entreprise par les institutrices, Gilber Meyer n'intervenant que comme conseiller. À Noël déjà, les deux classes étaient prêtes et donnaient leur spectacle à l'institut et à l'école maternelle toute proche. Les répétitions gagnèrent en progrès grâce à l'usage de la vidéo, le visionnement des rushes permettant d'améliorer le jeu des acteurs. Les institutrices notèrent que, bien que la motivation fût très forte, le travail se révélait laborieux mais cependant plein de surprises. Les enfants s'impliquèrent tous sans exception, corporellement, verbalement et surtout affectivement. Cela explique l'excitation de certains, qui se fâchaient très rapidement si un camarade se trompait. Parfois incapables d'attendre et de respecter à ce moment la parole de l'autre, ils furent donc confrontés dans leurs différents rôles à des problèmes dont la solution nécessitait des reprises dans le jeu dramatique, mais aussi en classe sous la forme de l'auto-critique facilitée par la vidéo. Parmi les obstacles rencontrés, on note :

- la difficulté de se détacher du réel, surtout au niveau 2, où les enfants ne pouvaient imaginer une certaine symbolisation de l'espace et des accessoires (l'espace de la forêt profonde du conte est différent de celui de la salle de classe) ;
- la nécessité d'avoir un minimum de costumes pour s'identifier au personnage (les crédits de l'aide au projet devaient payer l'intervenant et l'achat d'albums, mais pas ce type de matériel) ;
- la complexité du texte, que l'on simplifia dans certains cas ;
- les problèmes de mémorisation : « Maîtresse, qu'est-ce que je dois dire maintenant ? » ;

– une certaine gêne face au public qui n'était pas ressentie pendant les phases de travail ;
– l'instabilité de quelques élèves voulant tout remettre en question (changer de rôle avant la représentation, changer de décor, de costume) et refusant de jouer parfois à la suite d'un découragement ou d'un incident.

Néanmoins les institutrices constatèrent à travers les répétitions la capacité des enfants à observer et à respecter le travail d'autrui, et à faire des propositions positives en vue de l'amélioration du jeu. Bénéfice sur le plan des savoir-être et des savoir-faire dans le domaine de la relation et de la communication mises en œuvre dans la démarche de projet, s'ajoutant au bénéfice obtenu dans la construction des repères de temps et d'espace du récit, et dans la capacité générale à le structurer.

Il était convenu que Gilbert Meyer présente à l'ensemble de l'école de l'institut un spectacle de marionnettes de son invention, *La Forêt des sortilèges,* ce qui fut fait et obtint un grand succès.

Lire et écrire des contes

Le projet était censé donner un nouvel élan au désir de lire chez les enfants vivant en contrariété avec l'écrit du fait de leur dyslexie. C'est pourquoi les séances à la BCD furent plus systématisées dans les deux classes et portèrent essentiellement sur les contes. Au niveau 4, les élèves découvrirent les *Contes pour enfants sages* (Istra), d'inspiration slave.

Mais le travail le plus important fut réalisé dans l'étude des structures des contes, étude favorisée par l'ambiance euphorique pendant la durée de fonctionnement de l'atelier, et par l'intérêt manifesté par les enfants pour tout ce qui de près ou de loin était du domaine du merveilleux. Cet intérêt s'est également manifesté spontanément par un regain d'inscription au prêt de livres à la BCD et par l'apport en classe d'albums personnels des enfants ainsi que par des cassettes audio et vidéo des enfants.

Au fil des lectures, les institutrices ont amené les élèves à des comparaisons entre les contes. C'est ainsi qu'ont été dégagés des éléments communs à plusieurs contes merveilleux étudiés en classe :

– un héros (prince, animal, enfant) ;
– une situation de départ (pauvreté, solitude) ;

– un lieu (forêt, château) ;
– un ou plusieurs alliés (chat, fée, vielle femme) ;
– un ou plusieurs ennemis (ogre, loup, sorcier) ;
– un but (richesse...) ;
– et surtout beaucoup de magie et une fin heureuse.

À partir de ces éléments, dans la classe 2 on inventa une machine à fabriquer des contes, qui permit de constituer une matrice pour l'invention de contes nouveaux. À ce niveau, la création fut surtout commune, et la dictée à l'adulte l'emporta sur l'écriture individuelle. Exemple : les éléments suivants sont donnés par la machine : un héros → la princesse ; situation de départ → phrase entendue ; lieu → une ferme abandonnée ; alliés → un cheval, un arbre ; ennemi → un magicien ; but → la mort du magicien, le mariage. L'histoire fut la suivante (résumée).

> Une reine donna naissance à une fille et entendit dans un rêve que celle-ci serait transformée en louve. L'enfant, se promenant un jour dans la forêt, rencontre près d'une chaumière un cheval blanc attaché qui la met en garde contre les maléfices d'un magicien, capable de transformer les enfants en animaux. Trop tard ! Comme le beau prince transformé en cheval, la princesse est métamorphosée par le magicien en louve. Les deux animaux se libèrent de leurs entraves et se rendent à un autre endroit de la forêt où le cheval parvient à obtenir d'un chêne le don de déterrer l'épée magique. Il est aussitôt retransformé en prince et, touchant la louve avec l'épée magique, lui rend sa forme première. Les deux héros retrouvent le magicien et, grâce encore une fois à l'épée, le tuent. La princesse retrouve sa mère, et épouse le prince.

Tous les enfants de la classe participèrent également à l'élaboration d'un livre, *Le Petit Chaperon rouge,* dont l'idée naquit après la lecture de *Petit-Bleu et Petit-Jaune* de Léo Lionni (L'École des loisirs) et la présentation du livre de Waya Lavater (éditions Adrien Maeght). Comme dans ce dernier, tous les personnages ont été représentés par des taches de couleur différentes et ont été le déclencheur de projections plus symboliques, associées à des productions plastiques. Enfin, dernier travail qui est un prolongement de l'atelier, fabrication d'un jeu de l'oie sur le thème des contes, qui n'a été réalisé qu'en 1995-1996.

Dans la classe de niveau 4, les travaux réalisés en classe, ont été les suivants :

– élaboration d'une boîte à contes ; pour chaque conte lu ou raconté, le

titre était mis sur une étiquette et placé dans la boîte en vue de la constitution d'un répertoire ;
- étude de la structure des contes sous forme de panneaux ;
- animation avec les nouveaux contes en BCD : retrouver l'album à partir d'une image, ou à partir de phrases du texte ;
- réalisation d'un jeu de cartes présentant les actants du conte en vue d'inventer de nouvelles histoires ;
- écriture collective et individuelle de contes au moyen de ces cartes.

Dans les deux classes, divers jeux puisés dans *Grammaire de l'imagination* de Gianni Rodari furent menés sous forme d'écriture :

- faire dérailler le conte en changeant un élément important du récit ;
- introduire un élément d'une autre époque ;
- renverser la trame et inverser les actants (le Chaperon rouge est une méchante fillette) ;
- introduire des personnages de BD ;
- introduire dans la même histoire des héros issus de différents contes.

À travers la relation de cette expérience, le lecteur peut mesurer le travail d'investissement mené en profondeur avec des enfants réputés en difficulté. Les résultats pour le développement du savoir-lire et du savoir-écrire ne peuvent encore être évalués réellement au début de l'année scolaire 1995-1996, où les prolongements de l'atelier sont maintenant aux seules mains des deux institutrices. Mais on constate des effets à d'autres niveaux : intérêt spontané pour la lecture en BCD de livres de fiction, progrès dans la participation aux séances de lecture en classe, meilleure participation aux productions écrites, abandon du découragement devant une page blanche. Et surtout au niveau des savoir-être, qui sont ceux de toute activité se déroulant selon une démarche de projet : l'acquisition du sens des responsabilités, le contrôle émotionnel dans la communication orale, la capacité de mener à terme une activité avec le goût de l'effort et la recherche de la réussite, ne sont pas les moindres effets de l'atelier contes avec les enfants de cette école[1].

---

1. Fiche réalisée avec le concours de Fadila Ghermaoui et de Marie-Paule Hanns, institutrices.

6

Réapprendre à lire à des enfants « mal-lisants »

Régulièrement les médias et la presse nous informent, chiffres à l'appui, que les jeunes lisent de moins en moins, voire que l'école, grande responsable, est la pourvoyeuse de jeunes hordes barbares illettrées. Ces enquêtes ne signifient rien par elles-mêmes, puisqu'elles ne comparent pas les évolutions de génération en génération, sinon que le catastrophisme ambiant autour de la lecture se répand comme une rumeur et finit par culpabiliser les pédagogues.

Les petits et les grands Français lisent-ils moins, n'aiment-ils pas lire, ne savent-ils plus lire ? Ce qui est étonnant, c'est que lorsque de gigantesques manifestations culturelles sont organisées sous la forme de salons du livre de la jeunesse, par exemple – 140 000 visiteurs dont 32 000 enfants, 700 auteurs et illustrateurs, 28 000 professionnels, au onzième salon du livre de jeunesse de Montreuil en 1994 contre 10 000 visiteurs en 1984 –, et démontrent par leur succès croissant que la lecture et le livre pour enfants font de plus en plus d'adeptes, de sottes voix de Cassandre s'élèvent néanmoins un peu partout pour nous donner mauvaise conscience de ne pas en faire assez dans ce domaine ! Allez donc dans une bibliothèque pour enfants, regarder les files de gosses, le mercredi ou pendant les congés scolaires y compris en plein mois d'août, qui se forment devant l'enregistrement informatisé du prêt, les bras chargés de bouquins. Regardez comme, assis par terre devant les étalages de littérature des hypermarchés, ils dévorent les albums.

La lecture « fout le camp » ? Allons donc ! Avez-vous vu de tels spectacles il y a vingt ans ? Et si vous voulez en avoir le cœur net en ce qui concerne la lecture et les jeunes, lisez *Le Niveau monte,* par Christian Beaudelot et Roger Establet, pour réfuter les ragots insidieux qui n'arrêtent pas de faire leur chemin : « Les jeunes lisent beaucoup plus qu'on ne le dit ; et la lecture est pour tous, une activité appréciée à laquelle ils accordent du temps et de la valeur[1]. » Et vous, lecteur et pédagogue convaincu, vous savez bien qu'il y a deux décennies les BCD n'existaient pratiquement nulle part dans les écoles. Reste le casse-tête des enfants de nos classes qui n'apprennent pas à lire et que vous aimeriez envoyer chez l'orthophoniste en désespoir de cause.

Les enfants mal-lisants, qui sont-ils ? Il n'est pas difficile de les identifier au vu des « symptômes » (d'où la conviction qu'il s'agit d'une maladie que l'on pourrait soigner auprès d'un professionnel de la santé) qui ne trompent pas après une année de CP infructueuse : ânonner, buter sur les mots, et être rebuté par tout ce qui est écrit, souffrir devant le déchiffrement, manifester des réactions de déplaisir et d'ennui pendant les séances de lecture, etc. Au-delà on découvre que souvent ces enfants (pas tous ceux qui ont des difficultés en lecture bien sûr !) font partie de milieux sociaux en décalage important par rapport à la culture valorisée par l'école. C'est une évidence : on apprend moins bien à lire et on aime moins lire chez les enfants des banlieues, dont les résidents sont marginalisés dans leur culture et n'identifient pas l'école comme un enjeu important de la réussite sociale, que chez les enfants des familles des beaux quartiers, sauf exception bien sûr dans l'un ou l'autre monde. Et que signifie cette inappétence devant l'écrit, si ce n'est le déplaisir, la contrainte, le sentiment de l'inutile et de l'échec ? « C'est chiant, ça prend la tête, ça sert à rien », répond un jeune garçon à un sociologue auteur d'un rapport sur les jeunes et la lecture[2].

Créer cette appétence, susciter et entretenir le désir et le plaisir de lire en mettant en place des rapports ludiques et affectifs entre l'enfant et l'objet-livre, tel est le défi à relever par les pédagogues qui ont en charge des enfants mal-lisants ou en passe de le devenir, que ce soit dans les classes ordinaires du cycle II (voire III) ou dans les classes de l'Adaptation et de l'intégration scolaires (AIS), classes d'adaptation et classes d'intégration scolaire (CLIS).

---

1. Christian Baudelot, Roger Establet, *Le Niveau monte,* Le Seuil, 1989, p. 93. Il s'agit des conclusions d'une enquête menée en 1987 à Nantes et à Aix-en-Provence auprès de lycéens.
2. *Télérama,* n° 2342, du 30 novembre 1994, « Ces enfants qui n'aiment pas lire ».

L'APPROPRIATION DE L'OBJET-LIVRE

Les parents avisés savent que la première relation entre le petit enfant et les livres est affective. Ils achètent à leur bébé, avant même qu'il ne sache parler, des livres que celui-ci appréhende comme un jouet, qui est d'abord un objet que l'on manipule, que l'on triture, que l'on palpe, que l'on mordille, que l'on prend avec soi dans le bain lorsqu'il est spécialement conçu en plastique pour cet usage. Lorsque cet environnement n'existe pas, le risque est grand de rater cette première relation et cette expérience du plaisir sensoriel. Une association, ACCES[1], s'est spécialisée à Paris et dans l'Essonne dans la prévention précoce des échecs scolaires et la lutte contre les inadaptations sociales et culturelles, en mettant en contact des enfants d'âge préscolaire avec des livres. Des conteuses se rendent dans les centres de PMI, les crèches et les haltes-garderies, y apportent des paniers d'albums et d'imagiers et lisent des histoires aux bambins.

À l'école il nous arrive souvent d'avoir des enfants qui n'ont pas connu de telles expériences, soit en milieu collectif, soit en famille. Je ne prétends pas qu'ils auront forcément des difficultés en lecture. S'ils sont d'une maturité suffisante, ils pourront suppléer au manque et découvrir le livre à l'école comme objet de désir, en même temps que comme enjeu important de la réussite scolaire. L'enfant qui est capable de se représenter mentalement ce qu'est l'importance de la chose scolaire pour son avenir est également capable de différer son plaisir à plus tard lorsqu'il aura grandi, et de l'échanger contre une contrainte et une frustration (provisoire), du principe de plaisir, qu'il est alors à même d'assumer. Cette contrainte, qui est celle de tout apprentissage, les enfants jusqu'alors suffisamment comblés dans leur environnement culturel familial l'identifient en tant que rite d'initiation, passage obligatoire dans la société des grands (la « grande école », disent-ils) qui ne se fait pas toujours sans douleur. Dans ce cas ils sont capables d'adhérer rapidement au statut de lecteur, voire de trouver ce statut désirable puisqu'ils peuvent se projeter en avant et rêver d'ouvrir de nouvelles portes, un peu à la manière des jeunes musiciens qui s'imposent des gammes laborieuses, parce qu'ils savent qu'un jour viendra l'heure de la récompense devant un public admiratif.

---

1. ACCES, 59, avenue Daumesnil, Paris, 12e.

Mais les enfants mal-lisants soit n'ont pas connu dans leur petite enfance l'expérience du plaisir procuré par l'objet-livre, soit ont perdu la capacité de désirer et de se projeter en avant par une expérience malheureuse au cours de l'apprentissage. Expérience négative donc ou frustration, l'enfant n'est plus en appétit ; et de moins en moins, surtout si l'on croit bien faire en augmentant ses rations de nourriture intellectuelle et d'apprentissage, ce qui arrive parfois avec le soutien hors-temps scolaire ou lorsque des parents s'entêtent à vouloir faire entrer de force dans la tête de l'enfant la page de lecture du jour du manuel de lecture. C'est un peu comme si on donnait une double ration d'épinards à manger à un bambin qui n'aime pas les épinards, et qui – le résultat est prouvé – se mettra à les vomir, symptôme qui porte le doux nom de mérycisme en médecine. Et de relativement bien-portant jusqu'à présent l'écolier risque de devenir vraiment malade.

Il faut donc renoncer à l'acharnement pédagogique, et mettre quelque temps entre parenthèses l'apprentissage classique de la lecture, pour revenir aux sources du plaisir, aux « racines du désir du savoir-lire » comme le proposent Isabelle de Noëll et Jean-Yves de Laurichesse (1994) dans un livre qui utilise l'album pour enfants pour enseigner la lecture. Inspirons-nous, comme ces auteurs, de ce passage-clé des *Mots* par Jean-Paul Sartre (1964, p. 40), lorsqu'il évoque sa première rencontre avec le livre de contes : « Je ne savais pas encore lire mais j'étais assez snob pour exiger d'avoir *mes* livres... Mon grand-père se rendit chez son coquin d'éditeur et se fit donner *Les Contes* du poète Maurice Bouchor, récits tirés du folklore et mis au goût de l'enfance par un homme qui avait gardé, disait-il, des yeux d'enfants. Je voulus commencer sur l'heure les cérémonies d'appropriation. Je pris les deux petits volumes, je les flairai, je les palpai, les ouvris négligemment "à la bonne page en les faisant craquer". En vain : je n'avais pas le sentiment de les posséder. J'essayai sans plus de succès de les traiter en poupée, de les bercer, de les embrasser, de les battre. Au bord des larmes, je finis par les poser sur les genoux de ma mère. Elle leva les yeux de son ouvrage : "Que veux-tu que je te lise, mon chéri ? les Fées ?" Je demandais incrédule : "Les fées, c'est *là-dedans* ?" »

Toute l'approche affective et sensorielle du livre est condensée dans ces quelques lignes : « [...] cérémonie d'appropriation [...] je les flairai [...] je les palpai [...] en les faisant craquer [...] le sentiment de les posséder [...] les traiter en poupées [...] les bercer [...] les embrasser [...] les battre. » Avant de maîtriser le code, il s'agit de faire sien l'objet, d'en prendre possession, de le considérer comme faisant partie de son univers personnel. C'est là une véritable prise en propriété qui seule peut donner du sens. Donner du sens à l'objet-livre, donner du sens à l'école, et donner au-delà du sens à la vie, comme dirait Bettelheim. Cette mise en perspective paraît nécessaire avec des élèves mal-lisants qui fréquentent nos classes ordinaires ou spécialisées.

Un support au désir de lire

Les auteurs du manuel *Enseigner la lecture avec un album* considèrent que l'album est probablement le mieux adapté à l'apprentissage de la lecture, parce qu'il donne une compréhension immédiate de l'écrit par le jeu complémentaire du texte et de l'image plaçant d'emblée l'enfant « en situation de lecteur potentiel utilisant tous les moyens mis à sa disposition pour atteindre le sens » (Noëll et Laurichesse, *op. cit.*, p. 15). Ils n'écartent pas l'acquisition du code mais ne proposent pas d'exercices qui en relèvent, considérant que les deux types de situation sont décalés dans le temps. Leur manuel est conçu, disent-ils, pour une pratique pédagogique en début de CP.

L'album support de cette initiation est *Mitch* par Grégoire Solotareff et Nadja, édité en 1989 par l'École des Loisirs.

> Barnabé a un petit ami, l'ourson Mitch, qui a disparu ; mais il est resté dans la voiture de l'oncle Jean qui s'en va. Par un tour de magie involontaire de Barnabé, Mitch devient vivant, et veut retourner à la maison. Mais un lutin contrecarre ce dessein et Mitch rencontre des jouets qui ont été également libérés par la magie de Barnabé. Il parvient néanmoins à s'échapper, retourne chez Barnabé et, grâce aux pouvoirs magiques appris du lutin qu'il communique à l'enfant, reste un vrai ourson.

La démarche pédagogique des auteurs du manuel est expliquée ainsi : après deux ou trois séances consacrées à la découverte du livre, le contenu de celui-ci est distribué en douze épisodes, soit douze semaines de travail, le découpage hebdomadaire étant conçu de la manière suivante :

> – Jour I : lecture-découverte du texte. Exemple : *Barnabé a plein de jouets, et beaucoup d'amis. Mais son meilleur ami, c'est Mitch ; seulement voilà : aujourd'hui Mitch a disparu !*

– Jour 2 : relecture et structuration 1. Exercices collectifs et individuels de structuration. Premier tableau de mots.

– Jour 3 : structuration 2. Exercices collectifs et individuels de structuration. Tableau de mots.

– Jour 4 : synthèse. Lecture de phrases nouvelles. Création de phrases avec étiquettes-mots.

Cette démarche paraît intéressante avec des élèves mal-lisants ou en début de CP, mais deux observations majeures s'imposent :

1. le stock de mots est impressionnant, une vingtaine dès le premier épisode, et donc difficilement mémorisable ;

2. un cycle durant douze séances, soit tout un trimestre sur le même album, fera courir le risque que ne se perde très rapidement l'intérêt des enfants pour l'histoire.

Conscient de la difficulté, et désireux de tenter « d'autres aventures de lecture », comme nous y invitent les auteurs, je propose de simplifier le travail dans sa durée et dans des contenus des épisodes plus courts, pour faciliter l'imprégnation. Il est parfaitement possible de réduire les épisodes à une seule phrase ne dépassant pas un maximum de dix mots et il n'est pas nécessaire de vouloir reprendre le texte intégral de Solotareff.

J'ai cherché à utiliser cette démarche à partir d'autres albums. Certains ouvrages publiés par L'École des loisirs, de Bayard Poche, de Kaléidoscope, sont recommandés par les auteurs du manuel. Mon choix s'est fait sur l'album *Ne dites pas au Petit Chaperon rouge que je suis là !,* par T. Bradman et M. Chamberlain, adaptation d'Évelyne Lallemand, Fernand Nathan, 1988. L'album, sous la forme d'un livre à volets mobiles (cachant chaque fois le loup), comprend dix-huit pages regroupées par deux, ce qui fait neuf épisodes plus un. Le texte est le suivant (au bas de chaque double page).

Épisode 1 : Voici le Petit Chaperon rouge, sa grand-mère et le bûcheron. Voici aussi... (le loup caché derrière un volet).

Épisode 2 : Le Petit Chaperon rouge va voir sa grand-mère. Elle sort de chez elle, s'en va sur la route.

Bulles : « Attention Petit Chaperon rouge ; il est derrière toi
— Où ça ? »

Épisode 3 : Elle traverse le bois...	Bulles : même texte.
Épisode 4 : Elle franchit le pont.	Bulles : même texte.
Épisode 5 : Elle traverse encore la prairie.	Bulles : même texte.
Épisode 6 : Elle s'enfonce dans la très, très sombre forêt.	Bulles : même texte.
Épisode 7 : Enfin le Petit Chaperon rouge arrive chez sa grand-mère. Bulles : même texte.	Bulles : « Au secours, à l'aide — Où ça, il n'y a personne. — Attention, M. le Loup, il est derrière toi. »
Épisode 8 : Personne ne sauvera le Petit Chaperon rouge. Non... personne ?	Bulle : « Tiens, il manque quelqu' un. »
Épisode 9 : Et voici le Petit Chaperon rouge, sa grand-mère et le bûcheron.	
Épisode 10 : Mais où est passé le Grand Méchant Loup ?	Bulle : « Oh, zut ! »

Démarche préconisée :

- réduire les dix épisodes à huit en supprimant les n° 6 et 10 ;
- réduire le texte de chaque épisode à une seule phrase. Exemple épisode 2 : retenir soit *Le Petit Chaperon rouge va voir sa grand-mère* soit *Elle s'en va sur la route ;*
- Prévoir deux épisodes ainsi allégés par semaine ;
- Ne pas tenir compte des bulles, que l'on expliquera aux élèves ou qu'on leur laissera découvrir avec des hypothèses sur le sens.

On remarque que le stock des mots est ainsi considérablement réduit, certains revenant plusieurs fois, ce qui facilitera l'imprégnation : le Petit Chaperon rouge, la grand-mère, le bûcheron, le loup, elle, sa, traverse.

Les exercices individuels et collectifs de structuration restent du même type que ceux préconisés par le manuel de Noëlle et Laurichesse, avec des étiquettes principalement.

Pour faciliter la compréhension du texte et travailler en même temps au niveau de l'imaginaire (l'album ici étant davantage axé sur le comique des situations), il est indiqué de conter préalablement la véritable histoire du *Petit Chaperon rouge,* de montrer l'album de la version des Grimm avant de travailler sur celle d'Évelyne Lallemand.

Si cette démarche obtient quelques succès auprès des enfants dans leur manière de s'approprier le conte et de manifester un intérêt et une curiosité pour la découverte de l'écrit, j'irai jusqu'à conseiller de procéder, en plus des exercices de structuration, à quelques essais d'analyse des éléments du code à l'intérieur des mots avec les élèves les plus avancés. Mais avec prudence. Il ne s'agit pas de domestiquer ou de coloniser l'imaginaire. À chacun de voir quelle piste il peut emprunter pour lier une démarche de ce type à l'apprentissage de la lecture.

7

Acquérir une compétence narrative

La compétence narrative n'est jamais achevée et se développe au contact de textes nouveaux, à condition que ces textes soient suffisamment nombreux et qu'ils soient abordés de manière active. Intuitive chez les sujets qui ont des investissements constants dans la lecture, elle doit cependant être travaillée par des procédés d'analyse qui mettent en évidence le schéma narratif, prototype abstrait du texte narratif, et les marqueurs du récit. En effet la compétence narrative, qui permet à un sujet de produire des énoncés nouveaux à partir de l'intériorisation des règles de fonctionnement du texte (grammaire du récit), suppose au moins trois capacités :

- la capacité de représentation mentale préalable à la production des énoncés, et l'anticipation de celle-ci sous la forme de la structuration événementielle selon la structure du schéma narratif ;
- la capacité de gérer sa production sur le plan linguistique selon les règles syntaxiques et syntagmatiques, temps des verbes, pronominalisation, emploi pertinent des connecteurs et organisateurs textuels, etc. ;
- la capacité d'autocontrôle et d'évaluation de la production des énoncés par rapport à la situation d'énonciation[1].

1. Pour plus d'informations sur le schéma narratif et la gestion de la narration, voir Michel Fayol, *Le Récit et sa construction, une approche de psychologie cognitive,* Delachaux et Niestlé, 1985, p. 45-62 et p. 132. Voir également les termes *compétence* et *schéma narratif* dans *Sémiotique, dictionnaire raisonné de la théorie du langage,* par A.-J. Greimas et J. Courtès, Hachette, 1979.

J'ai suggéré (chapitre 2) que les modèles de Larivaille et de Loup, Slama et Choukroun étaient les plus indiqués pour une exploitation pédagogique du schéma narratif avec les élèves. Je les reprendrai donc, en les adaptant, pour proposer deux fiches pédagogiques d'analyse des contes.

Fiche pédagogique 1

Séance d'analyse du conte *Damoiselle Chardonnette*, niveau fin cycle II.

Il était une fois une toute jeune fille que l'on appelait Damoiselle. Elle était servante chez un riche paysan. Tout le monde était brutal avec elle, et elle n'avait personne pour la consoler. Un soir, elle se réfugia au jardin et là, elle vit que, du calice de toutes les fleurs sortaient de gracieuses petites fées qui se mettaient à danser. La plus blonde, la fée Ensoleillée, l'appela : « Nous sommes les âmes de fleurs ! Viens jouer avec nous ! » Damoiselle s'amusa avec les fées jusqu'aux premiers feux de l'aurore. Mais le matin, elle était fatiguée et cela parut bizarre à son maître qui un soir se cacha pour la surveiller. Il vit Damoiselle qui passait par la fenêtre pour descendre au jardin : il tendit une main brutale pour la saisir, mais Damoiselle, dans son angoisse, s'écria : « Ensoleillée, ma chère Ensoleillée, viens au secours de la malheureuse que je suis ! »

Et la bonne fée Ensoleillée la changea en un chardon piquant qui égratigna jusqu'au sang la main du méchant fermier. Désormais quand fleurissaient les fleurs de Chardon, Damoiselle sortait sous les cieux étoilés de la corolle, et vêtue d'une jupe bleue, elle dansait avec les autres fées des fleurs.

Un conte pour chaque soir.
Éditions Gründ, 1984.

Objectifs

- S'imprégner des structures narratives d'un conte à une seule séquence et de la stylistique propre à ce type de texte.
- Mettre en évidence ces structures.

Matériel

- Texte, ciseaux, papier, colle.

Déroulement

En alternance entre phases collectives au tableau et phases individuelles.

1. Distribuer le texte.
2. Faire lire silencieusement le texte avant de passer à une lecture orale commentée pour mettre ses parties en évidence.

3. Découper les trois parties du texte et les recoller ainsi :

- le titre ;
- la situation initiale négative ;
- l'entre-deux des actions ;
- la situation finale positive.

4. Repérer et surligner

- la formule initiale « *Il était une fois...* » ;
- les compléments circonstanciels de temps, « *Un soir* » qui marque la rupture introduisant l'entre-deux, « *le matin* » ;
- les connecteurs, « *Mais* » et « *Désormais* » introduisant la situation finale.

5. Repérer et surligner les verbes utilisés :

- dans la première partie, tous les verbes sont à l'imparfait ;
- dans la seconde partie, 11 verbes au passé simple, mais l'imparfait est utilisé 4 fois, le présent et l'impératif 2 fois ;
- dans la troisième partie, tous les verbes sont à l'imparfait.

Faire remarquer que dans la première et la troisième partie l'imparfait indique la durée et la répétition dans le passé, et que dans les dialogues le temps est celui du présent.

6. Élaborer la grille d'analyse.

*Grille d'analyse**

Ordre dans le récit	*Situation dans le récit*	*Connecteurs*	*Idées essentielles*
1	Situation initiale négative	Il était une fois	Une jeune fille servante malheureuse.
2	ENTRE-DEUX Déclenchement	Un soir	Rencontre au jardin avec des fées-fleurs. Jeux avec les fées-fleurs. Tentative de rapt par le maître.
	ENTRE-DEUX Sanction	Et	Damoiselle changée en chardon pique le maître.
3	Situation finale positive	Désormais	Au moment de la floraison des chardons, Damoiselle danse avec les fées-fleurs.

* Cette grille est à élaborer par une alternance travail collectif/travail individuel.

ÉVALUATION

Retrouver les trois parties d'un conte, les connecteurs et les idées essentielles dans un autre conte, *Hänsel et Gretel* par exemple (*cf. supra* p. 50-51).

FICHE PÉDAGOGIQUE 2

Séances d'analyse du conte *Le Petit Chaperon rouge* à travers trois versions, niveau fin cycle II.

Texte 1

Il était une fois une adorable fillette que tout le monde aimait rien qu'à la voir et, plus que tous, sa grand-mère qui ne savait que faire ni que donner comme cadeaux à l'enfant. Une fois, elle lui donna un petit chaperon de velours rouge et la fillette le trouva si joli, il lui allait tellement bien, qu'elle ne voulut plus porter autre chose et qu'on ne l'appela plus que le Petit Chaperon rouge.

Un jour sa mère lui dit :

— Tiens Petit Chaperon rouge, voici un morceau de galette et une bouteille de vin : tu iras les porter à ta grand-mère ; elle est malade et affaiblie, et elle va bien se régaler. Vas-y tout de suite avant qu'il fasse trop chaud ; et sois bien sage en chemin et ne saute pas à droite ou à gauche pour aller tomber et me casser la bouteille de grand-mère, qui n'aurait plus rien. Et puis, dis bien bonjour en entrant et ne regarde pas d'abord dans tous les coins !

— Je serai sage et je ferai tout pour le mieux, promit le Petit Chaperon rouge à sa mère, avant de lui dire au-revoir et de partir.

Mais la grand-mère habitait à une bonne demi-heure du village, tout là bas, dans la forêt ; et lorsque le Petit Chaperon rouge entra dans la forêt, ce fut pour rencontrer le loup. Mais elle ne savait pas que c'était une si méchante bête et elle n'avait pas peur.

— Bonjour, Petit Chaperon rouge, dit le loup.

— Merci à toi et bonjour aussi, loup.

— Où vas-tu de si bonne heure, Petit Chaperon rouge ?

— Chez grand-mère.

— Que portes-tu sous ton tablier, dis-moi ?

— De la galette, et du vin, dit le Petit Chaperon rouge ; nous l'avons cuite hier et je vais en porter à grand-mère parce qu'elle est malade et que cela lui fera du bien.

— Où habite-t-elle, ta grand-mère, Petit Chaperon rouge ? demanda le loup.

— Plus loin dans la forêt, à un quart d'heure d'ici ; c'est sous les trois grands chênes, et juste en dessous, il y a des noisetiers, tu reconnaîtras forcément, dit le Chaperon rouge

Fort de ce renseignement, le loup pensa : « Un fameux régal, cette mignonne et tendre jeunesse ! Grasse chère que j'en ferai : meilleure encore que la grand-mère, que je vais engloutir aussi. Mais attention, il faut être malin si tu veux les déguster l'une et l'autre. » Telles étaient les pensées du loup tandis qu'il faisait un bout de conduite au Petit Chaperon rouge. Puis il dit, tout en marchant :

— Toutes ces jolies fleurs dans le sous-bois, comment se fait-il que tu ne les regardes même pas, Petit Chaperon rouge ? Et les oiseaux, on dirait que tu ne les entends pas chanter ! Tu marches droit devant toi comme si tu allais à l'école, mais c'est pourtant rudement joli la forêt !

Le Petit Chaperon rouge donna un coup d'œil alentour et vit danser les rayons du soleil entre les arbres, et puis partout, partout des fleurs qui brillaient. « Si j'en faisais un bouquet pour grand-mère, se dit-elle, cela lui ferait plaisir aussi ; il est tôt et j'ai bien le temps d'en cueillir. » Sans attendre, elle quitta le chemin pour entrer dans le sous-bois et cueillir des fleurs : une ici, l'autre là, mais la plus belle était toujours un peu plus loin dans l'intérieur de la forêt. Le loup, pendant ce temps, courait tout droit à la maison de la grand-mère et frappait à sa porte.

— Qui est là ? cria la grand-mère.

— C'est moi, le Petit Chaperon rouge, dit le loup ; je t'apporte de la galette et du vin, ouvre-moi !

— Tu n'as qu'à tirer le loquet, cria la grand-mère. Je suis trop faible pour aller t'ouvrir.

Le loup tira le loquet, poussa la porte et entra pour s'avancer tout droit, sans dire un mot, jusqu'au lit de la grand-mère, qu'il avala. Il mit ensuite sa chemise, s'enfouit la tête sous son bonnet de dentelle et se coucha dans son lit, puis tira les rideaux de l'alcôve.

Le Petit Chaperon rouge avait couru de fleur en fleur, mais à présent son bouquet était si gros que c'était tout juste si elle pouvait le porter. Alors elle pensa à sa grand-mère et se remit bien vite en chemin pour arriver chez elle. La porte était ouverte et cela l'étonna ; mais quand elle fut dans la chambre, tout lui parut de plus en plus bizarre et elle se dit : « Mon Dieu, comme tout est étrange aujourd'hui ! D'habitude, je suis si heureuse quand je suis chez grand-mère ! » Elle salua pourtant :

— Bonjour, grand-mère !

Mais comme personne ne répondait, elle s'avança jusqu'à son lit et écarta les rideaux. La grand-mère était là, couchée, avec son bonnet qui lui cachait presque toute la figure, et elle avait l'air si étrange.

— Comme tu as de grandes oreilles, grand-mère !

— C'est pour mieux t'entendre, répondit-elle.

— Comme tu as de gros yeux, grand-mère !

— C'est pour mieux te voir, répondit-elle.

— Comme tu as de grandes mains !

— C'est pour mieux te prendre, répondit-elle.

— Oh ! grand-mère, quelle grande bouche et quelles terribles dents tu as !

— C'est pour mieux te manger, dit le loup, qui fit un bond hors du lit et avala le pauvre Petit Chaperon rouge d'un seul coup.

Sa voracité satisfaite, le loup retourna se coucher dans le lit et s'endormit bientôt, ronflant plus fort que fort. Le chasseur, qui passait devant la maison, l'entendit et pensa : « Qu'a donc la vieille femme à ronfler si fort ? Il faut que tu entres et que tu voies si elle a quelque chose qui ne va pas. » Il entra donc et, s'approchant du lit, vit le loup qui dormait là.

— C'est ici que je te trouve, vieille canaille ! dit le chasseur. Il y a un moment que je te cherche !...

Et il allait épauler son fusil, quand tout d'un coup, l'idée lui vint que le loup avait peut-être mangé la grand-mère et qu'il pouvait être encore temps de la sauver. Il reposa son fusil, prit des ciseaux et se mit à tailler le ventre du loup endormi. Au deuxième coup ou au troisième coup de ciseaux, il vit le rouge chaperon qui luisait ; deux ou trois coups de ciseaux encore, et la fillette sautait dehors en s'écriant :

— Oh, la, la, quelle peur j'ai eue. Comme il faisait noir dans le ventre du loup !

Et bientôt après sortait aussi la vieille grand-mère, mais c'était à peine si elle pouvait encore respirer. Le Petit Chaperon rouge courut chercher de grosses pierres qu'ils fourrèrent dans le ventre du loup ; et quand il se réveilla et voulut bondir, les pierres pesaient si lourd qu'il s'affala et resta mort sur le coup.

Tous les trois étaient bien contents : le chasseur prit la peau du loup et rentra chez lui ; la grand-mère mangea la galette et but le vin que le Petit Chaperon rouge lui avait apportés, se retrouvant bientôt à son aise. Mais pour ce qui est du Petit Chaperon rouge, elle se jura : « Jamais plus de ta vie tu ne quitteras le chemin pour courir dans les bois, quand ta mère te l'a défendu. »

Jacob et Wilhelm Grimm, traduction Armel Guerne.

Texte 2

Il était une fois une petite fille de village, la plus jolie qu'on eût pu voir ; sa mère en était folle, et sa mère-grand plus folle encore. Cette bonne femme lui fit faire un petit chaperon rouge, qui lui seyait si bien, que partout on l'appelait le Petit Chaperon rouge.

Un jour, sa mère ayant cuit et fait des galettes, lui dit :

« Va voir comme se porte ta mère-grand, car on m'a dit qu'elle était malade, porte-lui une galette et ce petit pot de beurre. »

Le Petit Chaperon rouge partit aussitôt pour aller chez sa mère-grand, qui demeurait dans un autre village. En passant dans un bois elle rencontra compère le loup, qui eut bien envie de la manger, mais il n'osa à cause de quelques bûcherons qui étaient dans la forêt. Il lui demanda où elle allait ; la pauvre enfant qui ne savait pas qu'il est dangereux de s'arrêter à écouter un loup, lui dit :

« Je vais voir ma mère-grand, et lui porter une galette avec un petit pot de beurre que ma mère lui envoie.

— Demeure-t-elle bien loin ? lui dit le loup.

— Oh ! oui, dit le Petit Chaperon rouge, c'est par-delà le moulin que vous voyez là-bas, là-bas, à la première maison du village.

— Eh bien ! dit le loup, je veux l'aller voir aussi ; je m'y en vais par ce chemin ici, et toi par ce chemin-là, et nous verrons qui plus tôt y sera. »

Le loup se mit à courir de toute sa force par le chemin qui était le plus court, et la petite fille s'en alla par le chemin le plus long, s'amusant à cueillir de noisettes, à courir après des papillons, et à faire des bouquets des petites fleurs qu'elle rencontrait. Le loup ne fut pas long à arriver à la maison de la mère-grand ; il heurte : toc, toc.

« Qui est là ?

— C'est votre fille le Petit Chaperon rouge (dit le loup en contrefaisant sa voix) qui vous apporte une galette et un petit pot de beurre que ma mère vous envoie. »

La bonne mère-grand, qui était dans son lit à cause qu'elle se trouvait un peu mal, lui cria :

« Tire la chevillette, la bobinette cherra. »

Le loup tira la chevillette, et la porte s'ouvrit. Il se jeta sur la bonne femme, et la dévora en moins de rien ; car il y avait plus de trois jours qu'il n'avait mangé. Ensuite il ferma la porte, et s'alla coucher dans le lit de la mère-grand, en attendant le Petit Chaperon rouge qui, quelque temps après, vint heurter à la porte. Toc, toc.

« Qui est là ? »

Le Petit Chaperon rouge qui entendit la grosse voix du loup, eut peur d'abord, mais, croyant que sa mère-grand était enrhumée, répondit :

« C'est votre fille le Petit Chaperon rouge, qui vous apporte une galette et un petit pot de beurre que ma mère vous envoie. »

Le loup lui cria, en adoucissant un peu sa voix :

« Tire la chevillette, la bobinette cherra. »

Le Petit Chaperon rouge tira la chevillette, et la porte s'ouvrit. Le loup, la voyant entrer, lui dit en se cachant dans le lit sous la couverture :

« Mets la galette et le petit pot de beurre sur la huche et viens te coucher avec moi. »

Le Petit Chaperon rouge se déshabille, et va se mettre dans le lit, où elle fut bien étonnée de voir comment sa mère-grand était faite en son déshabillé. Elle lui dit :

« Ma mère-grand, que vous avez de grands bras !

— C'est pour mieux t'embrasser ma fille.

— Ma mère-grand, que vous avez de grandes jambes !

— C'est pour mieux courir, mon enfant.

— Ma mère-grand que vous avez de grandes oreilles !

— C'est pour mieux écouter, mon enfant.

— Ma mère-grand, que vous avez de grands yeux !

— C'est pour mieux voir, mon enfant.

— Ma mère-grand que vous avez de grandes dents !

— C'est pour te manger. »

Et en disant ces mots, ce méchant loup se jeta sur le Petit Chaperon rouge, et la mangea.

Moralité

On voit ici que de jeunes enfants
Surtout de jeunes filles,
Belles, bien faites, et gentilles,
Font très mal d'écouter toutes sorte de gens.
Et que ce n'est pas chose étrange,
S'il en est tant que le loup mange.
Je dis le loup, car tous les loups,
Ne sont pas de la même sorte ;
Il en est d'une humeur accorte,
Sans bruit, sans fiel et sans courroux,
Qui, privés, complaisants et doux,
Suivent les jeunes demoiselles
Jusque dans les maisons, jusque dans les ruelles ;
Mais hélas ! qui ne sait que ces loups doucereux,
De tous les loups sont les plus dangereux.

Charles Perrault.

Texte 3

Quand le loup sentit des tiraillements
Et que de manger il était grand temps,
Il alla trouver Mère-Grand.
Dès qu'elle eut ouvert, elle reconnut
le sourire narquois et les dents pointues.
Le loup demanda : « Puis-je entrer ? ».
La grand-mère avait grand-peur.
« Il va, se dit-elle, me dévorer sur l'heure ! »
La pauvre femme avait raison :
Le loup affamé l'avala tout rond.
« C'est peu, dit le loup faisant la grimace,
C'est à peine s'il m'a semblé,
Avoir eu quelque chose à manger ! »
Il fit le tour de la cuisine en glapissant :
« Il faut que j'en reprenne absolument ! »
Puis il ajouta d'un air effrayant
« Je vais donc attendre ici un moment
Que le Petit Chaperon rouge revienne
Des bois où pour l'instant elle se promène. »
(Un loup a beau avoir de mauvaises manières,
Il n'avait pas mangé les habits de grand-mère !)
Il mit son manteau, coiffa son chapeau,
Enfila sa paire de godillots,
Se frisa les cheveux au fer
Et s'installa dans le fauteuil de grand-mère.
Quand Chaperon rouge arriva essoufflée,
Elle trouva grand-mère plutôt changée :
« Que tu as de grandes oreilles, Mère-Grand !
— C'est pour mieux t'écouter, mon enfant ! ».
— Que tu as de grands yeux, Mère-Grand !
— C'est pour mieux te voir, mon enfant ! »
Derrière les lunettes de Mère-Grand
Le loup la regardait en souriant,
« Je vais, pensait-il, manger cette enfant.
Ce sera une chair plus tendre que la Mère-Grand ;
Après les merles un peu secs, des ortolans ! »
Mais le Petit Chaperon rouge déclara : « Grand-mère,
Tu as un manteau de fourrure du tonnerre !
— Ce n'est pas le texte ! dit le loup. Attends...
Tu devrais dire « Comme tu as de grandes dents ! »
Enfin... peu importe ce que tu me dis ou non,
C'est moi qui vais te manger, de toute façon ! "
La petite fille sourit, puis, battant des paupières,

De son pantalon sortit un revolver.
C'est à la tête qu'elle visa le loup,
Et Bang ! l'étendit raide mort d'un coup.

Roald Dahl.
Un conte peut en cacher un autre,
Gallimard jeunesse, 1995.

Objectifs

- Les mêmes que ceux de la séance 1 pour l'analyse du conte *Damoiselle Chardonette.*
- En plus,
  - comparer trois versions d'un même conte en mettant en évidence les structures et les éléments communs ou différents ;
  - identifier les éléments d'une écriture parodique d'un conte connu.

Matériel

- Les trois textes.

Déroulement

1. Procéder de la même manière que dans la séance 1, en insistant surtout sur le découpage du récit dans ses trois parties.

2. Établir trois grilles d'analyses selon la méthode utilisée dans la séance 1, mais en évitant de considérer que la situation initiale est négative. Par comparaison on s'apercevra des similitudes et des différences :

- Dans le texte 1 la fin est une réparation de la sanction, grâce à l'intervention du chasseur. Le conte se poursuit par un rajout d'une autre version qui ne figure pas ici.
- Dans le texte 2 on dispose également de trois parties, mais la situation finale est totalement différente, par la non-réparation de la faute et par une moralité en vers.
- Dans le texte 3, pas de situation initiale, donc pas de déclencheur dans la partie de l'entre-deux. Faire remarquer par rapport aux deux précédentes versions les éléments comiques qui en font une version parodique. La situation finale ne peut donc être que détournée et à l'inverse de celles des précédents textes.

3. Réaliser un tableau à partir des trois grilles (voir p. 111).

Ce travail d'analyse qui pourra être mené en alternance entre collectif et individuel devra faire clairement ressortir les éléments importants de convergence et de divergence entre les trois textes. On pourra faire trouver d'autres éléments. *Exemple* : dans la version 1, c'est une galette et du vin que porte la fillette. Dans la version 2, une galette et un petit pot de beurre.

ÉVALUATION ET PROLONGEMENTS

Le cycle de travail proposé s'étalant sur près de trois semaines pourra se prolonger par l'incitation à la lecture individuelle d'autres versions du *Petit Chaperon rouge,* ce qui permettra de mesurer l'intérêt que les enfants portent à différentes versions d'un conte :

- celle de Tony Ross, Folio benjamin (épuisé) ;
- celle de Jean Claverie, Albin Michel jeunesse, 1994 ;
- celle de Grégoire Solotareff et Nadja, intitulée *Le Petit Chaperon vert,* L'École des loisirs, 1989.

Ces versions peuvent toutes être découvertes individuellement par les enfants et présentées par eux à leurs camarades (club de lecture). On pourra également comparer les versions originales de Perrault et des Grimm dans d'innombrables adaptations, plus ou moins fidèles, parmi lesquelles on peut citer :

- *Le Petit Chaperon rouge,* illustré par Monika Laimgruber, version très fidèle au texte des Grimm, aux éditions Nord-Sud, 1993 ;
- *Le Petit Chaperon rouge,* illustré à la façon ancienne par M. Fauron, version où se mêlent celles des Grimm et de Perrault, éditions Au temps jadis Mango, 1994.

L'étude du texte 3 permettra de proposer un premier travail de rédaction « libre » consistant à écrire la première partie, absente, en prose (ou en vers pour ceux qui ont déjà bénéficié d'une initiation à l'écriture poétique). Cette version détournée, du plus haut comique, pourra également servir ultérieurement aux essais de transformation de contes.

Aux pédagogues je conseille l'ouvrage de Claude de La Genardière, *Encore un conte ? Le Petit Chaperon rouge à l'usage des adultes,* Presses universitaires de Nancy, 1993, et la découverte de deux autres versions :

- la version nivernaise présentée par Paul Delarue (*op. cit.* p. 373) ;
- la version de Cami sous la forme d'une pièce de théâtre en deux actes, très comique, dans laquelle le Petit Chaperon vert refuse de dire la phrase rituelle « Que vous avez de grandes dents », ce qui bloque la fin de l'histoire ; à découvrir dans *Petite fabrique de littérature,* d'Alain Duchesne et Thierry Leguay, Magnard, 1987, p. 37-38.

Analyse de trois versions du Petit Chaperon rouge

Structures / *Éléments du récit*	*Version 1 (Grimm)*	*Version 2 (Perrault)*	*Version 3 (Roald Dahl)*
Situation initiale	Oui	Oui	Non
Personnages	5	4	3
Lieu	Maison de la fillette, forêt, maison de la grand-mère.	Maison de la fillette, forêt, maison de mère-grand.	Maison de la grand-mère.
Actions de l'entre-deux	• Départ de la maison. • Première rencontre du loup. • Cueillette de fleurs + détour du chemin. • Mort de la grand-mère. • Déguisement du loup. • Seconde rencontre du loup dans la maison de la grand-mère. • Mort de la fillette. • Intervention du chasseur + mort du loup - résurrection de la grand-mère + résurrection de la fillette.	• Départ de la maison. • Rencontre du loup. • Cueillette de fleurs, amusement, chemin plus long. • Mort de mère-grand. • Pas de déguisement du loup. • Seconde rencontre du loup dans la maison de mère-grand. • La fillette se déshabille et rejoint le loup au lit. • Mort de la fillette.	• Mort de la grand-mère. • Déguisement du loup. • Mort du loup.
Situation finale	Oui : bonne résolution de la fillette.	Oui : moralité	Non
Structures profondes	• Formulation de l'interdit. • Structure de faute + rédemption.	• Pas de formulation de l'interdit. • Structure de faute sans rédemption.	
Stylistique	Grand-mère comme tu as… (4 ×) C'est pour mieux te… (4 ×)	Ma mère-grand que vous avez… (5 ×) C'est pour mieux te… ('5 ×) Tire la chevillette, la bobinette cherra.	En vers. Plusieurs formulations très comiques.

8

Jeux de créativité littéraire

On entend parfois dire par certains pédagogues désabusés : « Si nos élèves ne savent pas écrire c'est parce qu'ils manquent d'imagination. » Je ne partage pas cet avis. Ce n'est pas que les enfants manquent du pouvoir d'imaginer, mais qu'on ne leur a pas donné la possibilité de mettre en forme leur imagination. Je conseille donc une série de jeux de créativité littéraire orale autour du conte, qui pourront déboucher assez rapidement sur des activités de production écrite. La plupart d'entre eux sont tirés ou adaptés du livre de Gianni Rodari *Grammaire de l'imagination*[1] et peuvent être pratiqués dès la fin du cycle II.

Contes défaits

Ce jeu imaginatif, pratiqué par Rodari lui-même dans ses *Histoires au téléphone,* peut être tenté au cycle II et III. Il s'agit de faire dérailler une histoire en introduisant des éléments intrus qui modifient le récit ; mais en général celui-ci se termine de la même manière. Le type même de ces contes « déraillés » est fourni par la version du *Petit Chaperon rouge* de Jean Claverie[2] ; la fillette porte une pizza à sa grand-mère, rencontre monsieur Wolf (loup en allemand) ; la suite est proche de la version Grimm.

1. Gianni Rodari, *Grammaire de l'imagination,* Messidor. Cet ouvrage introductif à « l'art d'inventer des histoires » a connu deux éditions en 1979 et en 1988. Épuisé actuellement ; une réédition serait la bienvenue
2. Jean Claverie, *Le Petit Chaperon rouge,* Albin Michel jeunesse, 1994.

Mama Gina, la mère de Chaperon rouge, fait vomir au loup la grand-mère, la fillette, et la pizza !

Une condition est bien sûr indispensable à la réussite de tels jeux avec les enfants : c'est qu'ils connaissent la véritable histoire et qu'il soient suffisamment imprégnés de sa trame structurelle. Une fois que l'élément intrus est donné, il suffit de trouver le début de l'histoire, et d'amener les élèves à imaginer la suite dans des échanges oraux. La technique du *brainstorming* peut se révéler efficace. Rodari donne l'exemple de quelques éléments intrus. Par exemple, dans *Le Petit Chaperon rouge,* donner les cinq mots suivants : « petite fille, bois, fleurs, loup, grand-mère » ; un sixième mot : « hélicoptère », viendra casser la série et faire dérailler l'histoire. Aux enfants d'imaginer la suite.

Contes à l'envers

C'est encore un conte défait qui est proposé, mais défait complètement cette fois-ci :

> « Le Petit Chaperon rouge est méchant tandis que le loup est bon...
>
> Le Petit Poucet veut s'enfuir avec ses frères, abandonnant ses pauvres parents : mais ceux-ci prennent la précaution de faire un trou dans sa poche avant de la remplir de riz, qui se répand ensuite sur le sentier des fuyards. Comme dans la " vraie" histoire, mais vue dans un miroir où la droite devient la gauche...
>
> Cendrillon est une pas grand-chose qui fait le désespoir de sa patiente marâtre et vole à ses demi-sœurs (qui sont de petites saintes) leur fiancé...
>
> Blanche-Neige rencontre au plus profond d'une épaisse forêt, non pas sept nains, mais sept géants : elle sera leur mascotte dans leur entreprise de brigandage. » (Rodari, *op. cit.*, p. 85.)

Des contes de ce type parodique ont été écrits par des auteurs comme Philippe Dumas, Boris Moissard, Grégoire Solotareff, Tony Ross et Roald Dahl[1]. Le Petit Chaperon rouge y est transformé en Petit Chaperon vert ou

1. Roald Dahl, *Un conte peut en cacher un autre,* Gallimard jeunesse, 1995 ; Philippe Dumas, Boris Moissard, *Contes à l'envers,* L'École des loisirs, 1990 ; Tony Ross, *Le Petit Chaperon rouge,* L'École des loisirs, 1986 ; Grégoire Solotareff et Nadja, *Le Petit Chaperon vert,* L'École des loisirs, 1989, *Barbe-Rose,* L'École des loisirs, 1990.

bleu marine, qui échappe définitivement au loup et même le met hors d'état de nuire, Barbe-Rose le gentil se substitue à Barbe-Bleue le méchant ; Cendrillon préfère un marchand de confitures au Prince Charmant !

Salade de contes

Comme le nom l'indique, des éléments, des personnages de plusieurs contes sont prélevés des contes originaux, qui passent l'un dans l'autre : l'incontournable Petit Chaperon rouge rencontre le Petit Poucet et ses frères, Cendrillon épouse Barbe-Bleue, Pinocchio devient le huitième nain de Blanche-Neige... Roald Dahl, dans *Un conte peut en cacher un autre,* titre qui avertit le lecteur de possibles amalgames, fait du Petit Chaperon rouge (encore lui !) un personnage tout à fait cynique qui aide d'abord le troisième petit cochon à tuer le loup avant de l'exécuter froidement pour s'en faire un sac en cuir de porc qui ira bien avec ses deux manteaux en fourrure de loups, autres butins prélevés sur les dépouilles de ses victimes !

Contes démarqués

C'est une transposition complète d'un conte connu dans un nouvel univers, mais en conservant la structure (d'où la nécessité de ne procéder à ces jeux qu'après un travail en classe sur la trame structurelle des contes). On passe ainsi du conte *Hänsel et Gretel* à une structure abstraite, pour créer une nouvelle histoire. Le procédé fonctionne en trois temps.

> « 1. Jeannot et Margot sont deux petits frère et sœur ; ils se perdent dans la forêt ; une sorcière les accueille chez elle avec l'intention de les faire cuire dans son four ; etc.
>
> 2. *A* et *B* se perdent en un lieu *C* ; ils sont accueillis par *D* en un lieu *E*, où se trouve également un four *F*...
>
> 3. Deux petits frère et sœur (sans doute enfants de Méridionaux émigrés dans le nord de l'Italie) ont été abandonnés dans la cathédrale de Milan par leur père, désespéré de ne pouvoir les nourrir et entendant ainsi les confier à la charité publique. Épouvantés, ils errent dans la ville. La nuit, ils se réfugient dans une cour et s'endorment au milieu d'un tas de caisses vides. Ils sont découverts par un boulanger, sorti de chez lui pour un motif quelconque. Recueillis par celui-ci, bien au chaud, près du four... » (Rodari, *op. cit.*, p. 93.)

Contes en « clef obligée »

La transposition utilise la clef obligatoire d'un autre lieu et d'un autre temps. Rodari imagine l'histoire du *Joueur de flûte de Hameln* dans la Rome moderne infestée par les automobiles paralysant le trafic, ou bien Cendrillon à l'ère planétaire.

Contes « caviardés »

Le procédé du caviardage est connu dans l'écriture littéraire : il traduit souvent le passage du brouillon au texte définitif. Il consiste à amputer un texte en barrant un grand nombre de mots sans lui donner un autre sens ou, à l'inverse, en lui faisant dire autre chose. Cette technique est également utilisée par la censure. Yak Rivais et Michel Laclos la proposent comme exercice littéraire amusant en donnant un exemple étonnant dans *Les Sorcières sont N.R.V.* (École des loisirs, 1988, p. 67-79). En barrant simplement certains mots du *Petit Chaperon rouge* (toujours lui !), ils obtiennent une version, sans rajout d'aucune sorte, où la grand-mère dévore le loup et la fillette !

Je suggère au lecteur d'utiliser le caviardage avec les élèves, à partir de la fin du cycle II, dans le texte de Rodari ci-dessous à partir de la consigne « Barrer tout ce qui ne fait pas partie de la véritable histoire du *Petit Chaperon rouge* (décidément !) ». Le procédé permettra de retrouver l'histoire « vraie » au moins jusqu'à « j'ai perdu mon chemin ».

• Un grand-père essaie de raconter à sa petite-fille l'histoire du Petit Chaperon rouge. Mais il ne s'en souvient plus !

« Il était une fois une petite fille qui s'appelait le Petit Chaperon jaune...

— Mais non, rouge !

— Oh! oui, le Petit Chaperon rouge. Sa maman l'appela et lui dit : "Écoute, Petit Chaperon vert..."

— Non, non ! rouge !

— Bien sûr, rouge. Donc sa maman lui dit : "Va porter à tante Ursule cette épluchure de pommes de terre..."

— Non ! Elle lui dit : " Va porter cette galette à ta grand-mère."

— C'est vrai. Alors la petite fille s'en alla dans le bois et rencontra une girafe...

— Quelle salade !... Elle rencontra un loup, pas une girafe !

— D'accord. Le loup lui demanda : "Combien ça fait six fois huit ?"

— Pas du tout ! Le loup lui demanda : "Où vas-tu"

— Tu as raison. Le Petit Chaperon noir répondit...

— Rouge ! Rouge ! Le Petit Chaperon rouge !

— Bon. Elle répondit : "Je vais au marché acheter de la sauce tomate."

— Jamais de la vie !... "Je vais chez ma grand-mère qui est malade, j'ai perdu mon chemin."

— C'est juste. Alors le cheval lui dit...

— Quel cheval ? C'était un loup !

— Bien sûr. Donc il lui dit : "Prends l'autobus numéro 75, descends place de la cathédrale, tourne à droite : tu trouveras trois marches d'escalier et un sou par terre ; ne t'occupe pas des marches d'escalier, ramasse le sou et achète-toi un chewing-gum..."

— Grand-père, tu ne sais vraiment pas raconter les histoires, tu t'embrouilles tout le temps !.. Tant pis ça ne fait rien, achète-moi quand même le chewing-gum !

— Parfait. Voilà un sou."

Et le grand-père se remit à lire son journal.

Gianni Rodari.
Histoires au téléphone, Hachette, 1996.

Le travail sur ce texte permet en outre de compléter l'histoire au point où elle s'est arrêtée. Ce sont donc les élèves qui continuent le récit sous la forme d'une sorte de reconstitution de texte orale d'abord, écrite ensuite, étant entendu que le véritable conte a fait préalablement l'objet d'une imprégnation.

Contes rhopaliques

C'est encore Yak Rivais qui nous suggère une version détournée du *Petit Chaperon rouge*. Il s'agit d'écrire un conte de telle façon que le récit forme un losange. On procède de la façon suivante : la première phrase se compose d'un mot, la deuxième phrase de deux mots et ainsi de suite ; lorsque l'on atteint une dizaine de mots on effectue l'opération inverse, passant à neuf mots, puis huit, etc.[1]. Essayons en prenant comme support *Le Loup et les sept chevreaux.*

Le loup et les sept chevreaux

« — Biquets ! »
« — Oui m'man »
« — Je vais partir »
« Prenez garde au loup »
La chèvre bêla et sortit.
Le loup frappa à la porte :
« — Ouvrez chers enfants, c'est vot'mère. »
« —Ta voix est bourrue, nous entendons le loup. »
Trois fois le loup revint encore à la charge
Puis entra dans la maison et mangea tous les biquets
Sauf un seul qui parvint à se cacher dans une horloge.
Peu après la pauvre maman chèvre revint de la forêt.
Que vit-elle? Ses chers petits avaient tous disparus
Sauf le dernier petit biquet sain et sauf.
Le vilain loup ronfle. On le tue,
Du ventre sortent les six petits.
Des cailloux y sont mis,
Et dans le puits,
Il est tombé
Le vilain
Loup !

L'exercice est possible à partir de n'importe quel conte. Il exige la capacité de résumer un texte, de l'imagination et de la patience, car plusieurs essais sont nécessaires pour obtenir le nombre de mots selon la suite numérique adoptée. Ne pas dépasser une vingtaine de lignes.

Formulettes

Nous entrons là dans le domaine de la poésie des *Rimes et jeux de l'enfance* qui ont été collectées et éditées par Eugène Rolland en 1886 et à qui

1. Yak Rivais, *Les Contes du miroir, L'École des loisirs,* 1988, p. 58-60.

est due le terme « formulette ». Un grand nombre sont d'expression spontanée, comme celle-ci :

> « Qui va à la chasse
> perd sa place
> Qui revient
> Chasse ce coquin. »

Beaucoup d'autres de ces phrases rituelles sont issues des contes. Ceux des Grimm en contiennent un grand nombre qui se sont retrouvées presque intactes dans la traduction de Marthe Robert ou ont été adaptées à la langue française.

Exemples

> « Grigno, grigno, grignotons
> Qui grignote ma maison ? »
>
> *(Hänsel et Gretel)*
>
> « Petit miroir, petit miroir chéri
> Quelle est la plus belle de tout le pays ? »
>
> *(Blanche-Neige)*
>
> « Rainette jeunette et verte
> Pomme de reinette
> Pomme de reinette et pomme d'api
> Saute de là, saute de ci
> Montre-nous vite qui est ici. »
>
> *(Le poêle de fonte)*

Chez Perrault, on trouve quelques formulettes qui font la grande saveur de ses contes.

> « Tire la chevillette, la bobinette cherra. »
>
> *(Le Petit Chaperon rouge)*
>
> « Je ne vois rien que le soleil qui poudroie et l'herbe qui verdoie. »
>
> *(La Barbe-Bleue)*

Les conteurs ont l'habitude de conclure leur récit par quelque formulette comme celles-ci :

> « Voici une souris
> mon conte est fini. »
> « Trotte la souris
> Mon conte est fini. »
> « Cric crac, mon conte est dans le sac. » (Cazaux, *op. cit.*, p. 13.)

On peut en inventer d'autres qui se rapportent directement aux contes merveilleux. En voici une qui peut être sujette à de nombreuses variations et que chantent Delphine et Marinette, dans l'épisode du loup des *Contes bleus du chat perché.*

> « Promenons-nous dans les bois
> Pendant que le loup n'y est pas
> Si le loup y était
> Il nous mangerait[1]. »

Il suffit de trouver d'autre rimes : *bois* ; *aboie,* ou d'autres personnages, d'autres lieux :

> « Promenons-nous à Paris
> Pendant que l'ogre est parti
> Quand il reviendra
> Il nous mangera. »
> « Promenons-nous dans le pré
> La sorcière n'est pas passée
> Quand elle passera
> Elle nous punira. »

On connaît la suite : *Loup y es-tu ? M'entends-tu ? Que fais-tu ?* Suit une impressionnante ribambelle d'habits que le loup met successivement avant de se jeter sur un enfant de la ronde chantant la formulette. Autre possibilité avec Sœur Anne :

« L'herbe qui ondoie
Le soleil qui rougeoie
...flamboie
...larmoie. »

Essayez avec vos élèves, faites transformer et inventer des formulettes. C'est plus facile qu'on ne le pense.

1. Marcel Aymé, *Les Contes bleus du chat perché,* Gallimard Folio junior, 1987, p. 26-27.

9

Le jeu de l'oie de ma mère l'Oye

Le jeu de l'oie n'a aucun rapport littéraire avec *Les Contes de ma mère l'Oye,* écrit Henry-René d'Allemagne (1950) qui a consacré une importante étude à ce jeu de société ; il n'en a découvert qu'un seul exemplaire qui présente des scènes de contes de fées, postérieur de plus d'un siècle à la première édition des *Histoires ou contes du temps passé.* Dans ce jeu de soixante-trois cases, édité en 1812 à Paris sous le titre *Le Jeu de la petite Cendrillon*, les treize oies sont remplacées dans les cases par des fées : la Bonne fée, la Mauvaise fée, la fée Nabote, la fée Maigre-Bénigne, la fée Bosse, la fée Urgèle, la fée Callebasse, la fée Bancale, la fée aux Beaux-Yeux, la fée Dodu, la fée Belle-Gorge, la fée Trotte-Menu, la fée des Soucis. Les autres cases sont occupées soit par des personnages des contes de Perrault, soit par des scènes de la vie des écoliers.

Inspiré de ce jeu, voici un outil à la fois amusant et pédagogique qui permet de s'imprégner des contes de Perrault. Pour y jouer, les élèves devront avoir eu une connaissance au moins approchée de ces contes, puisque des questions correspondant aux numéros des cases y renvoient, ces questions permettant par ailleurs de parfaire les connaissances des élèves.

Le jeu peut être fabriqué avec les élèves selon le descriptif suivant et avec toutes les variantes que l'on voudra.

Description du jeu

Le jeu se compose de 48 cases :
- 40 représentent des personnages ou des scènes des contes de Perrault et autant de questions numérotées figurant sur des cartes à part ;
- 6 représentent des fées, 3 bonnes, 3 mauvaises ;
- 1 représente l'ogre ;
- 1 représente l'arrivée du jeu.

Matériel

- Le jeu de l'oie.
- 40 cartes comportant les questions.
- 1 dé.
- Un pion par équipe de joueurs, soit 6 au maximum.
- Plusieurs éditions des contes de Perrault ou des albums fidèles à l'édition originale.

Règle du jeu

Le maître anime ce jeu qui se pratique par équipes de quatre enfants en BCD où se trouvent les sources de réponses aux questions.

Dans chaque équipe, à tour de rôle et à chaque tour de jeu, un enfant jette le dé. Les pions avancent d'un nombre équivalent de cases à celui obtenu par le dé. Puis les joueurs se rendent à une table voisine où se trouvent les questions et cherchent les réponses dans les livres et albums. Pour pouvoir continuer à jouer, la réponse à la question correspondant au n° de la case doit être trouvée, lorsque vient le tour de rejouer à nouveau.

On ne s'arrête jamais sur une case représentant une fée :
- si c'est une bonne fée – cases 6, 30, 42 – l'équipe a droit à rejouer une fois ;
- si c'est une mauvaise fée – cases 12, 24, 36 – le pion retourne à la case où il était auparavant.

Si le pion tombe sur l'ogre de la case 18, il est fait prisonnier et ne peut être délivré que lorsque les autres joueurs auront fait un tour complet ou que le pion d'une autre équipe tombe sur la case 18 et se trouve à son tour en prison.

1 Le lézard. En quels personnages sont changés les lézards sans le conte de *Cendrillon* ?

2 Cendrillon. Qui est la marraine de Cendrillon ?

3 La citrouille. En quoi la citrouille est-elle changée dans *Cendrillon* ?

4 Le carrosse. Combien de chevaux tirent le carrosse de Cendrillon ?

5 La baguette magique. Quel animal est changé en cocher du carrosse de Cendrillon ?

6 La Bonne fée

7 La nourrice. Quel est le prénom de Perrault ?

8 L'horloge. Avant quelle heure Cendrillon doit-elle avoir quitté le bal ?

9 La pantoufle de verre. Que laisse tomber Cendrillon dans sa fuite ?

10 Le Petit Poucet. Quel est l'âge du Petit Poucet ?

11 Le bûcheron. Combien de frères a le Petit Poucet ?

12 La fée Carabosse

13 La bûcheronne. Quelle est la profession des parents du Petit Poucet ?

14 La petite ogresse. Quel est le nombre de filles de l'ogre dans *Le Petit Poucet* ?

15 Les bottes de sept lieues. Nommez deux choses que le Petit Poucet vole à l'ogre ?

16 Charles Perrault. Combien de contes en prose ont été écrits par Charles Perrault ?

17 La forêt. Dans le conte *Les Fées* qu'est ce qui sort de la bouche de la cadette ?

18 L'ogre

19 Le serpent. Dans le conte *Les Fées* qu'est ce qui sort de la bouche de l'aînée ?

20 Barbe-Bleue. Quelle est la durée prévue de l'absence de Barbe-Bleue?

21 La porte du cabinet. Que découvre la femme de Barbe-Bleue dans le cabinet interdit ?

22 La clé. De quelle substance est faite la tache sur la clé du cabinet interdit dans *La Barbe-Bleue* ?

23 La tour. Pouvez-vous donner le nombre de femmes égorgées par Barbe-Bleue ?

24 La fée Magotine.

25 Le coutelas de Barbe-Bleue. Quel est le nom de la sœur de la femme de Barbe-Bleue ?

26 L'épée. Citez la formulette que prononce sœur Anne dans *Barbe-Bleue*.

27 Le loup. Citez la formulette que prononce Mère-grand dans *Le Petit Chaperon rouge*.

28 Mère-grand. Quels objets le Petit Chaperon rouge porte-t-il à Mère-grand ?

29 Le Petit Chaperon rouge. Pourquoi le loup ne mange-t-il pas tout de suite le Petit Chaperon rouge quand il le rencontre dans la forêt ?

30 La fée Urgèle

31 Le loup dans le lit. Que dit le loup en voyant entrer le Petit Chaperon rouge ?

32 La galette. Pourquoi le Petit Chaperon rouge porte-t-il ce nom ?

33 Le fuseau. Avec quel objet se pique la Belle au bois dormant ?

34 La reine. Combien de fées ont assisté au baptême de la Belle au bois dormant ?

35 Le roi. Quel don maléfique la huitième fée a-t-elle fait à la Belle au bois dormant ?

36 La fée Nabote.

37 Le prince. Quelle est la durée du sommeil de la Belle au bois dormant ?

38 La Belle au bois dormant. Quel est l'âge de la Belle au bois dormant quand elle se réveille ?

39 Aurore et Jour. Pourquoi le petit garçon s'appelle-t-il Jour dans *La Belle au bois dormant* ?

40 Peau d'Âne. Pourquoi l'héroïne de Peau d'Âne porte-t-elle ce nom ?

41 Riquet à la houppe. Le conte Riquet à la houppe est-il écrit en vers ? Cite le titre d'un autre conte en vers de Perrault.

42 La fée Callebasse.

43 La bague. Dans quel objet offert au prince Peau d' Âne cache-t-elle une bague ?

44 Le Chat Botté. Quels biens le meunier a-t-il laissé à ses trois enfants ?

45 La princesse. Dans quel conte trouve-t-on la phrase « Vous serez tous hachés menu comme chair à pâté » ?

46 Le lion. Quel est le nom du marquis dans *Le Chat Botté* ?

47 La souris. Quelles sont les deux transformations successives de l'ogre dans le Chat Botté ?

48 Le château.

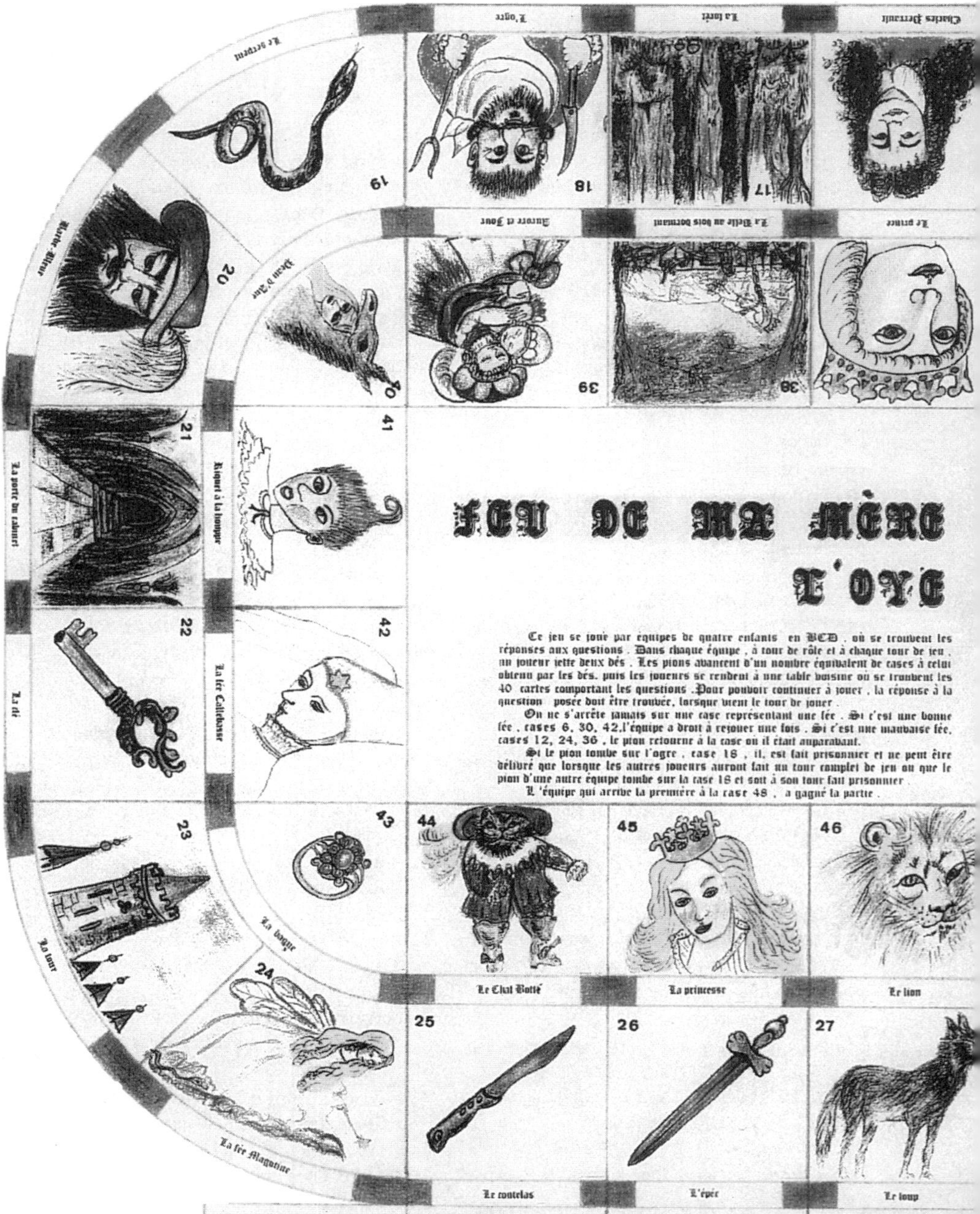

JEU DE MA MÈRE L'OYE

Ce jeu se joue par équipes de quatre enfants en BCD, où se trouvent les réponses aux questions. Dans chaque équipe, à tour de rôle et à chaque tour de jeu, un joueur jette deux dés. Les pions avancent d'un nombre équivalent de cases à celui obtenu par les dés. puis les joueurs se rendent à une table voisine où se trouvent les 40 cartes comportant les questions. Pour pouvoir continuer à jouer, la réponse à la question posée doit être trouvée, lorsque vient le tour de jouer.

On ne s'arrête jamais sur une case représentant une fée. Si c'est une bonne fée, cases 6, 30, 42, l'équipe a droit à rejouer une fois. Si c'est une mauvaise fée, cases 12, 24, 36, le pion retourne à la case où il était auparavant.

Si le pion tombe sur l'ogre, case 18, il est fait prisonnier et ne peut être délivré que lorsque les autres joueurs auront fait un tour complet de jeu ou que le pion d'une autre équipe tombe sur la case 18 et soit à son tour fait prisonnier.

L'équipe qui arrive la première à la case 48, a gagné la partie.

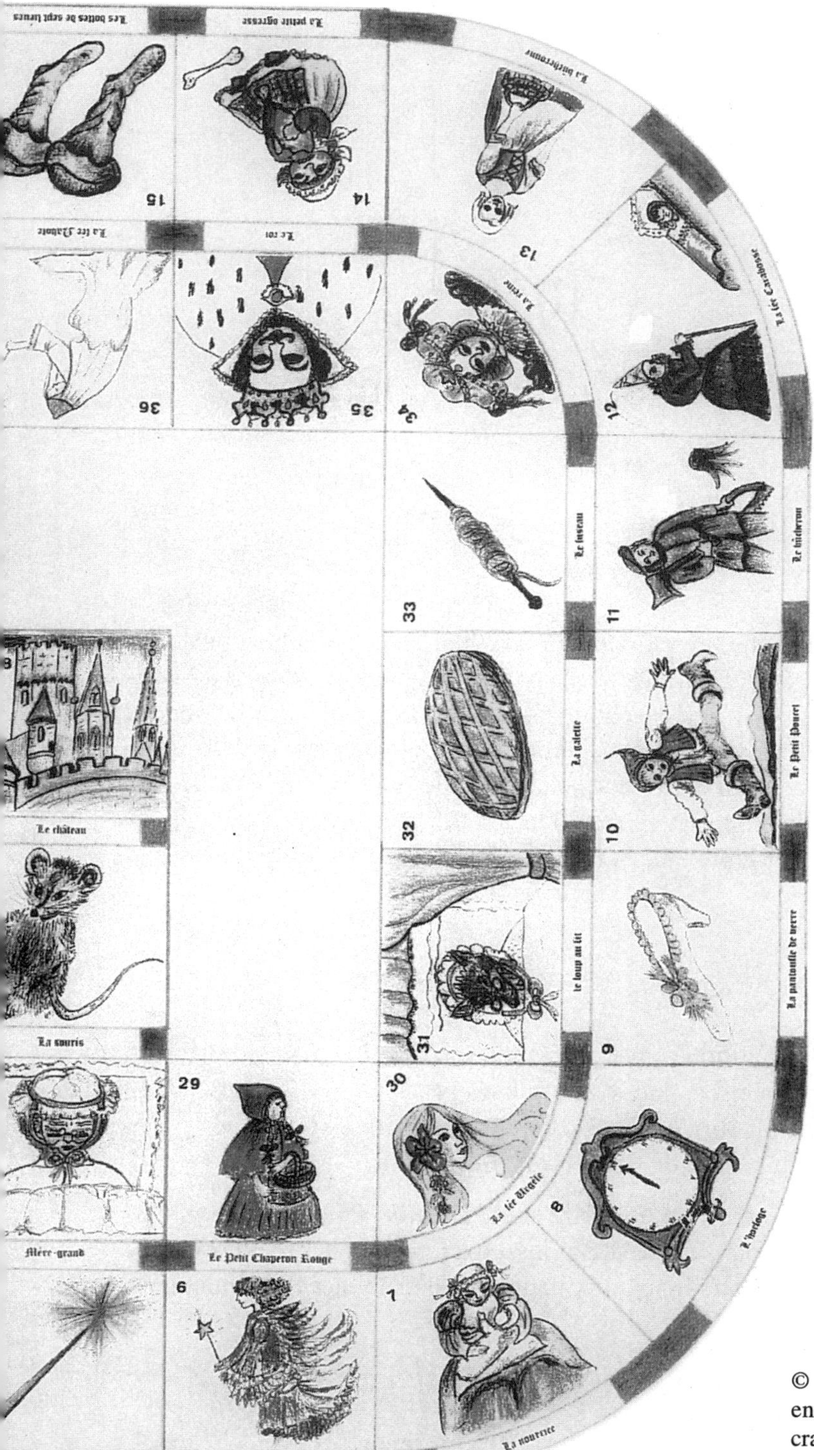

© Laure Gillig-Amoros, encre de Chine et crayons de couleur sur papier, 70 cm × 56 cm.

10

Petite fabrique de contes

Pour enrichir et mettre en œuvre l'imaginaire des enfants et développer la compétence narrative indispensable à la production et à l'écriture des contes, voici une machine à fabriquer des contes ; elle servira d'abord à l'enrichissement des compétences langagières orales. Cette machine s'inspire aussi bien du schéma actantiel de Greimas que de certaines fonctions de Propp, les sphères d'action des personnages ou les actants devant se combiner entre eux en un schéma narratif pour qu'il y ait récit.

Description

La machine est fabriquée avec un panneau mélaminé blanc (de 100 cm sur 70 cm) sur lequel on fixe avec sept vis et sept écrous papillon sept disques (diamètre 18 cm) en isorel comportant un trou excentré de 10 mm pour la rotation au moyen du doigt (voir p. 128).

Chaque disque est affecté d'un titre et comprend 8 paradigmes différents de personnages, d'objets ou de situations, ce qui permet des scénarios multiples de contes par combinaison syntagmatique. En voici l'inventaire.

1. Le héros

- Un lutin.
- Un pêcheur.
- Un soldat.
- Un pauvre bûcheron.

- Une princesse.
- Un animal.
- Un prince.
- Une bergère.

2. Le point de départ

- Une musique lointaine.
- Un message des Martiens.
- Un appel téléphonique anonyme.
- Une bouteille avec un message.
- Un rêve étrange.
- Un rayon laser dans le ciel.
- Un plan secret.
- Une trace mystérieuse.

3. Le but

- Devenir riche.
- Devenir très fort.
- Devenir célèbre.
- Rencontrer l'amour.
- Devenir un savant.
- Redevenir un bébé.
- Ne jamais vieillir.
- Devenir roi.

4. Le lieu

- Au sommet d'une montagne.
- Une grotte obscure.
- La planète des singes.
- Un gratte-ciel.
- Une île inhabitée.
- Au plus profond de la forêt.
- Au plus profond de la mer.
- Un château abandonné.

5. Un ennemi

- Un gendarme.
- Un monstre.
- Un ogre.
- Un géant.
- Un dragon.
- Une sorcière.
- Un robot.
- Docteur Folamour.

6. Un ami

- Un vieil homme.
- Superman.
- Un magicien.
- Un noble chevalier

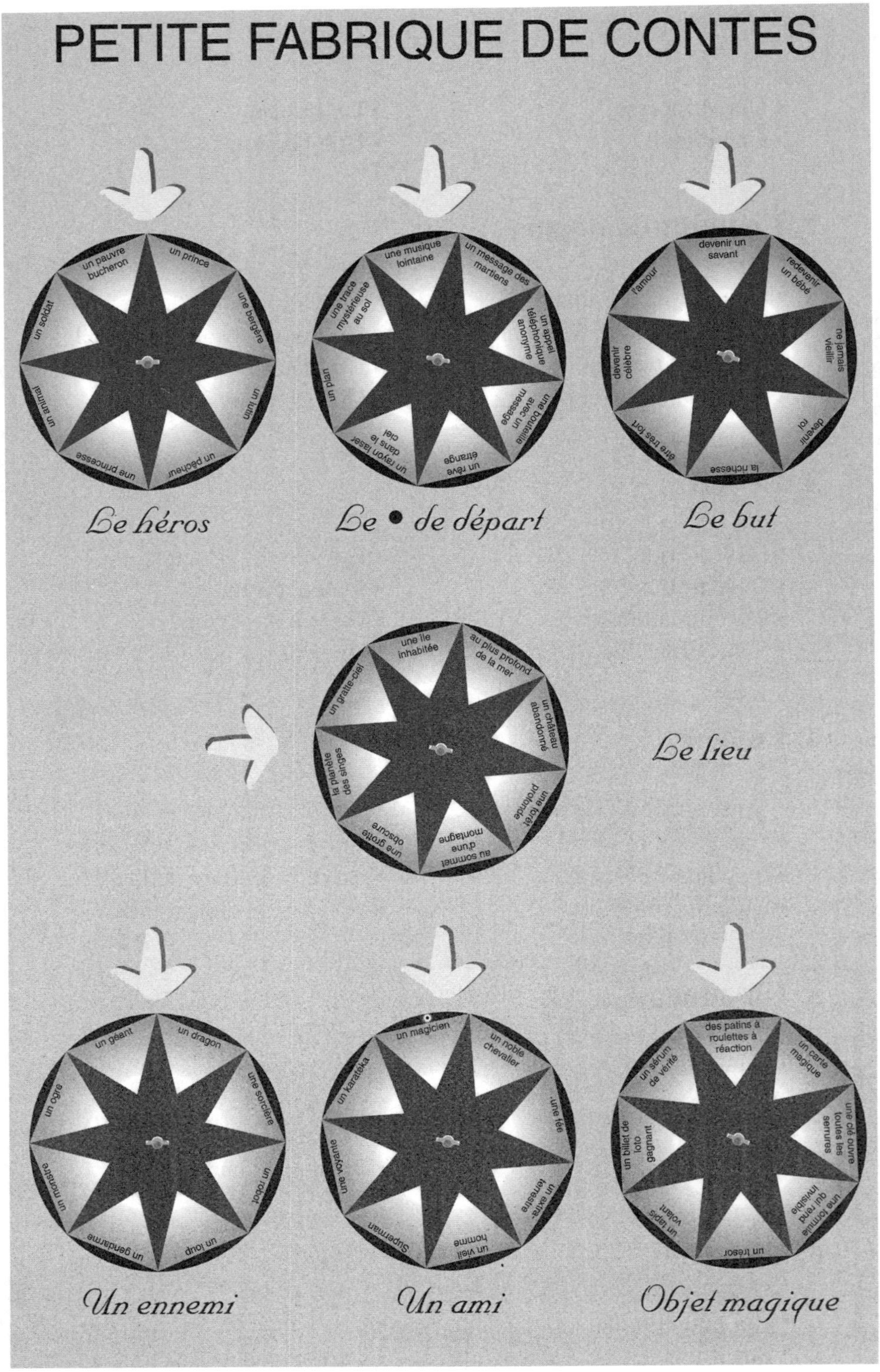
PETITE FABRIQUE DE CONTES
un pauvre bucheron
un prince
une bergère
un lutin
un pêcheur
une princesse
un artisan
un soldat
Le héros
une musique lointaine
un message des martiens
un appel téléphonique anonyme
une bouteille avec un message
un rêve étrange
un rayon laser dans le ciel
un plan
une trace mystérieuse au sol
Le • de départ
devenir un savant
redevenir un bébé
ne jamais vieillir
devenir roi
la richesse
être très fort
devenir célèbre
l'amour
Le but
une île inhabitée
au plus profond de la mer
un château abandonné
une forêt profonde
au sommet d'une montagne
une grotte obscure
la planète des singes
un gratte-ciel
Le lieu
un géant
un dragon
une sorcière
un robot
un loup
un gendarme
un monstre
un ogre
Un ennemi
un magicien
un noble chevalier
une fée
un extra-terrestre
un vieil homme
Superman
une voyante
un karatéka
Un ami
des patins à roulettes à réaction
une carte magique
une clé ouvre toutes les serrures
une formule qui rend invisible
un trésor
un tapis volant
un billet de loto gagnant
un sérum de vérité
Objet magique

- Une voyante.
- Un karatéka.
- Un chevalier
- Un extra-terrestre.

7. L'objet magique

- Une formule qui rend invisible.
- Un trésor.
- Un tapis volant.
- Un billet de loto gagnant.
- Un sérum de vérité.
- Des patins à roulettes à réaction.
- Une carte magique.
- Une clé ouvrant toutes les serrures.

Quel parallèle faire entre ces sept éléments structurant le récit et les termes du schéma actantiel ?

- *Le héros* correspond à l'actant sujet et à l'actant destinataire.
- *Le point de départ* n'est pas à proprement parler un actant mais est le déclencheur de l'histoire, plus particulièrement dans la partie 2 du récit (l'entre-deux). Il peut correspondre dans certains cas à l'actant destinataire, c'est-à-dire à la force qui pousse le sujet.
- *Le but* est l'actant objet (de la quête).
- *L'ennemi* est l'actant opposant.
- *L'ami* est l'actant adjuvant.
- *L'objet magique* est rarement l'actant objet, mais il semble présent dans beaucoup de contes pour mener le sujet à la conquête de l'objet. Dans ce cas il correspond également à l'actant destinateur, puisqu'un billet de loto gagnant, par exemple, correspondra à une nouvelle force qui pousse le sujet vers l'objet qu'il acquerra grâce à cette richesse.
- *Le lieu* n'est pas un actant mais semble utile à la structuration du schéma narratif en localisant l'action.

Règle du jeu

Jeu collectif

On commence par choisir un élément dans chacun des disques en le faisant tourner selon les suggestions des élèves, jusqu'à le faire coïncider avec la flèche. On obtient par exemple la série : un pêcheur - une bouteille avec un message - devenir riche - une île inhabitée - un dragon - un magicien - un trésor.

Les éléments indispensables à la création d'un conte sont ainsi donnés. Ils devront apparaître dans le récit oral auquel participent tous les élèves de la classe. Le maître veille au respect des règles du jeu et à la construction cohérente de la narration. Le texte est transcrit au tableau à partir de ce premier jet, puis retravaillé en fonction de la grille d'analyse (*cf. supra* « Lire et analyser les contes » pour acquérir une compétence narrative p. 100-111). Le maître veille également au bon usage des organisateurs textuels, des temps des verbes, de la syntaxe et de l'orthographe. Le texte est recopié individuellement et mis en valeur : saisie informatique et impression si on dispose du matériel nécessaire, livre des contes de la classe, journal scolaire, correspondance scolaire, illustration, etc.

Jeu individuel

Un élève choisit individuellement ses éléments de conte selon la même procédure. Il possède alors une partie des structures de base dont il devra se servir pour l'écriture rédactionnelle ou pour simplement inventer un conte et le présenter oralement aux autres enfants, selon le niveau de la classe. La mise au point textuelle en cas d'écriture se trouve dans le chapitre « Écrire des contes » (voir *infra*).

Variante

Au lieu de procéder au choix des éléments, on peut adopter le parti du hasard en se servant successivement de deux dés (en cas de nombre supérieur à 8, recommencer, pour obtenir un nombre inférieur ou égal). Le point de départ de chaque disque est la portion où se trouve le trou de rotation : on la met face à la flèche et on la déplace vers la droite selon le nombre obtenu. La suite de l'histoire est alors construite selon les mêmes procédures, collectivement ou individuellement.

11

Créer des contes avec des cartes à jouer

Les cartes à jouer ont dans notre culture inspiré bien des hommes qui ont cru pouvoir discerner, dans les multiples combinaisons des valeurs numériques et des personnages, la symbolique possible de toutes sortes de récits imaginaires, y compris ceux du destin lorsqu'il s'agit de cartomancie. Souvenons-nous de Lewis Carroll : il met en scène dans le songe d'*Alice au pays des merveilles* un jeu de personnages qui ne sont que des cartes à jouer s'envolant en l'air à la fin de l'histoire et retombant sur Alice sous formes de feuilles mortes, ce qui a pour effet de provoquer sa frayeur et en même temps son réveil. Un autre auteur a utilisé le jeu de cartes dans le récit de fiction : Italo Calvino dans la nouvelle *Le Château des destins croisés*[1] fait raconter à ses personnages leur histoire personnelle à l'aide de cartes de tarots qu'ils alignent devant eux successivement.

La technique consistant à utiliser les tarots comme « machine combinatoire narrative » (Calvino, *op. cit.*, p. 134) a été reprise en Italie par Gianni Rodari et en France par Jean-Marie Care et Francis Debyser dans *Jeu, langage et créativité*[2] ; les auteurs essaient de démontrer avec conviction, et non sans succès, que l'on peut trouver des canevas d'histoires en associant la combinatoire des tarots, qui sont « des signes paradigmatiques porteurs de sens » (*op. cit.*, p. 148), à certaines des fonctions mises en évidence par l'analyse structurale de Propp.

1. Italo Calvino, *Le Château des destins croisés,* Points Le Seuil, 1976.
2. Jean-Marie Care et Francis Debyser, *Jeu, langage et créativité,* Hachette Larousse, 1978, p. 147-154.

LE TAROT DES MILLE ET UN CONTES[1]

Description

Ce jeu se compose de quatre-vingts cartes présentant chacune un sujet différent. Volontairement l'illustrateur s'est abstenu de proposer un graphisme trop figuratif, ce qui permet à l'utilisateur de tirer le meilleur parti possible du pouvoir suggestif et polysémique de l'image. Par la combinaison des cartes chaque enfant peut devenir conteur en interprétant à sa façon les images selon son imagination.

Les 80 cartes se répartissent en 10 séries de 8 figures, chaque série étant marquée d'un symbole coloré – une ou plusieurs lunes –, particularité qui mérite quelques éclaircissements si l'on veut comprendre les nombreuses possibilités de ce jeu :

- *Cartes à 1 lune rouge* : elles figurent les héros de l'histoire, soldat, marin, enfant, prince, etc., toutes les reconnaissances de personnages pouvant être trouvées dans l'image.
- *Cartes à 1 lune verte* : elles figurent les désirs et les manques du héros.
- *Cartes à 2 lunes vertes* : elles figurent les conseillers ou les informateurs du héros.
- *Cartes à 1 lune noire* : elles figurent les obstacles.
- *Cartes à 2 lunes rouges* : elles figurent les alliés du héros.
- *Cartes à 3 lunes vertes* : elles figurent les sites où se déroule l'histoire.
- *Cartes à 2 lunes noires* : elles figurent les ennemis du héros.
- *Cartes à 3 lunes noires* : elles figurent les défaites.
- *Cartes à 3 lunes rouges* : elles figurent les victoires et les délivrances.
- *Cartes à 1 lune dorée* : elles figurent les bonheurs et les triomphes.

On s'aperçoit que les cartes représentent également la plupart des sphères d'action des personnages de Propp et s'articulent bien avec les composants du schéma actantiel de Greimas. En effet les équivalences peuvent s'écrire ainsi :

– le héros ↔ le sujet ;
– le désir, le manque ↔ le mandateur ↔ le destinateur ;

1. Francis Debyser, *Le Tarot des mille et un contes,* peint par Christian Estrade, L'École des loisirs, 1977.

– les ennemis, les obstacles, les défaites ↔ l'agresseur ↔ l'opposant ;
– les alliés, les victoires ↔ l'auxiliaire ↔ l'adjuvant ;
– les bonheurs, les triomphes ↔ la sphère d'action de la princesse et de son père ↔ l'objet.

Utilisation possible

Les auteurs précisent que les cartes ne sont que des prétextes et qu'il ne faut pas y voir un sens caché à décrypter, mais que le joueur peut leur donner le sens qu'il veut. Il n'y a donc pas de structuration rigide de la combinaison de ces cartes : elle reste à l'initiative de celui qui s'en sert. Néanmoins quelques suggestions sont données dans le livret d'accompagnement du jeu, dont voici une sélection.

- *Lire et découvrir les cartes* d'abord collectivement pour se familiariser avec elles. J'ajouterais volontiers : ne pas se servir des cartes tant que les enfants n'ont pas été suffisamment imprégnés par les contes et qu'ils n'ont pas en tête le schéma narratif. Je me souviens d'une expérience ratée, du fait de l'introduction trop prématurée des tarots au début d'une prise en charge rééducative.
- *Jeu structuré.* On construit le conte avec dix cartes à partir du choix des joueurs d'une carte dans chaque série. Le schéma est alors le suivant : héros-désir-conseiller-obstacle-allié-site-ennemi-défaite-victoire-bonheur.
- *Jeu libre.* Les joueurs ne tiennent pas compte du schéma du jeu structuré, ni des valeurs des lunes. L'histoire et ses différents épisodes peuvent se construire librement à partir de n'importe quelle carte.
- *Conte collectif en chaîne.* Les joueurs tirent une carte au sort dans un jeu battu et, à partir de la donne, inventent un fragment d'histoire à continuer par les autres joueurs.
- *Conte deviné.* Une équipe choisit des cartes et construit son conte. La présentation des cartes ordonnées est faite à une autre équipe qui devine l'histoire, à partir d'un nombre fini de questions.

Ces différentes techniques de jeu sont possibles, selon les auteurs, avec des enfants de cinq à onze ans. Mon expérience m'amène à simplifier ce jeu sans utiliser forcément les valeurs des lunes, mais en conservant par contre leurs couleurs, le rouge et le doré indiquant les bonnes cartes, le noir les mauvaises, et le vert des cartes, neutres au point de départ, qui peuvent devenir bonnes ou mauvaises selon le sens que l'on donne à l'histoire. Dans le cas d'un jeu structuré, je regroupe donc les cartes en six séries seulement.

1. Le héros (1 lune rouge).
2. Le désir, le manque (1 lune verte).
3. Les opposants ou ennemis (toutes les lunes noires).
4. Les adjuvants ou amis (2 lunes vertes).
5. L'objet de la quête (1 lune dorée).
6. Le site (3 lunes vertes).

On peut également ne conserver qu'une catégorie de lunes dans chacune des six séries reconstituées, ce qui fait 48 cartes au total à manipuler ; cela permet de se rapprocher davantage des possibilités de la petite fabrique des contes.

Jean-Pierre Kerloc'h propose dans son manuel de lecture pour le CE 1, *La planète des livres*[1], une version très simplifiée de ce tarot ; elle peut paraître appauvrissante : il conserve les dix séries (sans lunes) mais ne laisse qu'une carte par série.

Autres tarots des contes

Contes à la carte

C'est un jeu dessiné par Jean-François Barbier (éditions La Nacelle, sans date). Ce jeu est d'une conception moins structurée que *Le Tarot des mille et un contes,* mais peut servir au même usage. Les images monochromes ont un excellent pouvoir de suggestion et une qualité d'expression plastique assez remarquable. Les personnages y sont évoqués sous une apparence fantastique (monstres horribles, personnages à trois têtes, créatures surréalistes...).

Les cartes sont au nombre de 50 : 26 personnages ou animaux, héros ou anti-héros, 16 objets plus ou moins magiques et mystérieux, 8 lieux.

1. Jean-Pierre Kerloc'h, *La Planète des livres,* Armand Colin Bourrelier, 1984, p. 86.

Chaque joueur au début du jeu dispose en nombre variable de trois catégories de cartes. Comme on le constate, ce tarot laisse peu de possibilités sur le plan du schéma narratif puisque l'histoire ne s'articule qu'autour de deux actants et d'un lieu. Il paraît plus judicieux d'étiqueter les cartes avec une gommette de couleur de manière à pouvoir constituer six séries correspondant à des fonctions et à des structures plus riches :

- le héros ;
- l'objet magique ;
- les alliés ;
- les ennemis ;
- le site ;
- le but.

Atelier des contes

Il s'agit d'un jeu (Fernand Nathan, 1988) qui n'est recommandable qu'aux classes des cycles I et II. Contrairement à ce qu'affirme la notice d'utilisation, ce jeu ne permet pas de travailler à partir des structures du conte merveilleux ; il est plus indiqué pour l'imprégnation par les éléments appartenant à neuf contes traditionnels (*Le Petit Chaperon rouge, Les Trois Ours, La Petite Poule rousse, Blanche-Neige, Cendrillon, Le Petit Poucet, Les Aventures de la Petite Souris, Les Trois Petits Cochons, La Belle au bois dormant*), et pour la structuration logique et chronologique du récit.

Les cinquante-deux cartes ne peuvent pas être classées par séries structurelles et correspondent simplement aux personnages, aux sites et à quelques objets faisant partie de l'univers des neuf contes. Certaines étant communes à plusieurs histoires (la maison, la sorcière, la forêt), il est possible d'inventer d'autres contes.

Le jeu convient davantage à la mémorisation et à la reconstitution de textes, ainsi qu'à l'illustration par le maître, voire à des jeux d'attention et d'écoute. Exemple : toutes les cartes ayant été distribuées aux enfants, le maître lit le conte du *Petit Chaperon rouge* ; lorsque le mot évoqué par l'une des cartes du jeu est prononcé, l'enfant qui possède la carte correspondante la lève et la montre à ses camarades.

Inventer un tarot

L'activité recommandée par Michel Sanz dans son manuel *Lire et écrire des contes* (1992) est à réaliser avec les élèves. Pour un pédagogue qui est aussi bien à l'aise dans les arts plastiques que dans l'analyse structurale des contes, elle est facile à conduire : on réalise par le dessin, le découpage, le collage, un jeu de 40 cartes distribué en 8 séries correspondant à peu de choses près aux 10 séries du *Tarot des mille et un contes* et on leur affecte une couleur de référence. Une fois réalisé, le jeu se pratique par des pioches successives dans chaque série, ce qui permet d'inventer une histoire. L'auteur recommande, à juste titre, d'enregistrer le texte produit, et de le reprendre en version écrite.

Tous ces jeux permettent de parvenir à des résultats d'une grande richesse pour le développement du langage oral et écrit ainsi que pour l'entraînement à l'acquisition de la compétence narrative. Ils ouvrent par là des perspectives infinies à la créativité.

12

Écrire des contes

Lorsque le travail d'imprégnation et d'analyse aura été mené en profondeur et en intensité, le pédagogue voudra conclure et donner aux élèves la possibilité d'investir ces acquis par l'usage de leur compétence narrative. Il est donc temps de passer à la phase de production écrite. La fiche proposée ci-dessous permet cette production dès la première année du cycle III, si les activités préalables ont fait l'objet d'une systématisation.

FICHE PÉDAGOGIQUE

Objectifs

- Rédiger un conte qui respecte la trame structurelle du conte merveilleux acquise en imprégnation et en analyse et qui permette le réinvestissement de ces acquis ;
- Construire avec l'aide du maître une fiche-guide pour l'écriture et l'évaluation.

Déroulement

1. Planification

Étape 1 (individuelle/collective). Choisir les actants et autres éléments structurels selon les sept éléments de la petite fabrique des contes :

– le héros ;
– le point de départ ;
– le but ;
– le lieu ;
– l'ennemi ;

– l'ami ;
– l'objet magique ;

Transformer les actants en acteurs : noms, localisation exacte, etc. (se reporter à l'explication du schéma actantiel, p. 40-46).

Étape 2 (collective). Rechercher et construire des aides méthodologiques avec le maître à partir des textes de contes déjà étudiés.

A. Inventaire des organisateurs textuels et des connecteurs.

Formule introductive initiale : « Il était une fois... Il y a bien longtemps... En des temps reculés... À l'époque où... », etc.

Déclenchement de la situation 2 : « Un jour... Soudainement... Brusquement... Tout d'un coup... », etc.

A l'intérieur de la situation 2 (entre-deux) : « Alors... Après quoi... Un an plus tard... À nouveau... Aussitôt... Au bout de quelque temps... Mais... puis... ensuite... », etc.

Dans la situation finale : « Depuis ce jour... C'est ainsi que... Désormais... C'est pourquoi... », etc.

B. Élaboration de la grille du schéma narratif

C. Élaboration de la fiche d'aide et d'évaluation

2. Mise en texte

Passer à la production individuelle écrite en formulant librement et à l'aide de la fiche d'aide méthodologique. Le maître veille à l'exécution ; au besoin il renvoie à la fiche d'aide avec les explications nécessaires.

3. Correction et évaluation

Le maître corrige les marques incorrectes d'orthographe, puis renvoie individuellement chaque élève à sa fiche d'aide, qui sert cette fois-ci d'auto-évaluation et d'auto-correction. La seconde correction a lieu dans une phase où l'on confrontera l'évaluation par l'élève et celle du maître. À partir de cette nouvelle correction, la mise au propre est possible.

Ce travail peut s'étendre sur plusieurs séances, notamment entre la première mise en texte et la réécriture.

Grille du schéma narratif

Titre

• Situation initiale ....

• Entre deux ....

• Situation finale ....

1. les .... indiquent le repérage dans le texte des organisateurs textuels obligatoires des trois parties.

Fiche d'aide et d'évaluation

Étapes	*Ce qu'il faut faire pour réussir*	*Éval. élève*	*Éval. maître*
Choisir	Je raconte une seule histoire.	....	....
	Je choisis les personnages :		
	– héros,	....	....
	– ami,	....	....
	– ennemi.	....	....
	Je choisis le lieu.	....	....
	Je choisis le temps.	....	....
	Je choisis les autres éléments du conte :		
	– le point de départ,	....	....
	– le but,	....	....
	– l'objet magique.	....	....
Organiser	Je choisis :		
	– le titre,	....	....
	– la situation initiale (1),	....	....
	– l'entre-deux (2),	....	....
	– la situation finale (3).	....	....
	J'utilise les formules introductives :		
	– partie (1),	....	....
	– partie (2),	....	....
	– partie (3).	....	....
Exécuter	J'utilise souvent :		
	– l'imparfait dans la partie (1),	....	....
	– le passé simple dans la partie (2),	....	....
	– l'imparfait ou le présent dans la partie (3),	....	....
	– le présent dans les dialogues.	....	....
	J'évite les répétitions en utilisant des mots de remplacement.	....	....
	Je place les. les, les majuscules.	....	....
	J'écris sans fautes en utilisant le dictionnaire.	....	....
Vérifier	Mon texte est lisible.	....	....
	Les paragraphes sont bien séparés.	....	....
	Je relis mon texte en me servant de cette fiche.	....	....

13

Une valise pédagogique « contes »

Pour mettre à la disposition des maîtres des outils pédagogiques et en même temps les inciter à oser se lancer dans des activités prenant le conte comme support de communication et d'expression, il peut être utile et intéressant au niveau d'une circonscription d'inspection de constituer une valise pédagogique itinérante qui est prêtée aux équipes pédagogiques pendant un certain temps (au minimum un mois, au maximum un bimestre). L'utilisation d'un tel outil nécessite néanmoins une information et une formation préalables des maîtres qui peut être entreprise par l'équipe d'animation de circonscription, à laquelle peuvent être adjoints éventuellement des professeurs d'IUFM.

La circonscription de l'AIS (Adaptation et intégration scolaires) du département du Bas-Rhin s'est lancée dans cette entreprise au cours de l'années scolaire 1995-1996. Grâce aux fonds d'aide au projets d'école une valise a pu être constituée et a été mise à la disposition des maîtres à partir du second trimestre. Elle se compose d'une malle en plastique (de dimension 80 cm x 40 cm) comprenant une soixantaine d'albums ou de livres, de documents audio-visuels, de jeux, d'une quinzaine de livres de pédagogie et d'études, de fiches pédagogiques, tout ce matériel étant exclusivement consacré aux contes. Les maîtres ont tous participé à une journée complète de formation sur le thème du conte et de son utilisation en milieu scolaire ; la moitié d'entre eux avait en outre opté pour une seconde journée de travaux pratiques à l'aide du matériel de la valise, lors de l'organisation complémentaire d'ateliers optionnels. Le coût de cet ensemble s'élève à peu près à 3 000 francs, compte tenu de quelques documents ou livres dont disposait déjà la bibliothèque de la circonscription et… à de nombreuses heures de travail.

CONTENU

1. Albums de contes traditionnels et contes traditionnels adaptés

H.C. ANDERSEN, illustrations de P.J. Lynch, *L'Inébranlable Soldat de plomb,* Kaléidoscope, 1991.

H.C. ANDERSEN, illustrations de P. Belvès, *Le Vilain Petit Canard,* Père Castor, Flammarion, 1959.

La Belle au bois dormant, illustrations de M. Laboudigue, Nathan, 1990.

R. CELLI, illustrations de Ch. Broutin, *Baba Yaga,* Père Castor, Flammarion, 1974.

R. CELLI, illustrations de G. Muller, *Boucle d'or et les trois ours,* Père Castor, Flammarion, 1956.

R. CELLI, illustrations de P. Belvès, *Le Petit Poisson d'or,* Père Castor, Flammarion,1956.

A. DELETAILLE, *Hans Brinker, le petit héros de Harlem,* Père Castor, Flammarion, 1978.

J. CLAVERIE, *Le Petit Chaperon rouge,* Albin Michel, 1994.

M. COLMONT, illustrations de F. Rojankowsky, *Michka,* 1941.

A. ESTERL, illustrations de G. Spirin, *Le Brochet,* Sorbier, 1990.

P. FRANÇOIS, illustrations de Gerda, *Les Trois Petits Cochons,* Père Castor, Flammarion, 1958.

J. et W. GRIMM, illustrations de A. Koskin, *Hänsel et Gretel. Les musiciens de Brême,* Deux Coqs d'or, 1994.

J. et W. GRIMM, illustrations de B. Schroeder, *Le Prince grenouille,* Nord Sud, 1989.

J. et W. GRIMM, illustrations de Gerda, *Les Musiciens de Brême,* Père Castor, Flammarion, 1958.

J. et W. GRIMM, illustrations de E. Miles, *Le Petit Chaperon rouge,* Mango, 1995.

J. et W. GRIMM, illustrations de P. Duntze, *L'Oie d'or,* Nord Sud, 1988.

J. et W. GRIMM, illustrations de W.J. Dugan, *Le Roi et la meunière,* Deux Coqs d'or, 1958.

J. et W. GRIMM, illustrations de M. Bourre, *Petite table sois-mise,* Flammarion, 1978.

LIDA, illustrations de E. Morel, *Poule rousse,* Père Castor Flammarion , s.d.

CH. PERRAULT, illustrations de G. Franquin, *Le Chat Botté,* Père Castor, Flammarion, 1979.

CH. PERRAULT, illustrations de M. Fiodorov, *Cendrillon, Barbe-Bleue,* Deux Coqs d'or, 1994.

B. DE LA SALLE, illustrations de L. Batigne, *Blanche-Neige,* Casterman, 1986.

B. DE LA SALLE, illustrations de L. Batigne, *Les Petits Poucets,* Casterman, 1987.

SAMIVEL, *Merlin, Merlot,* Père Castor, Flammarion, 1978.

2. Albums et livres de contes modernes

A. BARBER, illustrations de P.J. Lynch, *Chaton,* Gründ, 1995.

T. BRADMAN et M. CHAMBERLAIN, *Ne dites pas au Petit Chaperon rouge que je suis là,* Nathan, 1988.

M. COLMONT, illustrations de Gerda, *Perlette goutte d'eau,* Père Castor, Flammarion, 1960.

T. DAHLSTRÖM, illustrations de Ch. Barat, *Les Nains et le géant,* Flammarion, 1984.

A. DAUDET, illustrations de A. Pec, *La Chèvre de Monsieur Seguin,* Père Castor, Flammarion, 1946.

P. FRANÇOIS, illustrations de Beuville, *Trois tours de Renard,* Père Castor, Flammarion, 1960.

HAUFF, illustrations de E. Morel, *Le Calife cigogne,* Père Castor Flammarion, 1962.

ETCHEBARNE, illustrations de Cl. Lapointe, *À la recherche de la fontaine de Jouvence,* Gallimard, 1985.

O. LECAYE, *Victor et la sorcière,* L'École des loisirs, 1989.

B. DE LA SALLE, illustrations de G. Evrard et N. Thenen, *Le Soleil rouge,* Casterman, 1987.

G. SOLOTAREFF, illustrations de Nadja, *Barbe Rose,* L'École des loisirs, 1991.

G. SOLOTAREFF, illustrations de Nadja, *Le Petit Chaperon vert,* L'École des loisirs, 1989.

T. UNGERER, *Le Géant de Zéralda,* L'École des loisirs, 1988.

T. UNGERER, *Les Trois Brigands,* L'École des loisirs, 1968.

M. VALANDRÉ, illustrations de C.S. Vendrell, *Le Jour où le soleil a oublié de se lever,* Grasset, 1979.

3. Recueils de contes

H.C. ANDERSEN, illustrations de W. Pedersen, *Contes,* 3 tomes, L'École des loisirs, 1991.

CH. ATTANÉ et M. SOUCHON, illustrations de Rada, *366 histoires avant de s'endormir,* Gründ, 1985.

M. AYMÉ, illustrations de Ph. Dumas, *Les Contes bleus du chat perché,* Gallimard, 1995.

M. AYMÉ, illustrations de Ph. Dumas, *Les Contes rouges du chat perché,* Gallimard, 990.

M. BARDOUT, illustrations de M. Delon-Boltz, *Contes fantastiques d'Alsace,* DNA Istra, 1980.

N. CAPUTO, *Contes des quatre vents,* Nathan, 1966.

W.J. CORBETT, illustrations de Tony Ross, *Au bout du conte,* Livre de poche, 1992.

R. DAHL, illustrations de Q. Blake, *Un conte peut en cacher un autre,* Gallimard, 1995.

PH. DUMAS, B. MOISSARD, *Contes à l'envers,* L'École des loisirs, 1994.

M. FOREMAN, illustrations de F. Wright, *Contes de Noël,* Benn, 1980.

G. GIRAUDIN et J. VIGO, *L'Oiseau-lyre,* Hachette, 1977.

J. et W. GRIMM, illustrations de M. Sendak, *Hans mon hérisson et treize autres contes,* Gallimard, 1979.

J. et W. GRIMM, illustrations de M. Sendak, *Les Trois Plumes et douze autres contes,* Gallimard, 1979.

P. GRIPARI, illustrations de P. Rosado, *Le Gentil Petit Diable et autres contes de la rue Broca,* Gallimard, 1995.

P. GRIPARI, illustrations de P. Rosado, *La Sorcière de la rue Moufettard et autres contes de la rue Broca,* Gallimard, 1995.

E. HINZELIN, illustrations de Beuville, *Contes et légendes d'Alsace,* Nathan, 1979.

F. HOULET, *1,2,3, Voici des histoires*, Nathan, 1972.

M. LERICHE, *On raconte,* 3 tomes, 1967, 1968, Armand Colin-Bourrelier.

J. MUZI, illustrations de R. Weijburg, *Contes des rives du Niger,* Flammarion, 1985.

J. PRÉVERT, illustrations de E. Henriquez, *Contes pour enfants pas sages,* Gallimard, 1994.

YAK RIVAIS, *Les Contes du miroir,* L'école des loisirs, 1994.

V. STOVICEK, illustrations de K. Franta, *Un conte pour chaque soir,* Gründ, 1984.

M. TOURNIER, illustrations de P. Hézard, *Sept Contes,* Gallimard, 1995.

4. Documents audio-visuels

Coffrets du CNDP (diapos, cartes cassettes audio, livret pédagogique) :

– *La Belle et la Bête et les monstres dans les contes*, 1994.

–*Cendrillon dans les contes*, 1993.

–*Le Petit Poucet et le Géant des contes*, 1992.

S. PROKOFIEF, *Pierre et le loup,* raconté et illustré par I. Beck, album + cassette audio, Rouge et Or, 1995.

Le Lapin dans la lune, livrets, cassette audio, images, CNDP, 1989.

5. Jeux

F. DEBYSER, illustrations de Ch. Estrade, *Le Tarot des mille et un contes,* L'École des loisirs, 1977.

Contes à la carte, illustration de J.-F. Barbier, La Nacelle, s.d.

Atelier des contes, Nathan, 1988.

Petite fabrique des contes, J.-M. Gillig.

Machine à fabriquer des contes, J.-M. Gillig.

Jeu de l'oie de ma mère l'Oye, J.-M. et L. Gillig-Amoros.

Jeu du Petit Chaperon rouge, Nathan.

6. Études sur le conte

B. Bettelheim, *Psychanalyse des contes de fées,* Hachette Pluriel, rééd. de 1995.

G. Jean, *Le Pouvoir des contes,* Casterman, rééd. de 1990.

J. Plaisance, *Contes,* rééd. 1994, diffusion CNEFASES.

V. Propp, *Morphologie du conte,* Le Seuil, rééd. de 1973.

M. Simonsen, *Le Conte populaire français,* PUF, Que-sais-je, 1994.

7. Ouvrages de pédagogie

L. Boulay, *D'un soleil à l'autre,* Armand Colin, 1991.

Ch. Bru et B. Meilhac, *Dire et raconter aux enfants d'aujourd'hui,* Hachette, 1983.

Du conte à l'expression, CDDP de la Creuse, 1990.

Dire, écrire, conter ! CDDP de la Drôme, 1990.

Le loup dans la littérature, TDC n ° 659, CNDP, 1993.

J.-T. Perdereau, *Faites vos contes,* livre du maître + livre de l'élève, CRDP d'Orléans,1991.

M. Margotin et A. Médard, *Créer des livres animés,* CRDP de Midi-Pyrénées.

J. Mestrel, *Lire et écrire des contes* (cycle 2), livre du maître + livre de l'élève, Bordas, 1994.

M. Sanz *Lire et écrire des contes* (cycle 3), livre du maître + livre de l'élève, Bordas, 1992.

R. Stoecklé, *Activités à partir de l'album de fiction,* L'École des loisirs, 1994.

8. Divers

Compte rendu de l'atelier contes à l'IMP Les Mouettes du Rhin Strasbourg, 1994-1995, (dactylographié).

Fiches pédagogiques réalisées par l'équipe de circonscription.

Ce point « divers » devrait s'enrichir à partir de l'invitation faite aux utilisateurs de la valise pédagogique « contes » de faire part de leur expérience, en insérant un texte, si bref soit-il, dans le classeur spécialement ouvert à leur intention et faisant partie de la valise[1].

1. Fiche réalisée avec le concours d'Anita Koch, conseillère pédagogique.

14

Exposition-animation en bibliothèque - centre de documentation

Les expositions en BCD sont toujours spectaculaires et très appréciées par les élèves autant que par les visiteurs venant de l'extérieur de l'école. Deux types de manifestations sont proposées.

1. Une exposition sur le thème des contes complétée par une animation.

2. Une exposition thématique qui prend comme sujet un personnage ou un animal des contes, complétée également par une animation.

Ces manifestations se dérouleront selon les règles d'une démarche de projet associant les élèves d'une ou de plusieurs classes et divers partenaires.

C'est une classe de fin du cycle III de préférence qui prend en charge la préparation et la régie de cette exposition-animation. La préparation se fait plusieurs semaines à l'avance et nécessite une répartition des tâches et une coordination très active par le maître des divers groupes de travail.

- Un groupe d'élèves sera chargé de faire l'inventaire des différents livres de contes disponibles en BCD : contes merveilleux traditionnels, contes modernes, autres contes.
- Un groupe d'élèves sera chargé de procéder à la collecte et au prêt temporaire de livres de contes, mais aussi de divers autres documents (cassettes audio et video entre autres) auprès des parents.
- Un groupe d'élèves, piloté plus particulièrement par le maître, sera chargé de la logistique matérielle : aménagement de la salle et des

divers espaces, programmation des panneaux, matériel divers à prévoir, frais à engager.
- Un groupe d'élèves sera chargé de l'animation : organisation de la visite guidée, atelier de contes, présence, explications et supervision dans les ateliers de jeux.

Il est impératif de prévoir un responsable à l'intérieur de chaque groupe et des réunions, hors temps scolaire, de ces responsables.

Le maître prend contact avec les bibliothèques locales en vue du prêt de fonds de livres, d'affiches, de panneaux, etc. Il démarche également auprès des libraires spécialisés pour obtenir leur éventuelle collaboration ; il prend langue avec des conteurs professionnels, éventuellement des écrivains et des illustrateurs locaux (se renseigner auprès des DRAC = Direction régionale des affaires culturelles). Il veille à la faisabilité de l'opération en fonction des ressources financières dont dispose l'école.

Lorsque les travaux de préparation sont bien avancés, une réunion générale de la classe (type conseil de coopérative) est organisée, au plus tard une semaine avant le début de l'exposition, avec participation éventuelle des parents désirant prendre une responsabilité dans l'organisation de cette manifestation. Sous la conduite du maître, on examine les diverses propositions et leur fiabilité. Des décisions sont prises et de nouvelles responsabilités attribuées, notamment à des groupes chargés cette fois-ci de la réalisation matérielle :

– confection des panneaux ;
– présentation des livres ;
– affichage ;
– fléchage ;
– vérification et installations des appareils audio-visuels.

Ce que l'on peut exposer

- Des affiches représentant des personnages et des scènes du conte. Certaines sont disponibles gratuitement auprès des libraires, ou devront être achetées. En fabriquer si nécessaire.
- Des panneaux présentant des photos de couverture de livres et d'albums de contes. Les possibilités sont inépuisables à partir du découpage de vignettes dans les nombreux catalogues d'éditeurs spéciali-

sés dans la littérature pour enfants. Ne pas oublier d'y joindre la partie descriptive textuelle et procéder à un classement.

- Des panneaux présentant des biographies d'auteurs de contes avec des documents d'illustration. Au moins Perrault, les Grimm, Andersen.
- Des livres et albums de contes, sur table et sur présentoirs inclinés, selon un classement à adopter (albums, livres, contes traditionnels, modernes, livres de conte d'autrefois, éditions modernes, etc.).
- Des contes réalisés par les élèves : textes manuscrits, journal scolaire, albums des contes de la classe, etc.

Un espace réservé à l'audio-visuel

Prévoir :

– lecteur de cassette audio avec écouteurs ;
– projecteur de diapos ;
– magnétoscope et récepteur TV éventuellement, si l'école en dispose, pour le visionnement des cassettes video ;
– ordinateur.

Autres matériels

En fonction de l'équipement de l'école :

– jeux de tarots de contes ;
– machine à fabriquer des contes ;
– jeu de l'oie des contes.

L'animation

L'exposition, d'une durée d'une à deux semaines, sera ouverte aux élèves de toute l'école, voire à ceux des écoles avoisinantes, et bien sûr aux familles. Il faut donc prévoir non seulement une permanence (avec l'aide de parents éventuellement), mais également des animations. Celles-ci seront prises en charge en grande partie par les élèves de la classe organisatrice :

- *La visite guidée.* Explications à fournir aux visiteurs aux différents endroits de l'exposition.

- *L'atelier contes.* Il est animé par un adulte, maître, parent, ou conteur. Si des petits de maternelle viennent visiter l'exposition, ne pas hésiter à confier un atelier à un élève de la classe organisatrice. En maints endroits maintenant les « grands » lisent des albums aux « petits ». Faire des essais préalables avant l'exposition avec les « petits » du CP.

- *Club de lecture.* Il s'agit d'une technique d'animation de groupe très appréciée par les enfants ; elle vise l'acquisition de compétences dans le domaine de la prise de parole devant un auditoire. Un élève présente un livre qu'il a lu, en communique l'essentiel à ceux qui l'écoutent et ceux-ci lui posent des questions. Le maître régule ensuite les échanges pour que la séance prenne l'apparence d'un « mini-Apostrophes ». La technique de présentation fait bien sûr l'objet d'un entraînement préalable et d'une formation en classe pour en acquérir la méthode[1].

- *Projection de diapos.* Je conseille la série éditée par le CNDP (Centre national de la documentation pédagogique) accompagnant les coffrets

  – *La Belle et la Bête,*
  – *Le Petit Poucet et les géants des contes,*
  – *Cendrillon dans les contes,*
  – *Namcouticouti et les loups des contes.*

  Les documents d'accompagnement pour l'information du maître et l'exploitation pédagogique sont d'excellente qualité.

- *Atelier écriture de contes à l'ordinateur.* Si l'on dispose d'un ordinateur, d'une imprimante et d'un traitement de texte, il peut être intéressant de proposer à l'un ou l'autre visiteur un atelier de ce type. Un logiciel édité par FIL (France Image Logiciel) permet de comprendre la structure spécifique des contes par la lecture et la création. L'élève choisit dans des listes de mots, par exemple, le personnage principal, son aspect physique, sa taille, sa force, le but, les épreuves... Le logi-

1. Pour plus de détail sur l'organisation de clubs de lecture consulter *Vivre les livres en BCD,* sous la direction de Jean-Marie Gillig, Office central de la coopération à l'école (OCCE), section du Bas-Rhin, 1991. D'autres animations autour du livre de fiction sont présentées dans cet ouvrage.

ciel présente cet avantage de proposer une approche analytique et structurale du conte. L'inconvénient est qu'il est impossible d'interrompre une série de choix à l'intérieur d'un même paragraphe, et qu'il est difficile de contrôler la cohérence du texte généré automatiquement par le logiciel à partir des choix. De plus, la composition syntaxique des phrases se faisant selon le même principe, l'initiative de l'énonciateur se trouve réduite au niveau de la création. On notera qu'il existe une version de ce logiciel fonctionnant sur nano-réseau.

Si vous disposez d'un lecteur de CD-ROM connecté à votre ordinateur, vous pourrez proposer à vos visiteurs de visionner des contes animés, de les lire, et même de les jouer de manière interactive. Le développement actuel des CD ROM laisse présager, dans les temps à venir, des produits qui trouveront leur place dans les BCD, plus particulièrement au fonds documentaire (dictionnaire, encyclopédie...). Déjà les fabricants semblent intéressés dans le secteur ludo-éducatif par les contes pour enfants, à l'instar des éditions P'tit Max, qui ont commencé à commercialiser une série de contes de Perrault sur CD-ROM. Prévues pour des enfants de quatre à huit ans, les disquettes de cet éditeur proposent quatre modules : une notice sur la vie de Perrault, l'interprétation du conte sous forme animée, la lecture du texte avec son illustration et un module de jeux portant sur les contes. Autre CD-ROM à mettre dans votre logithèque : *Le Maître des contes,* édité par Club Pom Logiciels, livre de contes interactif pour les enfants maîtrisant la lecture et invités à résoudre des énigmes dans des jeux de lecture

Certains de ces ateliers ne nécessitent pas la présence permanente du maître et peuvent être confiés à des petits groupes d'élèves de la classe organisatrice. Leur réussite dépend également et principalement de l'espace et des matériels dont dispose la BCD.

Et si l'on veut voir les choses sous l'angle de la coopérative scolaire, pourquoi ne pas organiser une loterie, avec les autorisations nécessaires ? Les lots gagnants seront bien entendu des livres et des albums de contes. Tout dépend de l'ampleur que l'on veut donner à la manifestation.

La démarche de préparation et de réalisation d'une exposition thématique est identique. La difficulté réside dans les ressources que l'on peut trouver dans la BCD, qui devra comprendre un fonds important sur le thème choisi. Un thème « marche » plutôt bien et ne demande pas trop de prouesse pour réunir des documents : celui du loup, sur lequel les écrivains ont été suffisamment diserts ; il donnera l'occasion de réaliser en même temps une exposition des ressources du fonds documentaire, en démontrant aux visiteurs que la BCD est toujours constituée de deux parties : les livres de fiction, les livres documentaires et autres documents.

Ce thème est facilement abordable grâce à deux TDC (Textes et documents pour la classe édités par le CNDP) :

– *Les loups,* n° 654 du 12 mai 1993 ;
– *Le loup dans la littérature, histoire d'une réhabilitation*, n° 659 du 1er septembre 1993.

Autres thèmes possibles :

– les fées ;
– les sorcières ;
– les géants et les nains.

Il est préférable là aussi de prendre langue avec une bibliothèque publique spécialisée pour enfants : ses responsables peuvent donner de judicieux conseils aux pédagogues, prêter leur matériel, voire leur concours. Certaines bibliothèques municipales dans les grandes villes ont constitué des expositions itinérantes de ce type et les mettent volontiers à la disposition des écoles.

Troisième partie

Du bon usage du conte en rééducation

15

Pourquoi le conte en rééducation ?

Le conte merveilleux a inspiré diverses pratiques dans le domaine de la rééducation tout comme dans celui de la psychothérapie, où le poids des références psychanalytiques demeure important. On sait que Freud lui-même avait mis en évidence certaines similitudes entre les productions fantasmatiques et symboliques du rêve, du conte et du mythe. Sur la base de son interprétation des manifestations culturelles de l'imaginaire, de nombreux psychanalystes, et en tout premier lieu Bettelheim, allaient démontrer que, le conte étant supposé représenter la plupart de nos désirs, de nos angoisses et des mécanismes en général du fonctionnement de notre psyché, son usage pouvait s'avérer très précieux dans le champ thérapeutique et dans le champ éducatif. À partir du postulat de R. Kaës : « Rien de ce que la psychanalyse a découvert du psychisme humain n'est absent du conte » (1989, p. 3), il devenait de plus en plus possible de confirmer le parallèle entre le fonctionnement de tel ou tel sujet sur le plan de l'inconscient et ce que dit le conte dans ses représentations de la réalité psychique. Dès lors l'intérêt du conte ne se situe plus seulement dans l'étude qui cherche à y trouver des correspondances avec les concepts de la psychanalyse, mais également dans les approches cliniques visant l'intention thérapeutique. L'ouvrage de Kaës et de ses collaborateurs est révélateur de telles options et avertit d'emblée par son titre, *Contes et divans,* que des perspectives plus ou moins convergentes entre le merveilleux et le langage de l'inconscient y sont largement débattues.

pourrait préalablement s'entendre sur le fait que rien de ce que la nalyse a découvert entre ce que dit le conte et ce que dit la problé- ne d'un sujet perturbé sur le plan psycho-affectif ne doit rester absent curiosité intellectuelle du rééducateur. Il y a là d'abord une exigence rmation et de culture ; s'y soustraire causerait de grands dommages. nessage semble avoir été largement compris par les centres de forma- et par les rééducateurs eux-mêmes.

La seconde raison tient au cadre même de la rééducation. Il n'est pas lui, habituel, fait de contraintes et d'interdits, que l'enfant connaît néces- iirement en classe, mais représente davantage un espace de liberté et de ion-directivité, où ce qui peut advenir n'est limité que par la triade des règles de base (ne pas faire mal à d'autres, ne pas se faire mal, ne pas casser de matériel), ce qui laisse le champ libre à toutes sortes de manifestations comportementales, y compris celles qui sont en rapport direct avec l'inconscient, voire avec la régression.

Est-ce à dire que le rééducateur, confronté à la nécessité de puiser ses références en grande partie dans la théorie analytique du développement du psychisme, puisse y trouver également l'alibi de pratiques orientées davantage, voire exclusivement, vers une prise en charge et un traitement du psycho-affectif, au détriment du cognitif ? Même posé ainsi, le problème ne saurait-il trouver d'autre solution que dans l'acceptation inconditionnelle d'un seul terme de ce que l'on croit être une alternative ? Il s'en faut de beaucoup pour que des réponses positives à ces questions soient satisfaisantes, et sur le plan de l'institution, et sur le plan de la cohérence même de la pratique de la rééducation à l'école. Le rééducateur n'est pas sommé de choisir entre la solution du « tout cognitif » et celle du « tout psycho-affectif ». Le conte permet précisément de voir plus clair dans cette contradiction, apparente seulement, et de concilier de prétendus extrêmes. Trois questions préalables se posent.

1. Le rééducateur peut-il emprunter ses instruments de travail dans la boîte à outils du psychanalyste et du psychothérapeute ?

2. À supposer même que la réponse à la première interrogation soit positive, le rééducateur est-il fondé à exercer une pratique thérapeutique sur le terrain de l'école ?

3. Enfin, question inéluctable et fondamentale, la formation du rééducateur lui permet-elle d'exercer une pratique thérapeutique ?

ENTRE PSYCHOTHÉRAPIE ET PÉDAGOGIE

La réponse au problème posé ici, à savoir la difficulté pour la rééducation de trouver sa place à l'école, renvoie à l'historique de la rééducation à l'école et à son développement actuel. C'est au début des années soixante que le problème des difficultés des enfants d'intelligence normale dans le domaine du langage oral et écrit et de la psychomotricité se pose à l'Éducation nationale. La solution d'alors est de concevoir la rééducation, psychopédagogique d'abord (premier stage en 1961), psychomotrice ensuite (premier stage en 1964), comme une forme d'enseignement d'adaptation en réponse à des inadaptations et à des retards scolaire liés à des difficultés se situant dans les domaines langagiers, moteurs et comportementaux. À ce moment-là il est peu question de prévention, mais de réponse compensatoire à un déficit d'une fonction ou d'un instrument indispensables à la communication et à la relation. Bien que le terme ne soit pas fréquent, cette période des débuts de la rééducation à l'école se caractérise par la notion de rééducation instrumentale. On essaie d'adapter l'instrument – le langage oral ou écrit, le geste, les divers segments corporels, etc. – à sa fonction normale dans une perspective corrective. Exemple : si l'enfant présente une mauvaise latéralisation comme une des causes probables de son inadaptation scolaire, on travaillera sur la correction de ce symptôme jusqu'à sa disparition, c'est-à-dire jusqu'à ce que la prédominance d'une de deux mains soit acquise.

Il est néanmoins paradoxal de constater, alors que l'Éducation nationale se préoccupait de démédicaliser l'échec scolaire déjà partiellement pris en charge par les divers traitements et rééducations qui se pratiquaient en CMPP (centre médico-psycho-pédagogique), que les premières formations des rééducateurs scolaires vont se faire sur le modèle médical, puisque le premier stage de RPP (rééducation psychopédagogique) se déroulera auprès des CMPP de la Seine. Paradoxal aussi de faire reposer les théories et même les pratiques d'intervention de la RPM (rééducation psychomotrice) sur les hypothèses de la psychiatrie infantile, celle-ci supposant que le trouble instrumental est lié « à un retard ou à un déficit du système nerveux ou de l'un de ses appareils imagé comme fonctionnant isolément[1] ».

1. René Diatkine cité par Annick Frigara et Joëlle Plaisance, « Psychopédagogie, psychomotricité et rééducation », *Les Cahiers du CTNERHI*, n° 47-48, 1989, p. 85.

Fondées sur la distinction théorique de la dualité corps/esprit induisant le clivage en rééducations séparées, la RPP ne se souciait que du cognitif et fondait sa pertinence sur le rattrapage des lacunes scolaires et le soutien spécialisé, tandis que la RPM, plus axée d'emblée sur des conduites se situant en amont de l'efficience des apprentissages instrumentaux, découvrait que sa fonction réparatrice ne pouvait à elle seule résoudre les problèmes d'adaptation scolaire.

Au courant des années soixante-dix, des conceptions thérapeutiques instillées dans les centres nationaux et régionaux formant à la RPM par le courant de la thérapie psychomotrice et par les écrits de Lapierre et Aucouturier parvenaient à remettre en question les formations et à opérer une véritable révolution caractérisée par la formule « À bas la technique ! Vive la relation ![1] », qui était le cri de victoire des RPM ayant cru avoir porté l'estocade aux pratiques instrumentales.

La fusion des formations aura lieu en 1988 avec la création de l'option G (maîtres spécialisés chargés des rééducations) du CAPSAIS (Certificat d'aptitude aux actions pédagogiques spécialisées de l'adaptation et de l'intégration scolaires) et laissera penser un court temps que le rééducateur nouveau fonderait ses actions sur la bivalence des médiations : RPP avec un type d'enfants déjà à l'école élémentaire, RPM avec ceux de l'école maternelle. Il n'en fut rien et la publication de la circulaire du 9 avril 1990 sur le fonctionnement des réseaux d'aides spécialisées aux enfants en difficultés allait servir de caution définitive à l'idée que désormais le maître option E (maîtres spécialisés chargés de l'enseignement et de l'aide pédagogique) du CAPSAIS, nommé sur un regroupement d'adaptation, se substituerait au RPP pour le travail de soutien spécialisé et d'adaptation aux objectifs d'apprentissage scolaire, et que le travail du rééducateur se ferait essentiellement dans le domaine du conflit relationnel et psychique. Ce qui d'ores et déjà devait constituer la spécificité de l'aide rééducative était emprunté à feue la RPM, métamorphosée en « rééducation relationnelle », ainsi qu'à la « pédagogie curative » à l'œuvre dans les CMPP, et à la « pédagogie relationnelle du langage » de Chassagny, ces deux dernières affirmant que le travail du professionnel de la rééducation consiste « moins à

1. Jean Le Camus, « Itinéraire du concept de psychomotricité », *Thérapie psychomotrice,* n° 48, 1980, p. 26.

transmettre des systèmes symboliques traditionnels qu'à mobiliser le fonctionnement psychique qui en permet l'accès[1] ».

Une lecture attentive de la circulaire du 9 avril 1990 laisse-t-elle vraiment croire que le cognitif ait disparu du paysage de la rééducation à l'école ? On en extrait volontiers la fameuse formule apprise par cœur par tous les élèves rééducateurs candidats aux épreuves théoriques du CAP-SAIS : « Ces interventions ont pour objectif, d'une part de favoriser l'ajustement progressif des conduites émotionnelles, corporelles et *intellectuelles, l'efficience dans les différents apprentissages* et activités proposées par l'école, et d'autre part de restaurer chez l'enfant le *désir d'apprendre* et l'estime de soi. »

On oublie la plupart du temps de compléter par la phrase suivante : « Ces interventions doivent permettre un engagement actif et personnel de l'enfant dans les différentes situations, *la construction ou la reconstitution de ses compétences d'élève.* »

J'ai souligné quelques passages qui sont presque systématiquement oubliés ou du moins mal interprétés. En effet, les formules « ajustement progressif... des conduites intellectuelles... construction ou reconstitution de ses compétences d'élève... », les termes « apprendre » et « apprentissages », laissent de marbre un grand nombre d'éducateurs dans leur pratique, ou bien au contraire les mettent en ébullition quand on les invite à débattre de leur signification réelle. Quant au « désir d'apprendre », formule qui comporte un complément de nom en tant que groupe verbal, elle se réduit très souvent à un seul substantif.

Le constat s'impose : la place de la rééducation à l'école n'est pas facile et elle est souvent l'objet de considérations et d'identifications qui se situent parfois très loin du champ de l'école. Rééducateurs, posez la question à vos collègues maîtres des classes ordinaires pour découvrir quelle image ils se font de vous et de la rééducation.

Poussons un peu plus loin le débat et interrogeons-nous sur l'identité des maîtres à penser des rééducateurs. Comme leurs formateurs, qui quasiment tous se sont ralliés à la théorie d'inspiration psychanalytique comme explication des difficultés de l'enfant à l'école, les rééducateurs ont de bonnes et sages lectures. Le livre-culte de la génération actuelle des

1. O. Avron, cité par Annick Frigara et Joëlle Plaisance, *op. cit.*, p. 13.

rééducateurs de l'Éducation nationale est *La Parole rééducatrice* d'Yves de La Monneraye (1991), formateur au centre régional de Nantes et psychanalyste, ouvrage dans lequel l'accent est mis sur la notion de rééducation relationnelle centrée sur l'écoute, avec l'abandon définitif de la rééducation dite fonctionnelle « centrée, dit l'auteur, sur le rapport de l'élève aux apprentissages, sur son désir d'apprendre » (*op. cit.*, p. 157). On y trouve une condamnation sans appel de l'approche cognitive dans la rééducation dans ce dialogue avec un interlocuteur fictif : « En fait vous faites l'impasse totale sur le champ cognitif ? — C'est très volontaire. » (*Op. cit.*, p. 25.) Et plus loin : « L'approche cognitive n'est pas du tout à rejeter, mais elle ne me paraît pas du domaine de la rééducation. » (*Ibid.*)

Bien encadrés et conseillés sur le plan de leurs lectures, les rééducateurs le sont également par la FNAREN (Fédération nationale des associations de rééducateurs de l'Éducation nationale), qui se préoccupe, à juste titre d'ailleurs, plus de la mise en cohérence des pratiques et des doctrines que des seules revendications à caractère corporatif et qui réserve à ses adhérents, outre un excellent périodique, *Envie d'école,* la participation à un congrès annuel, où circulent les pensées et les témoignages des pratiques. Quelles sont les positions de la FNAREN sur la doctrine de la rééducation et sur la formation des rééducateurs ?

> « Celle-ci [l'aide rééducative] se fonde essentiellement sur des pratiques qui admettent que les conduites humaines sont intentionnelles, mues par le désir et que leur perturbation, comme le souligne Gibello, "a pour fonction d'exprimer secrètement quelque chose que le sujet ne peut exprimer en paroles pour des raisons variables alors que dans d'autres circonstances, une telle expression serait possible".
>
> Cette approche prend nécessairement en compte les conduites de l'enfant à leur double niveau – manifeste et symbolique – et voit les difficultés exprimées comme l'émergence d'un conflit psychique et le moyen d'y faire face. [...] Ceci suppose une pratique qui ne travaille pas directement sur les apprentissages, mais sur les ressorts du développement de l'activité personnelle de l'enfant pour en lever les obstacles et favoriser celui-ci. [...] Elle [la rééducation] fait donc référence à un cadre théorique qui rend compte des rapports entre processus de symbolisation et d'individuation de l'enfant, en intégrant, entre autres, les repères liés à l'évolution génétique de l'enfant à la théorie psychanalytique du fonctionnement psychique[1]. »

1. *À propos de la formation des rééducateurs,* Synthèse des réflexions de la FNAREN, novembre 1992.

C'est donc clair : une grande majorité des rééducateurs de l'Éducation nationale n'exprime pas le désir de travailler sur l'ajustement des conduites intellectuelles et s'en tient à des formes de pratiques permettant au désir d'apprendre d'émerger du désir tout court (ce qui est un peu court !), comme si leur travail n'était qu'une propédeutique en amont du cognitif et se limitait simplement à favoriser l'apparition des interactions entre les aspects moteur, affectifs et intellectuels, sans agir sur elles, et comme si l'enfant était capable au terme de la rééducation d'avoir accompli par lui-même cet ajustement, et d'avoir constitué ou reconstitué ses compétences d'élève.

Ce détour par des considérations sur ce qu'est actuellement la rééducation a paru nécessaire pour pouvoir répondre aux question initiales posées sur la pertinence de l'aide rééducative par rapport à l'action thérapeutique ou pédagogique, et pour éclairer la place du conte dans ce contexte.

Il ne peut encore être question d'apporter des réponses définitives tant que n'a pas été précisé ce qui différencie la rééducation à l'école de la pédagogie et la psychothérapie. Il faut donc parler de cette dernière et chercher à l'identifier, ce qui, convenons-en, n'est pas facile, puisqu'à part leurs écrits, qui sont pour la plupart volontiers hermétiques et jamais destinés à une quelconque vulgarisation (hormis le cas de François Dolto, mais ses écrits « grand public » ne parlent pas de psychothérapie), les psychothérapeutes ne donnent rien à voir de la psychothérapie, évitant même soigneusement d'en parler lorsqu'on leur demande de quoi il s'agit. Passons en revue quelques points intéressants sur le plan des convergences et divergences entre les trois champs.

L'espace

L'espace est nettement différencié selon qu'il s'agit d'une salle de classe (au vu et au su de tout le monde) ou d'une salle de rééducation, ou d'un cabinet de psychothérapeute, où nul n'entre s'il n'est... Dans ces différents lieux, on trouvera certainement du matériel identique pour jouer, rêver, dessiner, modeler. Dans certaines salles de rééducation que leurs occupants ne veulent pas toujours partager avec d'autres usagers occasionnels (ce qui est secret est sacré), on trouve trois espaces ayant chacun leur dominante : corporelle ou sensori-motrice, symbolique et imaginaire, cognitive. Cette fragmentation due à Aucouturier paraît extrêmement contestable dans la mesure où elle contribue artificiellement à cliver l'unité du sujet, comme s'il ne devait jamais y avoir d'intrusion d'une dominante dans l'espace réservé à une autre. Dans d'autres salles de rééducation, mais insuffisamment, on trouve des coins-lectures où l'on expose sur des présentoirs des albums, de contes entre autres, invitant au plaisir et au désir d'y faire des découvertes. Cet espace n'est pas réservé au cognitif, puisque le rapport que l'on peut avoir avec l'album, un objet parmi d'autres, est également sensori-moteur.

La formation

Les instituteurs rééducateurs peuvent s'honorer du fait d'avoir un niveau de bac + 6 (licence + deux années d'IUFM + une année de spécialisation), voire bac + 7, lorsqu'ils sont déjà titulaires d'un premier CAPSAIS. En fait leur formation initiale spécialisée dans le domaine de la rééducation est concentrée sur huit mois représentant un volume de huit cents à huit cent cinquante heures (dont un rappel de cinquante heures en seconde année), auxquelles s'ajouteront celles de la formation continue, qui est laissée à l'appréciation de chacun et non obligatoire.

La formation des psychothérapeutes n'obéissant à aucune codification, leur titre n'est pas protégé comme celui des psychologues. En fait le premier venu peut ouvrir un cabinet, s'intituler psychothérapeute, et se constituer une clientèle. Cependant, même si l'on connaît quelques pratiques qui s'inspirent plus de la parapsychologie, la grande majorité des psychothérapeutes d'enfants est constituée, soit (rarement) par ceux qui exercent leur profession en libéral après des études poussées en psychologie, soit comme salarié d'une institution (établissement spécialisé, CMPP, hôpital de jour...) après des études de psychologie (niveau DESS, formation complémentaire en psychothérapie) et de psychiatrie de l'enfant lorsque la fonction est assumée par un médecin psychiatre. Notons également que la psychothérapie d'enfants est pratiquée par des médecins psychiatres en cabinet libéral. Si ces différents professionnels pratiquent la psychothérapie d'inspiration analytique, ils sont eux-mêmes en analyse (en contrôle, dit-on) auprès d'un autre psychanalyste.

Les objectifs

En pédagogie il s'agit de former ; en thérapie il s'agit de soigner et de chercher à guérir. À l'école les pédagogues travaillent sur des savoirs et sur des savoir-faire et, s'ils sont bien conscients également de leur mission éducative, sur des savoir-être. À l'école également, les rééducateurs laissent provisoirement entre parenthèses les objectifs du mieux-savoir, quitte à les reprendre plus tard, après avoir d'abord opéré au niveau du mieux-être à l'école, la rééducation visant à une interaction entre les deux. La psychothérapie n'étant pas « une adaptation au monde extérieur[1] » ni à un environnement quelconque, elle ne vise que le seul mieux-être de l'enfant. Les finalités de la psychothérapie (si l'on peut utiliser ce terme en ce qui la concerne) et celles de la pédagogie ne se rencontrent donc jamais ; elles suivent deux visées parallèles.

Et la rééducation ? Eh bien elle se situe nécessairement entre ces deux voies, en articulation tantôt avec les finalités de la psychothérapie, tantôt avec celles de la pédagogie. À l'une et à l'autre, elle emprunte respectivement leurs vertus propres, de manière à amener l'enfant dans un état de mieux-être, principalement de mieux-être à l'école, mais aussi de mieux-savoir. Elle se rapproche donc des deux axes selon l'avancement du projet rééducatif, non pour y perdre son âme et sa raison d'être, mais pour y gagner sa spécificité, qui est en fait un alliage.

L'interprétation

Il s'agit ici d'une position doctrinale, refusée catégoriquement aux rééducateurs par leurs formateurs. Ces derniers ont raison quand il s'agit de la communication au sujet du sens latent de ses symptômes. Ils paraissent avoir tort lorsqu'ils dénient au rééducateur la possibilité de découvrir et de comprendre ce qui est agi et dit sur la scène rééducative. Que de subtilités n'apprend-on pas aux rééducateurs lorsqu'on veut les mettre en garde contre la compréhension même ! Comme s'il s'agissait d'un interdit au même titre que celui refusant l'entrée dans le cabinet de Barbe-Bleue !

C'est encore La Monneraye qui, étrangement, cite Lacan pour signifier que l'erreur la plus courante en rééducation consiste à essayer de comprendre ce que l'enfant veut dire (*op. cit.*, p. 207). Ce que l'auteur de *La Parole rééducatrice* veut signifier là peut être compris ainsi : rééducateurs, abstenez-vous donc de vouloir comprendre, puisque Lacan lui-même vous

1. Françoise Dolto, préface à Antoinette Muel, *L'Éveil de l'esprit,* Aubier, 1977, p. 52.

fait dire : « Si vous croyez avoir compris, vous avez sûrement tort[1]. » Comprenne qui pourra ! La compréhension est-elle réservée à quelques-uns qui n'ont pas envie de la partager avec d'autres ?

Le psychothérapeute cherche également à comprendre, mais il ne donne pas d'interprétation directe à l'enfant et considère que, si ce dernier est capable de poser des questions, c'est qu'il parvient déjà à y voir plus clair. Il suffit de lire ou de relire quelques pages de Françoise Dolto[2] à ce sujet pour y découvrir que l'attitude du psychothérapeute se situe d'abord dans la neutralité bienveillante. Ce qui finalement représente une convergence avec celle du rééducateur.

Les médiations

Nous voilà au cœur du problème. En pédagogie non spécialisée, on recourt peu à l'intermédiaire et, les problèmes de motivation et de prérequis étant réglés, on va droit à l'essentiel dans l'immédiateté. Les dictionnaires de psychanalyse ignorent le terme « médiation ». Comme les dictionnaires de la langue nous l'apprennent, il s'agit d'une entremise destinée à mettre d'accord, à concilier, à réconcilier des contraires. Terrain connu du rééducateur : il s'agit de passer de la phase initiale, peu équilibrée, précaire, déphasée, à une phase plus stable, rephasée, rééquilibrée. En utilisant un circuit en dérivation, un détour en tout cas, pour réconcilier l'enfant avec l'école, comme tout le monde se plaît à l'affirmer. Le schéma pourrait être le suivant :

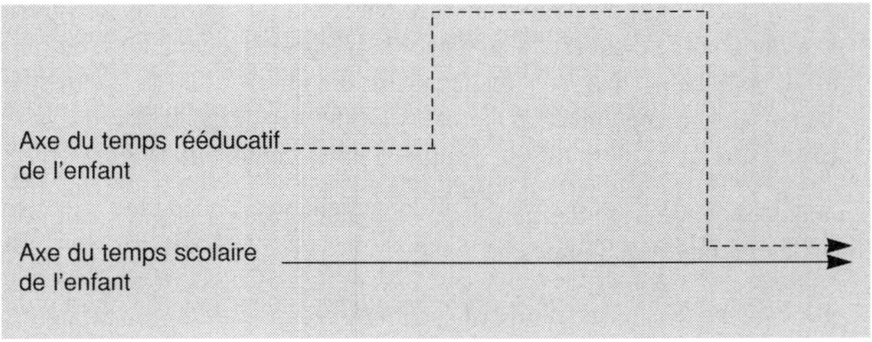

1. Jacques Lacan, cité par *Le Nouvel Observateur,* n° 1505 du 9 septembre 1993.
2. En particulier dans l'ouvrage de Françoise Dolto déjà cité, ainsi que dans *Psychanalyse et pédiatrie,* Le Seuil, 1971, p. 143 et suivantes.

Les médiations sur ce circuit en dérivation sont de trois ordres : l'ordre du corporel, l'ordre de l'imaginaire-symbolique, l'ordre du cognitif. Elles s'inscrivent également dans trois dimensions : la dimension relationnelle, la dimension thérapeutique, la dimension psychopédagogique. En rééducation, ce sont surtout et *a priori* les dimensions relationnelles et thérapeutiques qui sont utilisées ; en regroupement d'adaptation, c'est la dimension psychopédagogique qui est la dominante.

Si maintenant on utilise en rééducation des médiations de l'ordre du corporel et de l'ordre de l'imaginaire-symbolique, le parcours à franchir dans le circuit en dérivation ne sera pas de même nature que si on utilise des médiations de l'ordre du cognitif. Pour que ce soit plus clair, représentons par le même schéma le parcours type d'une rééducation dite relationnelle.

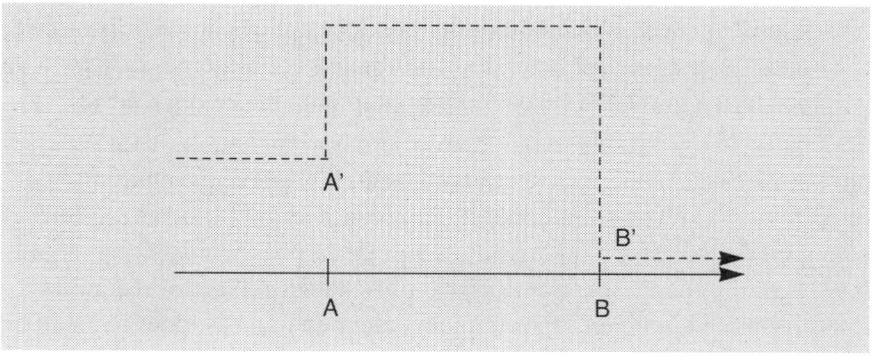

Dans ce cas le projet rééducatif utilise le détour pour amener un sujet de *A'* à *B'*, le point *B'* indiquant que le désir d'apprendre est estimé suffisamment restauré pour permettre la reprise des apprentissages et la reconstitution des compétences de l'élève, celles-ci devant maintenant se faire en classe, donc en aval du point *B'* et non en amont de celui-ci. C'est donc exclusivement le maître de la classe qui s'attellera à l'apprentissage des compétences scolaires, l'enfant étant maintenant censé désirer celui-ci. Mais deux remarques s'imposent.

1. Le parcours de *A'* à *B'* s'est situé intégralement hors du champ du cognitif et rien n'a été connecté au niveau des interactions et des ajustements entre les trois ordres : l'ordre du corporel et de l'imaginaire-symbolique sont certes en tension vers le cognitif, mais ce dernier se situe très exactement à la limite de la prise en charge rééducative.

2. Le point *B'* est le point unique d'une hypothétique connexion dans ce schéma. Il nécessite un travail considérable entre le rééducateur et le maître, que pour le moment je n'aperçois pas dans l'expérience que j'ai du fonctionnement de l'école et des réseaux. Tout se passe au contraire, et malgré les contacts que les rééducateurs peuvent avoir avec les maîtres des classes, comme si, cette connexion, l'enfant était capable de la réaliser à lui tout seul et d'être son propre passeur. Le viatique d'une rééducation relationnelle paraît donc insuffisant, *a fortiori* lorsque l'enfant est déjà élève d'une classe de l'école élémentaire.

Voyons maintenant le schéma d'une prise en charge où le rééducateur travaille en rééducation relationnelle, mais aussi avec le souci de connecter, avant le point *B'*, la rééducation aux apprentissages cognitifs, et avec le double souci de s'engager :

– dans l'interaction des différentes conduites relevant des trois ordres ;
– dans la perspective opératoire de prendre lui-même sa part à la construction ou à la reconstitution des compétences de l'élève.

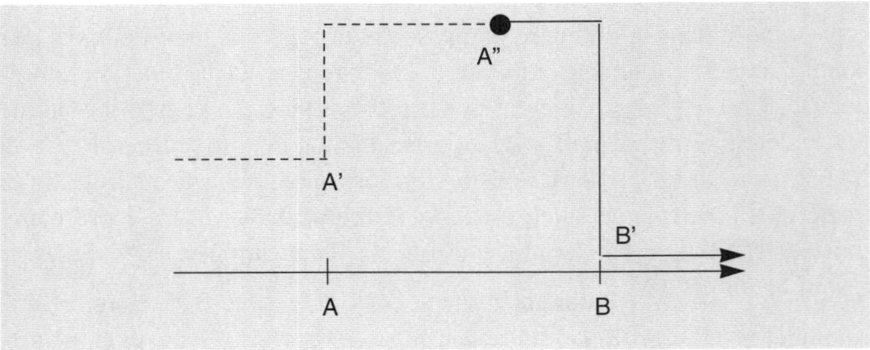

On s'aperçoit qu'un nouveau point, *A"*, apparaît ; c'est en fait un point « baladeur » entre *A'* et *B'* puisqu'il n'est pas déterminé *a priori*, et qu'il peut advenir à tout moment de ce trajet, plus proche de A' ou plus proche de *B'*, ce qui est le cas le plus fréquent. Le point *A"* constitue le début d'un pontage.

La ligne brisée *A' A" B'* marque le parcours du projet rééducatif directement en prise à un moment ou à un autre avec l'investissement de l'enfant dans les objets culturels et scolaires. La différence avec le schéma précédent, c'est que le rééducateur ne diffère pas le moment du rephasage *A"* en le confiant au maître de la classe et qu'il s'engage à le gérer lui-même lorsqu'il perçoit chez l'enfant soit une demande de sa part (le classique : « S'il te plaît, apprends-moi à lire maintenant », que certains analysent sommairement, et pour se défausser, comme une fausse demande de sa part alors que l'enfant veut nous signifier qu'il a enfin compris l'enjeu réel d'une rééducation), soit les signes de la possibilité d'amorcer le jeu des instruments culturels et scolaires.

Et le conte dans tout cela ?

Le conte en tant que médiateur

On aura reconnu dans l'exposé précédent le parallèle entre l'écoulement du temps de la vie d'un enfant en rééducation et l'écoulement du temps dans le conte entre le début et la fin de l'histoire. Les concepts et les mots mêmes sont voisins : phase initiale peu équilibrée, précaire, déphasée... phase plus stable, rephasée. Ce sont les situations initiales et finales du conte merveilleux, telles qu'elles apparaissent dans le schéma d'analyse proposé dans la première partie de cet ouvrage. L'entre-deux dans le conte caractérise la quête initiatique, les épreuves, et la sanction-conséquence. En rééducation, l'entre-deux, c'est la prise en charge initiatique par le détour, entre *A'* et *B'*. Quant à la sanction-conséquence, elle est du même ordre dans les deux registres et correspond là à la réussite de la quête de l'objet par le sujet, à savoir le retour dans la classe ordinaire, puisque l'initiation est terminée et que la rééducation est censée avoir résolu le conflit.

La médiation du conte est de réussir à concilier le héros avec l'objet de sa quête, par le mariage ou la richesse, et dès lors le retour au réel s'achève par les formules rituelles du type : « ... et ils coulèrent jusqu'à la fin de leur vie des jours heureux », ce qui ne nécessite plus d'épreuves ou d'initiation et met un terme à l'intervention du merveilleux.

La médiation de la rééducation est de réconcilier l'enfant, non seulement avec lui-même, mais également avec l'école et ses apprentissages culturels. À la fin du parcours initiatique menant à l'entrée dans la culture, le rééducateur, bonne fée de la médiation, est laissé sur l'autre rive, et l'enfant sevré devra maintenant pouvoir gérer avec l'aide du maître son cursus scolaire et, sauf accident, se passer définitivement du passeur-médiateur.

Contes et rééducations sont l'histoire de la métamorphose d'un sujet qui a des difficultés à grandir, à désirer et à trouver l'objet de son désir. Le schéma actantiel a permis de comprendre le conte comme un récit tout entier axé sur l'objet du désir auquel tend le sujet, entre destinateur et destinataire, et entre adjuvants et opposants. En rééducation, le schéma pourrait s'articuler autour des rôles suivants.

Le destinateur

Le principe de réalité veut que l'enfant soit à l'école, en raison de l'obligation scolaire, ce destinateur pouvant être en cas de conflit identifié comme un opposant par l'enfant. Au nom du principe de plaisir, il serait peut-être plus agréable de rester dans son lit le matin, lorsque sonne le réveil, qui rappelle au principe de réalité. L'école est donc identifiée comme un opposant au désir de l'enfant, tant que ce dernier n'a pas été capable d'assumer de manière équilibrée la coexistence du principe de plaisir et du principe de réalité. À charge donc pour le destinateur de réaliser cette intégration et de permettre à l'enfant de trouver également du plaisir dans la réalité de l'école, et de l'encourager à se forger ainsi un *idéal du moi* qui rend l'école désirable.

L'art et la science de la rééducation résident dans le fait de rendre non seulement l'espace-temps de la rééducation désirable (y compris dans les phénomènes relationnels touchant au transfert) mais également l'école tout entière. Mission impossible sans doute. À défaut de quête de l'*idéal du moi,* la rééducation peut amener un sujet à accepter l'instance du *surmoi.* C'est bien celle-là qui agit chaque matin et qui vous arrache au plaisir de rester sous la couette, à moins que votre *idéal du moi* ne vous fasse sauter avec entrain du lit et anticiper d'autres choix qui pourront flatter votre narcissisme et réaliser votre sens du destin autrement que par la seule conscience morale (ou conscience professionnelle, mais c'est la même chose).

Le sujet

Le sujet est l'enfant qui, dans sa quête, accède de plus en plus au statut d'élève.

L'objet

L'objet est la réussite scolaire d'un sujet qui a su (re)trouver l'unité de son moi.

L'adjuvant

C'est bien évidemment le rééducateur qui aidera l'enfant à se sortir de son conflit et à parvenir à l'objet.

L'opposant

L'opposant est un des actants qui peut s'incarner dans de multiples images aux yeux de l'enfant, même si cet actant se veut un adjuvant : l'école, comme nous venons de le voir, mais aussi une mère, un père, trop acharnés à vouloir condamner l'enfant à la réussite scolaire quand il n'y parvient pas de lui-même (ah ! ces parents qui croient bien faire en exigeant chaque soir de l'enfant en rééducation qu'il fasse du travail scolaire supplémentaire : « C'est moi son orthophoniste », me dira une maman d'un enfant suivi en rééducation). Mais ce peut aussi être un maître, que l'enfant identifie, dans un transfert négatif, comme faisant partie de l'univers des personnes qui l'empêchent de résoudre sa problématique.

Le destinataire

C'est l'ensemble des enfants qui bénéficient des bienfaits de l'école, capable de les mener à la réussite, qui est l'objet, nous l'avons vu, à convoiter par les sujets faisant partie de cet ensemble. On aura noté « convoiter » ; ce n'est pas abus de langage, puisqu'il s'agit bien par la médiation de transformer en « convoitable » ce qui est sans désir au point de départ. Cette médiation est en fait double :

– celle qui médiatise le rapport d'un enfant à son environnement immédiat, c'est-à-dire à la relation à autrui, d'où le terme indiqué de rééducation relationnelle ;
– celle qui médiatise le rapport de l'enfant à son statut d'élève à convoiter, et qui effectue une conciliation et un pontage entre le psychoaffectif et le cognitif, entre le non-investissement initial dans les objets culturels et scolaires et cet investissement au terme de la rééducation.

Le schéma du roman familial dont parle Marthe Robert (*op. cit.*, p. 20-21) dans sa préface à une édition des contes des Grimm illustre le premier terme de cette médiation et le parallèle entre l'histoire du héros et l'histoire de beaucoup d'enfants que nous prenons en charge par l'aide rééducative : un enfant naît dans une famille anonyme dans un lieu non indiqué.

Difficultés d'identification, absence de repères. Il est aimé ou non par ses parents, parfois maltraité. C'est donc rarement un enfant comblé par le sort. Il lui arrive même d'avoir des parents qui ne s'occupent pas de lui, ou des frères et sœurs qui le haïssent. Une sorte de fatalité pèse sur lui qui l'empêche de grandir. Et s'il n'est pas réellement abandonné par ses parents comme le Petit Poucet ou Hänsel et Gretel, il lui faut affronter tout seul le monde hostile de l'école, qui correspond à « la forêt obscure » du conte. « Sa seule chance, dit Marthe Robert, est de rencontrer l'être aimé qui le délivre de son enchantement où tiennent encore ses attachement infantiles. » (*Ibid.*) S'il n'a pas cette chance – la médiation du rééducateur, ce qui pose la question du transfert et qui justifie à soi seul l'importance des références théoriques à la psychanalyse – il risque de « replonger dans l'oubli, l'inconscience, le chaos de l'enfance, d'où il a eu tant de peine à sortir » (*ibid.*). Et la fin du conte, le plus souvent heureuse, vient lui rappeler qu'on peut toujours triompher des épreuves à condition d'être aidé et d'être prêt à consentir une part des efforts nécessaires.

Si la structure du conte merveilleux est tellement riche en représentations de la condition humaine et si elle permet à l'enfant de s'identifier comme sujet capable de comprendre, même inconsciemment, ses propres difficultés et d'espérer les surmonter comme le héros d'une histoire qui finit bien, n'est-il pas indiqué comme support en rééducation et comme « un médiateur de choix pour tenter de rétablir la continuité psychique et sociale chez l'enfant[1] » ?

QUELQUES QUESTIONS THÉRAPEUTIQUES ET PÉDAGOGIQUES

Dès lors que l'on admet que le conte est un médiateur entre le monde de l'inconscient et celui de la culture, entre l'imaginaire de l'enfant et le symbolisme des systèmes de communication conventionnels dans lequel l'école veut le faire entrer, on est fondé à en vouloir mesurer les visées et les effets.

Plaçons-nous résolument sur le plan de la rééducation à l'école et posons-nous la question de savoir si cette pratique peut avoir des effets

1. Maryse Métra, « Raconte-moi un conte », *Envie d'école,* Journal des rééducateurs de l'Éducation nationale, n° 3, juin 1995.

thérapeutiques. De même, posons-nous la question de savoir si cette même pratique identifiée comme non pédagogique peut néanmoins avoir des effets pédagogiques. Au-delà de toute polémique, il se fait un consensus assez large aujourd'hui pour admettre que la rééducation en milieu scolaire ne peut se confondre ni avec la thérapie, ni avec la pédagogie, comme la démonstration en a été apportée. C'est donc dans les visées et les effets que l'on pourra mesurer s'il y a bénéfice ou non, et sur le plan thérapeutique et sur le plan pédagogique.

Visées et effets thérapeutiques

Depuis qu'il est admis que la rééducation ne vise pas à compenser un déficit instrumental, mais à restaurer d'abord le désir d'apprendre qui peut en amont débloquer les ressources psychiques d'un enfant pour favoriser le fonctionnement d'un instrument, force est bien d'admettre qu'il s'agit d'une aide à visée psychothérapique. Bien avant elle, la pédagogie curative, terme repris de l'allemand *Heilpädagogik,* et introduit dans les CMPP par Maurice Debesse, s'appuyait sur les approches de la psychologie clinique et s'intéressait aux dimension affectives de tout apprentissage. Il en fut de même avec la pédagogie relationnelle du langage de Claude Chassagny. Il est donc indéniable que la rééducation, et particulièrement celle qui opère à l'école, a, par ses intentions, un caractère thérapeutique. Soutenir le contraire n'est possible que pour celui qui voudrait affirmer – encore faudrait-il le démontrer – que la rééducation ne peut être que cognitive, comme se plaît à le souligner Dominique Barataud dans un article au titre provocateur[1].

Admettons donc le postulat hérité de la pédagogie curative et de la pédagogie relationnelle du langage, et cherchons à savoir quels sont ces effets thérapeutiques en rééducation quand il y a usage du conte.

C'est encore une fois du côté de la psychanalyse et chez Bettelheim que nous trouvons les réponses. Ce qu'exprime le conte est en rapport avec l'inconscient, parce qu'il amène à fantasmer, mais aussi à résoudre, par un processus qui s'écoule du préconscient vers le conscient, les problèmes

1. Dominique Barataud, « La rééducation à l'école ne peut être que cognitive », *Les Cahiers de Beaumont,* septembre 1992.

psychologiques de l'enfant. Lorsque Bettelheim dit que le conte permet de s'évader du réel à travers la fiction, ce n'est pas pour fuir les problèmes posés par le réel, c'est pour mieux les traiter, puisque la fin heureuse du conte constitue au niveau fantasmatique une réponse à un conflit réel. Le conte fournit en effet à l'enfant des matériaux de scénarios imaginaires qu'il serait incapable de concevoir tout seul, et qui lui serviront à transformer en fantasmes les contenus de son propre inconscient, en même temps qu'il rend supportables les frustrations subies dans la réalité par l'identification aux héros de l'histoire.

On a voulu prétendre que ces identifications n'étaient pas toutes morales, l'enfant pouvant tout aussi bien vouloir s'identifier au méchant géant qu'à la douce Zéralda du conte de Tomi Ungerer, *Le Géant de Zéralda*. Mais n'est-ce pas précisément aussi une des fonctions thérapeutiques du conte, telle que la perçoit par exemple René Diatkine : « L'amateur de contes peut aussi bien reconnaître chez un personnage sympathique une référence plus ou moins allusive à un aspect de son *idéal du moi,* qu'être soulagé parce qu'il repère chez un personnage antipathique une mauvaise partie de lui-même, dont il peut se débarrasser dans un jeu qui ne dure que l'instant du conte[1]. »

De quoi le conte délivre-t-il encore l'enfant ? De son angoisse, et de sa peur de ne pouvoir réussir. Beaucoup de contes merveilleux nous apprennent que l'être le plus insignifiant peut réussir. Le Petit Poucet abandonné par ses parents doit son salut en partie à la femme de l'ogre, mais surtout à sa propre débrouillardise et à sa ruse qui lui font voler les bottes de sept lieues et toutes les richesses de l'ogre. Le simplet dans *Les Trois Plumes* des Grimm réussit tout ce qu'il entreprend grâce à l'adjuvant incarné par un crapaud, et finit par obtenir la princesse en mariage et par hériter du royaume ; mais il doit aussi sa réussite au fait qu'il est vaillant et actif dans sa recherche, alors que ses deux frères, plus intelligents que lui, sont de vrais fainéants qui ne répondent pas aux sollicitations de leur père.

Seul dans l'existence, le héros ne peut réussir. Il lui faut le secours d'auxiliaires – fées, lutins, vieilles femmes, magiciens – qui l'aident à s'en sortir. Mais très souvent cette aide, ou ne suffit pas, ou n'est pas accordée, s'il s'agit d'un faux héros. Dans *Dame Holle,* dans *Les Trois Nains de la*

1. René Diatkine, *Le Dit et le non-dit dans les contes merveilleux,* Voies livres, mai 1989, p. 3.

forêt, et dans *Les Fées,* l'héroïne est une fille gentille et serviable, qui accepte d'aider les vieilles femmes ou les nains. La récompense sous la forme du don – cracher de l'or ou des pierreries chaque fois qu'elle ouvre la bouche – n'est pas un simple effet de magie, mais vient sanctionner positivement celle qui sait mettre de l'ordre en soi et ne pas céder à la pente la plus facile de son inconscient – le *ça*, cause de la ruine des fausses héroïnes de ces mêmes contes qui finissent par cracher serpents ou crapauds. Dans le conte de Perrault, la fausse héroïne est même condamnée à mourir au coin d'un bois.

Se laisser guider par l'*idéal du moi,* et renoncer au *ça*, tel pourrait être le message que le rééducateur essaie de faire passer à l'enfant lorsqu'il utilise le conte dans ses séances. Le *ça,* c'est le côté pulsionnel de l'appareil psychique, celui qui nous fait préférer le principe de plaisir au principe de réalité, ou bien nous empêche de trouver un équilibre entre les deux. L'*idéal du moi,* c'est « l'instance de la personnalité résultant de la convergence du narcissisme (idéalisation du moi) et des identifications aux parents, à leurs substituts et aux idéaux collectifs[1] ».

Le travail du rééducateur est d'accompagner l'enfant dans la résolution de cette idéalisation ; solution qui est éducative avant d'être rééducative et thérapeutique, elle consiste à mettre de l'ordre là où précédemment il y avait du désordre et l'emprise du *ça*. En rééducation, à travers le conte, l'*idéal du moi* consiste à s'identifier à des personnages qui veulent grandir, atteindre leur maturité, et qui peuvent assumer la contradiction entre le principe de plaisir et celui de réalité, en devenant donc également capable d'assumer la frustration et le renoncement à l'objet immédiat, pour différer sa conquête à plus tard. Peu d'enfants pris en charge en rééducation sont à même d'échanger une perte momentanée du plaisir contre un gain ultérieur (la réussite sociale grâce à l'école). Ce n'est pas faute seulement d'être entravé dans le conflit psychique par l'incapacité de désirer, mais c'est également et souvent l'absence de possibilité de se projeter en avant, ce qui suppose à la fois le désir, le projet, et la capacité cognitive de se représenter cet ailleurs et ce futur. Donner de la signification à la vie de l'enfant à l'école par un processus de transformation du non-sens en symbolisation, telle est la fonction de la rééducation. Donner du sens à la vie,

1. Article « Idéal du moi », *Vocabulaire de psychanalyse,* J. Laplanche et J.-B. Pontalis, PUF, 1967.

telle est la fonction du conte, dit et répète Bettelheim, dès les premières pages de *Psychanalyse des contes de fées.* Le parallèle est parfait.

Si le conte en rééducation est thérapeutique en soi, ce n'est pas seulement parce qu'il permet à l'enfant de restaurer sa capacité de se projeter en avant et de vouloir grandir. C'est aussi parce qu'il lui offre la possibilité de se rassurer et de vaincre ses peurs. Bettelheim dit que, si le conte a trop de similitudes avec la vie réelle de l'enfant, il l'inquiète plus qu'il ne le rassure.

C'est pourquoi je reste sceptique à l'égard de ces contes fabriqués exprès dans un but thérapeutique, comme ceux de Jacques Salomé[1] ou ceux de Françoise Dejong-Estienne[2]. Ces contes sont pour la plupart écrits au premier degré ; ils délivrent surtout les préceptes d'une hygiène morale censée guérir la plupart des symptômes et des somatisations, et ils sont d'un symbolisme très pauvre, n'autorisant que peu d'identifications. Ils ne laissent à l'auditeur aucune possibilité de créer sa propre imagerie, puisque tout est dit. Comment un enfant pourrait-il trouver un secours thérapeutique dans l'écoute d'un conte qui lui raconte littéralement sa propre histoire, au risque que son inconscient n'élève immédiatement des censures et ne réactive le refoulement, lorsque le titre même du conte s'appesantit lourdement sur le symptôme ? Ainsi en est-il de *Le Conte du petit bouquetin qui avait peur de perdre son zizi* de Jacques Salomé et du conte *François a la langue tordue* de Françoise Dejong-Estienne.

Je préfère de loin le conte merveilleux traditionnel qui, par sa mise à distance du réel et son déroulement dans l'imaginaire, incarne la peur de l'enfant et en même temps l'en débarrasse, puisqu'il sait qu'il ne s'agit pas d'un vrai loup et que ce dernier ne se déguise jamais en grand-mère pour manger les petites filles. De même qu'à la fin de chaque conte le héros revient à la réalité, après être passé parfois par une mort symbolique, sauf dans la version de Perrault du *Petit Chaperon rouge,* l'enfant qui redemande au rééducateur qu'il lui raconte toujours la même histoire horrible veut se réassurer dans le réel et le quotidien, en se confrontant dans l'imaginaire à la peur. Comme le dit Bettelheim, « si notre peur d'être dévoré se matérialise sous la forme d'une sorcière, il est facile de s'en débarrasser en la faisant rôtir dans un four » (*op. cit.*, p. 213).

1. Jacques Salomé, *Contes à guérir, contes à grandir,* Albin Michel, 1993.
2. Françoise Dejong-Estienne, *Conter les contes ou l'utilisation des contes et de la métaphore en logopédie-orthophonie,* Isocel Papyrus, 1994.

Visées et effets pédagogiques

L'*idéal du moi* est un concept qui, bien qu'il s'applique en psychanalyse au seul domaine du fonctionnement de l'énergie intrapsychique d'un sujet, pose le problème de sa capacité de se projeter dans l'avenir. Bon nombre de rééducateurs, conscients du fait que la prise en charge rééducative a permis une « renarcissisation », se limitent à penser, le sujet allant mieux sur le plan du bien-être, que la fin de la rééducation est proche, que les investissements psychiques sont restaurés et que le désir d'apprendre peut enfin s'exprimer. Je pose comme principe que la reconquête du narcissisme et l'identification aux idéaux sociaux ne sont qu'un aspect de la rééducation, qui peut sans doute se suffire à lui-même lorsqu'il s'agit d'un enfant de l'école maternelle, mais qui manque de portée lorsqu'il est question d'un enfant déjà scolarisé en école élémentaire. Qu'est l'*idéal du moi* pour un enfant à l'école si ce n'est en grande partie la capacité de se projeter dans le futur et de vouloir le réussir en intégrant les règles de fonctionnement de l'institution école ? Si le rééducateur s'arrête à la porte de l'entrée – ou de la rentrée – dans les apprentissages, où se situe la médiation entre l'enfant et les apprentissages ? Il n'y a de médiation qu'entre deux termes sur lesquels le travail se fait en interaction. C'est un peu comme si le chirurgien vous recollait les os en place après un grave accident et vous livrait à un environnement qui n'est pas prêt à vous accueillir tant que vous ne serez pas passé par le centre de réadaptation fonctionnelle, lequel devrait quelque temps vous permettre de retrouver une vie de relation, grâce précisément à la rééducation de vos instruments de locomotion.

Le conte présente un avantage sur d'autres médiations utilisées en rééducation : il vise à la fois un meilleur fonctionnement au niveau de la psyché, avec ses effets de régulation du sujet par les procédés d'identification et de gestion de l'angoisse, et une entrée dans le monde de la culture de l'écrit.

L'entrée dans la culture de l'écrit

Cette entrée dans l'écrit est toujours des plus problématiques avec les enfants qui sont admis en rééducation. Lorsqu'il s'agit d'élèves du CP ou du CE, c'est parce que la réussite en lecture n'a pu se faire, soit qu'ils n'y aient pas trouvé le plaisir et le désir de lire, cette question de fond ayant été escamotée ou mal traitée par les seules sollicitations au niveau des apprentissages, soit que l'élève ne dispose pas des outils pour construire et structurer ses apprentissages. Dans ce dernier cas, il vaut mieux envoyer l'apprenant en adaptation où le maître E est chargé de la mise en place de ces outils. Mais il se trouve que bon nombre d'élèves qui ne disposaient pas de ces instruments au point de départ de leur entrée au CP ont vécu des contraintes diverses et de véritables conflits intérieurs, aggravés parfois par des reprises d'apprentissage inopportunes et inopérantes, allant jusqu'à l'acharnement, de la part de leurs parents ou de quelques pédagogues ou pseudo-pédagogues confondant, dans le soutien scolaire et le soutien aux devoirs, le savoir-lire et le vouloir-lire[1]. Ce sont aussi des enfants qui à leur entrée à l'école étaient prêts sur le plan du désir d'apprendre, mais qui ne le sont plus ; ils arrivent en rééducation avec, en plus, de faibles capacités cognitives parfois dans leur mode de représentation de l'école et de la place qu'ils peuvent y prendre.

Quelles que soient les causes de ces prises en charge rééducatives, force est de constater que l'univers de l'école est largement décalé par rapport à leur univers personnel et à leur environnement familial, incapable de leur permettre d'acquérir le sens de la réussite scolaire, et même en opposition parfois avec cette réalité, certains parents n'étant pas parvenus eux-mêmes à en ouvrir les perspectives. Le fait est que les aides rééducatives s'adressent souvent à des enfants issus de familles très défavorisées sur le plan socio-culturel, comme si la rééducation elle-même servait de thérapeutique sociale.

Ces enfants présentent en rééducation le symptôme d'être des mal-lisants, très mauvais lecteurs (c'est même la raison principale qui fait que leurs maîtres les adressent aux rééducateurs) ; la tentation serait grande de les adresser aux orthophonistes, puisqu'il s'en faut de beaucoup qu'ils soient tous de« vrais » dyslexiques. C'est donc en rééducation qu'on les retrouve souvent, adressés pour mauvais résultats scolaires, rêveurs, joueurs, présentant tous des symptômes de déplaisir quand on leur demande de lire une phrase, ou un passage de texte, et ne manifestant en outre aucun

---

1. C'est pourquoi il semble important de ne pas confier à n'importe qui les aides données hors temps scolaire aux enfants en difficulté. La meilleure solution n'est pas la reprise, après six heures de classe, du manuel scolaire de lecture au risque de l'*overdose*, mais de s'inspirer de l'expérience de l'Atelier du soir avec des albums de contes. *Cf.* Françoise Cruiziat, Janine Despinette, Emese Somody Cruiziat, *Lis moi ça !,* Éditions universitaires, 1988.

intérêt spontané en BCD. Observez-les en début de prise en charge rééducative dans une salle où des albums voisinent avec d'autres objets permettant de jouer. S'ils se rendent au coin-lecture (c'est très rare !), c'est pour prendre un album, le feuilleter rapidement, et le délaisser aussi vite pour retourner à des jeux sensori-moteurs ou symboliques. On peut dire qu'ils manquent totalement de rapports affectifs avec le livre, et qu'un des objectifs du projet rééducatif sera de les amener à s'approprier l'objet-livre, comme un objet parmi d'autres, à la manière d'un objet transitionnel avec lequel on entretient un rapport sensoriel et sensuel – certains comme Jacques Hochmann diraient même un rapport « auto-érotique[1] ». S'approprier l'objet-livre signifie permettre à l'enfant de l'intégrer à son univers et d'entretenir avec lui des rapports de familiarité, source de plaisir.

Pourquoi tellement tenir au fait que le conte en rééducation (et en pédagogie) doit nécessairement passer par l'album ? Parce que l'album du conte est le symbole parfait d'un objet culturel médiateur entre le monde de l'imaginaire et de l'inconscient et le monde de la culture écrite. Puisant ses fondements dans l'un et dans l'autre, à la manière d'un pont puissamment assis sur ses deux arches principales, il réalise la médiation la plus achevée que l'on puisse trouver dans le travail de rééducation. Passer de l'un à l'autre, c'est le destin de tout enfant qui est appelé tôt ou tard à devenir élève. Si le rééducateur est un médiateur, il est aussi un passeur, qui accompagne l'enfant vers l'autre rive. Il ne le lâche pas en cours de traversée, en plein milieu, pour lui dire : « Va, tu es prêt, le but est proche, c'est à toi d'y aller tout seul. » Il l'accompagne jusqu'au terme, non en lui tenant la main, mais en l'aidant à agir seul, aussi paradoxal que cela paraisse. Le lecteur trouvera dans la relation de l'expérience rééducative avec le conte, au prochain chapitre, les modalités de ce passage qui veut être une initiation et une entrée dans le symbolique et qui peut se résumer ainsi : écouter, jouer, lire, inventer, écrire des contes.

Construction de la compétence narrative

Avez-vous observé des enfants (des garçons plutôt que des filles) jouant en cour de récréation des scénarios qu'ils tirent de leurs BD favo-

1. Jacques Hochmann, *in* Kaës et coll. *op. cit.* , p. 59-61.

rites ou de feuilletons vus à la télévision ? Avez-vous observé les mêmes en salle de rééducation dans une situation non directive où ils peuvent pratiquer toutes sortes de jeux ? Les mêmes stéréotypes s'y révèlent, qui renvoient à une imprégnation très fruste : les histoires sont très courtes, parfois inexistantes parce qu'il s'agit d'une série de *flashes* successifs où il est surtout question d'être le plus fort et de distribuer le plus de coups possible.

On trouve rarement dans ces productions un schéma narratif. Ce qu'elles ont de commun avec le conte, c'est de mettre toujours en scène un héros et un opposant. Lorsque les enfants parviennent à un jeu symbolique à plusieurs, ce n'est jamais plus de trois personnages, le troisième étant soit un nouvel opposant, soit un nouvel adjuvant. Nous voici donc déjà en présence de deux ou trois actants, et l'on voit le parallèle entre le jeu symbolique spontané et le récit du conte.

Il semble possible d'agir au niveau du jeu en rééducation en enrichissant par diverses techniques autour du conte la capacité de l'enfant à structurer le schéma narratif comme constituant des productions ludiques à caractère symbolique. Car s'abstenir systématiquement de toute intervention, c'est laisser l'enfant au niveau de ses imprégnations et de ses représentations premières, c'est-à-dire celles qui lui sont fournies par les dessins animés et les BD qu'il consomme spontanément.

Intrigué par un article de *Télé-obs,* supplément du n° 115 du *Nouvel Observateur* du 11 novembre 1995, consacré à *Dragon Ball,* ce héros de BD venu du Japon, je me suis procuré un numéro de cette série et j'ai magnétoscopé un mercredi matin l'émission de Dorothée qui passe immanquablement un épisode de ces mangas japonais. La conclusion est consternante. On n'abrutit pas seulement l'esprit des enfants par le culte de la violence, encore que ce genre de production dessinée ne montre rien qui ressemble à de l'hémoglobine et signifie très clairement, par la stylisation des personnages, qui sont tous des extra-terrestres, que l'on est largement au-delà du réel. On abrutit surtout l'esprit des enfants en le destructurant totalement.

Il y a de quoi s'inquiéter lorsque cette production est présentée sans aucun recul critique par *Le Nouvel Observateur* comme la BD culte des onze/quatorze ans, dont chaque album tire à plus de cent mille exemplaires. Regardez ou lisez vous-même : les yeux vous suffiront d'ailleurs, puisque il n'y a nul besoin de décoder ce qui se passe sur l'écran ou dans le dessin, le texte n'ayant que peu d'intérêt pour la cohérence de l'histoire. Jugez-en vous-même, sur plusieurs pages s'enchaînent des images de scènes de combat sans aucun autre texte que ces bruitages ahurissants : Kih, Kieeeeh ! Paf, Tsuaaaah !! Toc, Zip, Guiiih ! Pac, Paf, Chloph, Waah ! Crach, Flop Flop, Gué gué !! Haa !! Bing baf, etc., tout cela en graphies de diverses tailles.

Sans doute ce déluge de borborygmes et de détonations n'est-il pas nouveau. Les enfants de la précédente génération ont connu *Sankukaï* ou *Goldorak* et c'est à peu près de la même veine linguistique, le battage médiatique et le chiffre impressionnant du tirage en moins. Ce qui est inquiétant aujourd'hui, c'est que l'on assiste à une tentative et à une expérimentation grandeur nature de conditionnement de la jeunesse par l'abêtissement intellectuel, qui n'est jamais acceptable même s'il correspondait à une fonction de liquidation sur le mode cathartique de la violence que nous avons en nous. Inquiétant aussi : aucune voix de l'élite culturelle ne se fait entendre sur ce sujet. Les sports collectifs ou de combat, ou même le flipper, ont également une fonction de liquidation et de sublimation, mais ils comportent des règles pour gagner. Dans *Dragon Ball*, on ne comprend pas comment *Sangoku* fait pour gagner et pourquoi il dispose d'une force tellement considérable pour punir tous ces affreux, sales et méchants. Il n'y a aucune règle, ni début, ni fin d'une histoire, et à l'intérieur d'un épisode plusieurs scènes se déroulant en des lieux parallèles sont insérées sans que l'on sache pourquoi.

Dans le même numéro du *Nouvel Observateur,* le lecteur apprend qu'un jeune lecteur a décroché parce qu'« il n'y a plus d'histoires, seulement des combats ». Un autre dévore tous les albums de la série (il y en a quarante-deux) et les achète même en version japonaise, en les lisant « à l'envers ». Un adulte, testeur de jeux vidéo, déclare : « La télé explose tout le temps. » Quant à ceux qui mettent sur le marché de telles productions, leur opinion est également intéressante : « Destiné à des bouffeurs d'images, le manga dédaigne les plans fixes, narre plan par plan, sature l'écran d'images dynamisées. » Un des producteurs, Cyril Drevet, de TF 1, ne se prive pas lui-même de dire « c'est de la junk-food », travaillant ses produits uniquement en fonction de l'audimat, et prophétisant en toute immodestie : « Dragon Ball mérite une véritable vénération et restera gravé à tout jamais dans l'histoire. » (N° 36, *Le Retour des Saïyens*, Glénat.)

Arrêtons-là le constat. Le lecteur jugera lui-même sur pièces. Le manga japonais, au lieu de structurer l'esprit de l'enfant, y met le chaos complet, c'est-à-dire très exactement l'inverse des effets du conte merveilleux.

Le rééducateur doit également se préoccuper de ce que les médias donnent en pâture aux enfants qu'il a en charge. Sans doute le manga reprend-il les actants classiques du conte et du mythe – le sujet, l'adjuvant, l'opposant, le destinataire, le destinateur, l'objet – mais dans la confusion la plus totale et sans la moindre possibilité de s'imprégner d'un schéma narratif.

Si l'aide rééducative se montre soucieuse de permettre à l'enfant de redonner du sens à sa vie, à la rééducation et à l'école elle-même, elle se doit aussi de lui proposer des modèles d'identification possible, et des pistes pour réussir. Non seulement l'enfant ne peut trouver du sens en s'identifiant à *Sangoku,* mais il risquera de demeurer au niveau de l'illusion qu'il suffit de manier la force physique à la place de la pensée pour parvenir à ses fins. Le conte ne dit pas cela ; il dit même le contraire, à savoir que rien n'est facile si l'on ne fait pas l'effort de réfléchir.

C'est pourquoi le rééducateur ne doit pas ignorer que l'usage du conte dans sa pratique professionnelle pourra l'amener à mettre en place, par l'imprégnation simplement (et non par l'analyse comme en pédagogie), des schémas de pensée et de structuration des fonctions de communication et d'expression. Le réinvestissement narcissique peut s'opérer dans le plaisir partagé de l'écoute du conte, du jeu symbolique qui peut s'ensuivre, et de l'identification aux héros de l'histoire. Mais le réinvestissement narcissique peut aussi s'opérer dans la (re)construction d'une compétence : par l'interaction entre ce qui est de l'ordre de l'imaginaire symbolisé dans le conte et ce qui est de l'ordre cognitif de la structuration de la compétence textuelle narrative. Lorsque nous donnons la possibilité à l'enfant de jouer l'histoire qui a été contée, ou de la dessiner, ou de l'écrire, ou d'inventer une autre histoire, nous faisons appel à sa créativité. Inventer un nouveau conte aura d'autant plus de sens pour l'enfant qu'il s'inscrit dans un schéma structurant le déroulement du récit.

La créativité imprégnée par le manga reste au niveau d'une succession de fulgurations et d'électrochocs sans qu'on sache ce qui les provoque et à quelle conséquence ils peuvent mener. C'est comme si l'enfant zappait sans cesse entre deux épisodes de *Dragon Ball,* passant au même moment sur deux chaînes différentes. Il est à peu près certain qu'il n'y aurait aucune perte de cohérence dans un récit mêlant ainsi deux histoires séparées mais qui sont construites sur le même standard de juxtaposition d'images coups de poing. En rééducation, au moyen du conte, la créativité se développe par l'écoute et le jeu dans une répétition du schéma narratif.

Les scénarios produits ont de grandes chances de garder leur cohérence, et démontreront les progrès de l'enfant dans sa capacité de générer des énoncés nouveaux inédits à partir des règles intériorisées du schéma : un début, un enchaînement de faits, une conséquence, une situation finale plus équilibrée. Le lecteur reconnaîtra là le schéma canonique du récit tel qu'il ressort du conte merveilleux, et la compétence narrative dont il a déjà été question dans la seconde partie, consacrée à la pédagogie du conte. Et si cette compétence va jusqu'à la production écrite d'énoncés dans le plaisir partagé qu'offre la relation rééducative, on ne peut que s'en réjouir : c'est que la rééducation joue bien son rôle de médiation et d'interaction entre les conduites et les productions corporelles, imaginaires, symboliques et intellectuelles de l'enfant.

À ce point de l'analyse se pose une question : tout ce qui vient d'être écrit n'est-il pas du domaine de la pédagogie ? La réponse est négative dès lors que le processus mis en œuvre, puisant sa source dans l'imaginaire et le symbolique et médiatisé par la relation du plaisir partagé, favorise les conditions du désir d'apprendre auquel aucune limite *a priori* ne peut être assignée en rééducation. C'est aussi le point de vue de Michèle Dupuy, formatrice au CNEFASES (Centre national d'études et de formation pour l'adaptation scolaire et l'éducation spécialisée) de Beaumont-sur-Oise, lorsqu'elle écrit : « Un enfant aidé par un rééducateur peut, à certaines phases de l'aide, s'engager dans les différentes activités symboliques avec un plaisir de fonctionnement qui infléchira l'action rééducative vers un travail direct sur les contenus[1]. »

On pourra donc s'interroger sur les limites de la rééducation relationnelle présentée par La Monneraye, qui veut empêcher le rééducateur de travailler sur le réinvestissement des fonctions cognitives. Y a-t-il entre pédagogie et rééducation « rupture ou résonance », comme se le demande Joëlle Plaisance, également formatrice au CNEFASES[2] ? La réponse est claire là aussi. S'il y avait rupture, la place du rééducateur ne serait pas à l'école. Ce qui permet maintenant de répondre aux trois questions posées plus haut (p. 158).

1. Oui, le rééducateur peut emprunter quelques-uns des instruments de travail dans la boîte à outils du psychothérapeute et du psychanalyste (le

---

1. Michèle Dupuy, « Aide pédagogique, aide rééducative, questionnaire sur la pertinence d'une opposition », *Les Cahiers de Beaumont,* septembre 1992, p. 38.
2. Joëlle Plaisance, « Pédagogie et rééducation, rupture ou résonance », *Les Cahiers de Beaumont, op. cit.*

jeu symbolique, l'écoute, notamment), à condition de s'en servir dans la pertinence de la rééducation à l'école.

2. Non, le rééducateur n'exerce pas de pratique thérapeutique, mais les visées et les effets de l'action rééducative sont d'ordre thérapeutique.

3. Non, la formation du rééducateur ne lui permet pas d'exercer une pratique thérapeutique.

CONTE ET JEU SYMBOLIQUE

Le jeu symbolique est une activité qui jouit d'un fort engouement dans la rééducation en milieu scolaire. L'explication est simple : d'une part le cadre non directif de la rééducation autorise l'enfant à donner forme à ses désirs et à ses émotions, voire à ses pulsions contenues par l'interdit des trois règles, en les extériorisant par le jeu et en parvenant ainsi à rendre expressif ce qu'il ne peut pas dire autrement. Par ailleurs la rééducation est le plus souvent comprise par ses praticiens et par leurs formateurs comme une stimulation des processus de symbolisation, et plus particulièrement comme une aide à la capacité de l'enfant à mettre un lien entre le symbolisé et le symbolisant. Le jeu symbolique s'inscrit lui-même dans un ensemble plus vaste qui le justifie : l'univers des systèmes de signification. L'hypothèse que font les rééducateurs, c'est que, lorsque l'enfant sera parvenu à donner plus de sens à ce qu'il veut exprimer et communiquer dans le jeu symbolique, le passage vers des systèmes de représentation plus élaborés deviendra possible. Par là même, son entrée dans le symbolique à travers le jeu représente à la fois une propédeutique aux codes symboliques conventionnels et la structuration des représentations mentales, en même temps qu'elle permet de donner du sens là où il n'y en avait pas auparavant.

Le jeu symbolique en rééducation tire ses références autant chez Freud que chez Piaget. Mais c'est plus souvent le premier que le second qui est invoqué, ce qui explique que le jeu se réduise souvent à une thérapeutique, que le rééducateur justifie en appelant à la rescousse comme troisième caution Winnicott, dont on aime à citer : « Il ne faut jamais oublier que jouer est une thérapie en soi[1]. » Cette formule conviendrait bien si le problème posé n'était que celui de la psychothérapie. C'est d'ailleurs dans ce

1. D.W. Winnicott, *Jeu et réalité, l'espace potentiel,* Gallimard, 1976, p. 71.

contexte que s'exprime l'auteur de *Jeu et réalité.* En rééducation, il est un peu sommaire de se limiter à une telle conception, *a fortiori* lorsqu'il s'agit de symbolisation.

Certes le jeu symbolique a une fonction de liquidation des conflits, et de réalisation de désirs qui sont restés sans réponse dans le réel. Piaget lui-même donne dans *La Formation du symbole chez l'enfant* – ouvrage qui reste méconnu de beaucoup de rééducateurs – de nombreux exemples de jeux de liquidation des conflits, en particulier lorsqu'il livre au lecteur ses observations cliniques pratiquées sur ses propres enfants dans le jeu de la poupée, ou lorsqu'il reconnaît dans de nombreux scénarios de jeux enfantins la valeur d'une compensation, voire d'une catharsis. Ces formes de jeu, dit-il, présentent l'intérêt de permettre de liquider des situations désagréables en les revivant fictivement, et de donner au moi la possibilité de prendre sa revanche sur la réalité. L'avantage qu'il y a pour le rééducateur à se référer à la théorie piagétienne de la formation des symboles, c'est que le jeu symbolique s'inscrit aussi dans la genèse de la pensée du sujet, et qu'il est un point de passage obligé entre les schèmes sensori-moteurs et la mise en place des schèmes conceptuels de la pensée cognitive. Piaget va jusqu'à dire qu'il n'y a pas de ligne de démarcation entre le symbolisme conscient et le symbolisme inconscient, et que la pensée symbolique forme un tout, l'inconscient n'étant pas « une région à part de l'esprit, parce que tout processus psychique marque un passage continuel et continu de l'inconscient à la conscience et vice-versa » (*op. cit.*, p. 182).

Le conte est très voisin du jeu symbolique, parce qu'il met en scène comme lui des désirs restés inassouvis et que leur fonction commune est en grande partie d'offrir à notre fantasmatique la possibilité de liquider une part de nos angoisses et de nos conflits, en y projetant nos rêves les plus secrets, et en rendant ainsi le réel plus supportable. On mesure par là qu'ils ont tous deux des effets réellement thérapeutiques. Mais là ne s'arrêtent pas les perspectives qu'ils ouvrent, et leur utilisation en rééducation peut aller bien au-delà de la seule omnipotence de l'imaginaire de l'enfant, qu'elle soit inconsciente ou préconsciente.

La symbolique du conte n'est pas dissociable des systèmes sémiotiques de représentation de l'activité humaine et des différents langages utilisés pour communiquer. Entrer dans le symbolique signifie en rééducation, comme partout ailleurs, accéder à la communication avec autrui, et par le langage du corps et par le langage verbal et écrit, donc accéder à la culture, accéder au monde des symboles, et ultérieurement au monde des signes, dépasser le stade de la fusion avec l'objet primaire, renoncer partiellement à l'omnipotence imaginaire en devenant autonome et capable de reporter ses intérêts, et ses désirs, sur des objets secondaires toujours nouveaux : le jeu par exemple, mais aussi « l'expérience culturelle qui dérive du jeu », comme le dit Winnicott (*op. cit.*, p. 142). C'est donc également pouvoir se projeter en avant, avoir un projet. On ne peut avoir le projet de lire quand on n'a pas de projet du tout et qu'on est encore prisonnier du piège des forces contradictoires de l'inconscient. Mettre de l'ordre dans le chaos, disait Bettelheim à propos du conte. Accepter l'ordre du symbolique, c'est renoncer au chaos et avoir un projet.

Trois niveaux de symbolisation

On peut distinguer trois niveaux de symbolisation dans l'aide rééducative. On pourrait appeler « primaire » le premier niveau. L'imaginaire de l'enfant passe par des productions ludiques qui n'ont que peu de rapports avec les représentations à caractère culturel. Parce que l'omnipotence imaginaire autorise des expressions pulsionnelles limitées par les interdits de base, la régression est ce qui apparaît parfois et elle n'a *a priori* aucune valeur structurante de l'activité de l'enfant. On est même parfois étonné de cette excitation intempestive où l'enfant est à la limite de l'explosion émotionnelle caractérisée par des jubilations, ou par des affects destructeurs. Ces productions ludiques ne se situent pas seulement dans le registre du sensori-moteur, puisque des amorces de jeu symbolique y sont souvent repérables. Il suffit d'entendre et d'écouter l'enfant : c'est l'histoire de *Batman*, de *Sangoku*, ou de n'importe quel héros – humain, extra-terrestre ou animal terrifiant – que l'enfant joue pour son propre compte et pour s'éprouver dans son désir de puissance. Nous sommes là à la charnière de deux registres : celui de l'imaginaire et celui du symbolique, puisque les actions s'accompagnant de langage verbal sont censées exprimer ce qui est de l'ordre du manque, un peu à la manière de ce petit garçon jouant à la bobine dans un jeu de « disparition-retour » de sa mère absente[1]. Dans ce cas l'enfant symbolise pour son propre compte, sans aide de l'adulte.

1. Jeu du « Fort-da » cité par Sigmund Freud, *Essais de psychanalyse,* Petite bibliothèque Payot, 1981, p. 52-54.

Un second niveau de symbolisation caractérise le jeu symbolique lorsqu'il y a intervention du rééducateur et que son aide est conçue plus comme une action médiatrice que comme une simple présence physique limitant le cadre dans lequel se déroule le jeu de l'enfant. Cette aide médiatrice de l'activité et de la symbolisation s'opère par ce qu'Annick Frigara et Paul Fernandez appellent « la fonction de nomination[1] » dont se sert le rééducateur lorsqu'il utilise la parole. Celle-ci vaut d'abord reconnaissance symbolique, l'enfant étant reconnu et authentifié par l'adulte. Elle a également un effet de mise à distance et évite de piéger le rééducateur dans une relation trop émotionnelle où il risquerait de renforcer la régression et la dépendance. Le rééducateur qui accompagne l'enfant dans ses productions imaginaires en « parlant » successivement ses productions joue véritablement le rôle de « partenaire symbolique[2] » et lui permet d'entendre le discours qui symbolise le vécu en facilitant le passage du préconscient au conscient. Enfin les verbalisations en début et en fin de séance ont une fonction supplémentaire de structuration permettant la prise de conscience de ce qui se passera ou de ce qui s'est passé dans les différentes phases de l'activité.

Le troisième niveau de la symbolisation est atteint lorsque l'enfant est capable de faire dériver les images qu'il jouait précédemment de manière pulsionnelle vers des représentations plus abstraites, par un processus que l'on appelle sublimation et qui équivaut ici à l'investissement d'objets culturels et cognitifs. C'est le stade auquel on aboutit en rééducation lorsque l'enfant peut passer, grâce à la médiation de l'adulte utilisant par exemple le conte, du symbole au signe.

Le symbole, *sumbolon* en grec, est bien cet objet coupé en deux, fragment que deux personnes se partagent avant leur séparation dans le temps et l'espace ; plus tard, lorsqu'elles se rencontreront à nouveau, elles se reconnaîtront en rapprochant les deux parties. Symbole de l'absence de l'autre, de la séparation entre deux êtres, qui signifie, dans le cas de retrouvailles, l'attachement à la même alliance. Mais le symbole est, tout comme l'image, singulier et égocentrique, avertit Piaget (*op. cit.*, p. 238). Quand

1. Annick Frigara et Paul Fernandez, « Essai de théorisation de la pratique rééducative », *Les Cahiers de Beaumont,* n° 42, juin 1988, spécial rééducation.
2. L'expression est utilisée par Bernard Aucouturier, Ivan Darrault et Jean-Louis Empinet *La Pratique psychomotrice. Rééducation et thérapie,* Doin, 1984.

l'enfant procède à un jeu symbolique chez lui avec une poupée, le signifié que symbolise cette poupée est l'image maternelle qui entretient avec la poupée un rapport d'homogénéité et de contiguïté. Une poupée est bel et bien un objet particulier qui présente en tous points des traits isomorphes avec ceux de la mère. Il en est de même avec les objets utilisés en salle de rééducation dans les jeux autour du conte lorsqu'une marionnette (symbole) – ou tout autre objet se prêtant à une figuration anthropomorphique – est investie comme un personnage (symbolisé) absent. Au stade 1 et 2 de la symbolisation, ce sont davantage des métaphores, des images et des symboles qui sont manipulés par l'enfant, que des signes, qui, comme nous l'apprend Saussure, sont par définition arbitraires.

Ce caractère arbitraire n'est accessible à l'enfant que lorsque le signifiant se différencie nettement du signifié, ce qui n'est pas le cas lorsqu'il s'agit de métaphores, d'images et de symboles. Parce qu'à l'inverse de ceux-ci, « le concept est général et communicable » (Piaget, *ibid.*), l'entrée de l'enfant dans le système des signes a valeur de dépassement de l'égocentrisme et de l'image particulière. Lu et raconté par l'adulte, puis investi par l'enfant comme objet culturel à lire et à écrire, le conte ouvre la porte à la mise en sens de ce qu'est l'univers des signes écrits. À travers sa médiation, le rééducateur inscrit l'histoire de l'enfant-élève dans le projet rééducatif et dans le projet de l'école tout entière.

16

Une expérience de rééducation

La rééducation à l'école doit-elle procéder d'une théorie appliquée ? Non, si cette théorie lui vient exclusivement de l'extérieur de son univers. Oui, si cette théorie est élaborée en son sein. On imaginerait mal l'opérationnalisation de l'aide rééducative comme application de la théorie psychanalytique, pour les raisons que j'ai indiquées au chapitre précédent : insuffisance de la formation du rééducateur, espace institutionnel non pertinent, finalités différentes, etc. Ainsi l'utilisation du conte en rééducation ne consiste pas à introduire des pratiques théorisées dans le champ thérapeutique et psychanalytique, telles que celles développées par Hochmann dans le chapitre « Raconte-moi encore une histoire » de l'ouvrage collectif *Contes et divans* (*op. cit.*) qui se font sous contrôle médical avec des sujets psychotiques.

Par ailleurs, les rééducateurs refusent, à juste titre, de considérer la rééducation comme une répétition de l'aide pédagogique et ne reprennent pas à l'identique des modèles techniques ayant fait leur preuve en pédagogie, qui s'entoureraient simplement de plus de précautions sur le plan psychologique ou relationnel et s'adresseraient à des groupes d'enfants en nombre plus réduit. Le temps n'est plus où on pouvait se contenter de certaines définitions présentant le travail rééducatif comme une démarche pédagogique éclairée par l'approche psychologique. Comme le dit Michèle Dupuy, cette définition ne peut plus caractériser maintenant que le maître E, chargé d'une classe ou d'un regroupement d'adaptation, celui précisément qui opère dans le champ du psychopédagogique à la place du RPP.

Le travail rééducatif apparaît davantage comme la mise en œuvre d'une « démarche psychologique axée sur des visées pédagogiques » (Dupuy, *op. cit.*, p. 31). Cette formule, dans son raccourci elliptique, a le mérite de réduire la distance qui sépare encore, dans l'esprit de nombreux rééducateurs, la psychologie de la pédagogie. La démarche psychologique nécessite la connaissance par le rééducateur des modèles théoriques prélevés dans le champ de la psychologie ; la visée pédagogique exige qu'il connaisse et exploite le but réel assigné à l'action rééducative, donc qu'il mette en route une démarche de projet, voire, à certains moments du parcours, une démarche par objectifs telle qu'elle est théorisée dans le champ de la pédagogie. Dans un plan comme dans l'autre, la démarche de la rééducation se fonde donc sur une théorie.

L'originalité de cette théorie, c'est qu'elle est élaborée, non dans la confusion entre le modèle psychologique et le modèle pédagogique, ou par l'abandon de celui-ci au profit de celui-là, mais dans la tension d'un arc qui va nécessairement de l'un à l'autre. Une théorie de l'utilisation du conte en rééducation est donc possible : il s'agit de mettre en œuvre une démarche prenant appui sur la connaissance à la fois de ce qu'est le sujet pris en rééducation et de ce qu'est le conte, des rapports qu'ils entretiennent entre eux, et de l'usage de ces savoirs pour amener un enfant en difficulté au statut d'élève. Mieux être, mieux savoir, pour mieux entrer dans la culture, telles doivent être les perspectives d'action du rééducateur pour l'enfant qu'il prend en charge.

C'est cette idée même qui m'a amené à envisager au cours de l'année scolaire 1993-1994 la conduite d'un atelier « contes » avec des stagiaires dans l'option G du centre régional de formation de Strasbourg. Habituellement, de novembre à avril, les stagiaires rééducateurs vont par groupe de deux, un après-midi par semaine, dans une école pour y mener, sous le contrôle et l'accompagnement d'un formateur du centre, des travaux pratiques de rééducation avec des enfants. Cette pratique leur permet également de mener à bien la rédaction de leur travail personnel qu'ils présenteront à l'oral du CAPSAIS.

J'avais donc pris la responsabilité du suivi de deux stagiaires, avec l'aide d'une rééducatrice de l'école d'accueil, et proposé que l'on travaille avec le conte auprès d'enfants mauvais lecteurs au début du CE 1. Un groupe de quatre enfants fut constitué dans l'école d'un secteur à forte proportion d'enfants immigrés (turcs et maghrébins) à partir des signalements des maîtres, qui avaient l'habitude de travailler avec la rééducatrice correspondant de formation. Nous n'avançâmes dans le sens que j'avais souhaité que pour une partie du projet initial. En effet chaque séance débutait par un conte lu par un des stagiaires à tour de rôle, et se poursuivait par une activité d'expression : jeu dramatique libre, dessin, peinture, modelage, à partir des thèmes inducteurs du conte. L'activité jeu dramatique, avec marionnettes, déguisements et masques, fut décevante, parce qu'introduite trop tôt (dès la première séance), à un moment où les enfants ne maîtrisaient pas encore suffisamment le schéma narratif. De même l'introduction prématurée du *Tarot des mille et un contes* fut un échec, les enfants ne parvenant pas à créer une histoire. Seules les activités plastiques, les dessins, et l'écoute des enfants pendant le « contage » furent une réussite. Ils manifestaient dans cette dernière activité un intérêt soutenu, et certains jours une participation enthousiaste, y compris pour la découverte des illustrations des albums. Mais le contact avec le livre n'alla jamais plus loin.

Je compris vite pourquoi il n'en fut rien. Nous pensions, en particulier les stagiaires et la rééducatrice correspondant de formation, que l'intérêt pour le livre devait naître spontanément – le coin-lecture abondamment fourni faisait partie du décor à chaque séance – et que notre rôle, au risque de confondre rééducation et pédagogie, ne devait pas aller plus loin que le « contage » et la mise en place du cadre et du matériel avec la formulation de consignes très ouvertes. N'étant pas moi-même impliqué comme rééducateur ou stagiaire-rééducateur, je ne m'étais pas soucié des relations avec les maîtres de la classe des enfants et des articulations nécessaires entre leur projet et celui de notre groupe. Ce ne fut qu'un demi-succès et, au vu de la participation des enfants à la plupart des activités proposées, la conclusion fut celle-ci : oui, le conte a sa place en rééducation avec des élèves de fin de cycle II qui ne relèvent pas du soutien spécialisé auprès du maître E.

Mais il restait des perspectives à ouvrir, et sur le plan du jeu symbolique lié à des thèmes mis en scène par le conte, et sur le plan des réinvestissements dans les apprentissages, domaines que nous n'avions nullement approchés. Il paraissait aussi évident que le mode de travail rééducatif avec le conte ne pouvait pas se calquer sur un mode de fonctionnement de type rééducation relationnelle.

À partir du moment où le rééducateur décide d'introduire le support conte, son projet ne peut se réduire à l'écoute et à la mise en scène de la relation intersubjective, telles qu'elles ont été théorisées par La Monneraye. Cela ne veut pas dire qu'il n'y ait pas écoute de ce que le sujet veut nous dire et que l'intersubjectivité soit forcément limitée pour l'enfant à répondre au rééducateur dans un processus stimulus-réponse. Mais l'absence de tout stimulus peut aussi provoquer une absence totale de réponse, en particulier chez des enfants très angoissés, très inhibés, et dans ce cas l'écoute et l'intersubjectivité restent problématiques. On verra dans les séances ci-dessous que l'équilibre entre le projet de l'adulte et celui de l'enfant est sauvegardé, et qu'à travers l'organisation retenue, c'est leur combinaison qui est recherchée.

C'est en prévision d'une nouvelle expérience, à conduire cette fois-ci en responsabilité, que je contactais une rééducatrice dans une école d'un quartier très défavorisé de Strasbourg où les échecs en lecture sont importants. Je lui expliquais mes théories et le travail que je comptais réaliser entre novembre 1995 et avril 1996 avec un maximum de quatre enfants du CE 1 qui ne relevaient pas seulement du soutien spécialisé, mais qui présentaient par rapport à l'écrit tellement d'indifférence, voire de réactions de déplaisir, qu'il devenait urgent de trouver d'autres solutions que celles, pédagogiques, mises en œuvre par le maître responsable de la classe de soutien semi-ouverte, présente également dans cette école. J'expliquais que je conduirai seul les séances avec un matériel rapporté – coin-lecture, albums de contes, marionnettes, tarots des contes – auquel on pouvait rajouter le matériel habituel de la salle de rééducation.

Le rôle de la rééducatrice fut aussi défini : elle n'interviendrait pas dans le cours des séances, mais serait invitée à les observer, à prendre des notes, et à confronter ses observations avec les miennes au moment de l'analyse. Ayant obtenu son accord à la suite de toutes ces explications, j'ajoutais que mon rôle serait équivalent à celui de n'importe quel autre stagiaire se lançant dans la pratique pour mettre à l'épreuve des faits ses références théoriques. Cette précaution ne devait pas être qu'oratoire mais garantir déontologiquement mes essais pratiques auprès des sujets qui seraient pris en charge.

Le quartier et l'école du Ziegelwasser

Le lecteur comprendra rapidement de quel genre d'école et de quel genre de quartier il s'agit : au mois de novembre 1995, une salle de l'école et une autre de la maison de quartier installée dans le même bâtiment furent détruites par un incendie nocturne provoqué par un engin incendiaire lancé par une bande de jeunes du quartier. Deux autres tentatives incendiaires furent déjouées à temps le même mois par la police et par les pompiers, qui réussirent à éteindre à chaque fois une voiture en feu poussée sous l'auvent de l'école.

Bien évidemment l'école implantée dans un des quartiers les plus difficiles de Strasbourg, où le chômage, la drogue et la délinquance sont monnaie courante, est en zone d'éducation prioritaire. Le paysage ressemble à tous les autres paysages de banlieue : immeubles collectifs de type HLM régulièrement dégradés, quelques espaces verts pour les jeux des enfants, à l'écart des axes de circulation. Impression de ghetto.

L'école elle-même est d'architecture récente, les classes étant distribuées sur deux niveaux autour d'un patio intérieur et d'une BCD centrale. Elle comporte quinze classes, dont un poste de soutien ouvert, une CLAD (maturation pré-CP) et une CLIS type 1 pour handicapés mentaux. La mise en place des cycles a eu pour effet de limiter les redoublements au CP, l'apprentissage de la lecture se poursuivant au CE 1. C'est donc à la fin du CE 1 que se trouve reposé le problème des élèves en retard. Sur les 61 élèves que comptaient les trois CE 1, 14 avaient un retard d'un an, 2 un retard de deux ans. Plus du quart de la population scolaire en fin de cycle II présentait donc déjà un ralentissement du cursus. C'est dans cette tranche des CE1 que furent choisis les élèves pour la rééducation avec le conte comme médiateur.

LES RAISONS D'UNE AIDE RÉÉDUCATIVE

La constitution d'un petit groupe de quatre élèves maximum fut proposée aux maîtresses du CE 1 à partir de l'échec en lecture, explicable hypothétiquement pour d'autres raisons que les seules difficultés de l'apprentissage. La présence dans l'école de la classe de soutien prenant en charge les élèves pour un soutien instrumental temporaire donnait un éclairage supplémentaire pour le choix des enfants que je prendrai en charge et qui ne relevaient pas seulement de l'aide pédagogique : ceux qui outre l'échec en lecture présentaient des problèmes psychologiques servant de toile de fond, identifiables en classe par des situations de non-participation, de grand retard dans les tâches, d'inhibition, d'anxiété, et d'antécédents ayant déjà nécessité des prises en charge en orthophonie, psychiatrie ou rééducation.

Entretien avec les maîtresses

Ces caractéristiques ayant été appliquées à l'ensemble des élèves des CE1 présentant des difficultés persistantes en lecture, le groupe des quatre fut constitué dès le mois d'octobre, trois d'entre eux appartenant à la même classe. C'est au cours du premier entretien avec les deux maîtresses, qui avait également pour but d'expliquer le travail que j'allais entreprendre, que je découvrais les enfants.

J a l'âge normal du CE1. Il vit avec sa grand-mère. Ses parents habitent à l'autre bout de la ville. Ils ne sont pas venus à l'entretien, mais ont signé l'accord initial de prise en charge. J les voit toutes les fins de semaine. Déjà pris en charge en 1994-1995 par une des rééducatrices du réseau, Chantal, avec laquelle je travaillerai. Sa maîtresse le présente comme un enfant « très prenant » qui a besoin d'être valorisé. Il déchiffre très lentement avec de grandes difficultés et de nombreuses erreurs. Aucun intérêt pour la lecture spontanée. La question est posée de savoir s'il ne relève pas d'une psychothérapie parce qu'il est perçu comme hyperangoissé, voire « délirant », par sa maîtresse. Mais la suite de la prise en charge démentira ce dernier aspect.

N Fillette maghrébine qui redouble le CE 1, elle été suivie en rééducation en 1994-1995 sans véritable démarrage scolaire. Elle est présentée comme ayant envie de« s'en sortir », déchiffrant « douloureusement », cherchant à gérer son échec en lecture par l'invention de stratégies. N'appelle pas au secours lorsqu'elle est en perdition. Gentille de caractère, cherchant le contact très souvent, plutôt bonne en mathématique.

S Fillette turque. N'a jamais été signalée jusqu'à présent au réseau, bien qu'ayant suivi deux CP. Manifeste en ce début d'année une grande anxiété face à la lecture et un blocage psychologique. Elle a également un problème d'autonomie qui se manifeste par de grandes lenteurs dans l'écrit. Identifie ses difficultés en lecture, mais ne parvient pas à les résoudre. Début du déchiffrement. L'absence de tout progrès en 1994-1995 a amené les parents à venir spontanément à l'école plusieurs fois pour y rencontrer la maîtresse. D'un comportement très agréable avec l'adulte, elle est néanmoins présentée par sa maîtresse comme manquant de rapports francs avec ses camarades.

Y C'est un enfant immature, maintenu en grande section, d'une très grande inhibition face à toute tâche scolaire, et également dans ses rapports avec les adultes et les autres enfants, sauf l'un ou l'autre, et tout particulièrement J, son copain qui n'est plus cette année dans sa classe et qu'il retrouvera en rééducation, au début de sa prise en charge. Sa lecture est absolument inexistante et il aurait tendance à nier les problèmes scolaires. Présenté comme sournois. Ce qui est étonnant, c'est qu'il n'a jamais été signalé au réseau pendant l'année du CP, que sa maîtresse semble ignorer ses réelles difficultés psychologiques, puisque j'apprendrai plus tard de sa mère qu'il a été pris en suivi à l'antenne de l'intersecteur de psychiatrie infanto-juvénile, puis en orthophonie. En fait la modestie des propos de la maîtresse sur son compte semble indiquer que c'est un enfant qui ne gêne pas en classe, parce que timide et renfermé, et sans doute un de ces élèves qui passent parfois à côté d'une prise en charge rééducative faute d'observation collective systématique par les membres du réseau. Nous découvrirons ultérieurement, Chantal et moi, que c'est l'enfant le plus en souffrance du groupe sur le plan psychologique, ce qui nous amènera rapidement à infléchir le projet pour Y.

Les quatre cas semblent donc bien correspondre à la nécessité d'une prise en charge psychorééducative axée sur des réinvestissements dans la lecture, en réponse aux besoins signalés par les maîtresses. Nous éliminerons un cinquième cas présenté par elles, qui nous paraît davantage relever de l'aide du maître E de la classe de soutien.

Rencontre avec les parents

Les familles ayant donné leur accord écrit préalable, je décide de les rencontrer après quelques séances pour une confrontation de nos perceptions réciproques et leur expliquer le sens de ma démarche. La rencontre a lieu après une première séance préalable, deux séances de rééducation et une séance réservée au contrat avec chaque enfant.

N (vue par ses parents) C'est la maman, ayant des difficultés d'expression en français, qui se présente avec le petit frère de N et un cousin. N est l'aînée de la famille. Rien n'est dit sur son père, « qui travaille », en réponse à ma question sur son absence. Pas grand-chose non plus sur leur manière de percevoir l'enfant. « Il faut qu'elle travaille à l'école. » Le cousin – un adolescent – n'est pas très convaincu de la nécessité de la rééducation. Il regarde avec attention le cadre de la salle de rééducation et se risque à dire que cela ne lui paraît pas très sérieux et qu'il y a beaucoup trop de jeux. Ce n'est pas ce qu'il faut à N, nous fait-il comprendre. J'explique ce que je ferai en rééducation, et je montre les albums du coin-lecture. Même réaction. La mère et le cousin ne semblent pas persuadés que ce soit une manière de travailler, mais ils n'expriment pas de demande, nous font confiance et donnent leur accord. Mais sans doute seront-ils très attentifs aux résultats obtenus.

S (vue par ses parents) L'entretien est très cordial. Les deux parents se sont déplacés et s'expriment bien en français tous deux. Le père semble se préoccuper beaucoup de l'avenir de S, la cadette de trois enfants, et propose même de payer « s'il le faut pour le bien de ma fille ». Je ne vois là aucune autre intention que celle de me faire comprendre qu'il y attache beaucoup de prix. Il dit par ailleurs chercher à vouloir recruter un étudiant « extérieur au quartier », pour une aide aux devoirs de S. Il gère en petit propriétaire un restaurant turc, et laisse l'impression d'un bon père de famille, soucieux de faire le maximum pour ses enfants. La mère est très positive également, a une bonne perception des difficultés de S à l'école. J'apprends qu'elle joue principalement à la maîtresse à domicile, qu'elle aime bien venir en classe, et qu'elle envisage comme ses parents de quitter le quartier et de trouver une meilleure école. Je dois leur donner l'adresse d'une école privée, me disent-ils ! J'évoque davantage le problème visuel de S, puisque c'est elle-même qui m'en a fait part lors de la séance de contrat.

Y (vu par sa mère) Y a une grande sœur qui est actuellement en lycée professionnel en section préparant au CAP, après avoir connu des difficultés similaires puisqu'elle a passé par un institut de rééducation psychothérapique accueillant des enfants porteurs d'une dyslexie incurable par l'orthophonie classique. C'est là que sa mère veut le faire admettre l'an prochain, et j'approuve assez rapidement ce choix. J'apprends qu'Y a fréquenté un certain temps l'antenne de psychiatrie infanto-juvénile, qu'il a été en orthophonie, et que lors de son année de grande section il était déjà suivi par une rééducatrice du réseau, ce que tout le monde à l'école élémentaire semble ignorer. En fait la mère, très volubile et de contact facile, a déjà de grands projets pour son fils. « Il y a une méthode, dit-elle, je le fais lire chaque soir avec le livre de l'école, et je lui corrige ses mots. » Elle a interrompu elle-même la psychothérapie et l'orthophonie. « C'est moi son orthophoniste maintenant », ajoute-t-elle avec autant d'énergie que d'humour ! Elle le laisse néanmoins jouer le soir et descendre au terrain de jeu avec ses copains, à condition qu'il lui ait lu sa page dans le manuel de lecture. Je devine que les soirées d'Y ne doivent pas toujours être très gaies et que ce n'est pas le jeu qui doit l'emporter, lorsque sa mère rentre de son travail dans la maison du troisième âge où elle est animatrice. « C'est un grand joueur », dit-elle et dans sa bouche c'est plus un reproche qu'un constat. Il me vient aussitôt l'idée que je pourrai jouer avec Y avec des albums, des tarots, des contes, et j'explique à sa mère le sens de la rééducation que je pourrai entreprendre : « du jeu au travail ». Elle semble d'accord avec cette formule.

J'apprends également, sans le demander, qu'il y a un « deuxième papa », le premier s'étant séparé du couple et des enfants peu après la naissance d'Y. Selon les dires de sa mère, Y l'aimerait bien, le connaît (sans plus de précision), mais a préféré gardé le nom de jeune fille de sa mère, qui lui a laissé la possibilité de ce choix (?). Avant de partir, elle me recommande de lui téléphoner si quelque chose n'allait pas.

Après le départ de sa mère, je fais le point avec Chantal, qui a assisté à l'entretien. Nous commençons à comprendre une part des raisons qui ont amené Y en psychiatrie, puis en orthophonie, et maintenant en rééducation. Cet enfant semble écrasé par sa mère qui décide tout pour lui à sa place et qui ne lui permet sans doute pas d'accéder au statut de « sujet désirant », comme disent les « psy ». Nos propres observations après les premières séances confirment ce point : Y ne sait dire ni oui, ni non, ou alors il dit oui au premier venu, comme J, son meilleur copain, ou moi son rééducateur lorsque j'insiste après une première question sans réponse de sa part. Il faudra permettre à Y, pauvre girouette qui tourne à tout vent, de se construire dans un projet, tout seul, sans la dépendance d'autrui. Et sans la présence des trois autres enfants, et sans le stimulus *a priori* du conte. Nous rencontrerons à nouveau sa maman, désireuse de ne pas perdre le contact avec nous. A-t-elle compris que la rééducation individuelle que je lui présente à la fin de l'entretien doit avoir pour effet de permettre à Y d'agir seul et de grandir volontairement ?

LE PROJET RÉÉDUCATIF

Il a été élaboré après les deux premières séances et s'articule autour de la définition des objectifs, de l'organisation d'une stratégie de travail, avec ses supports, et de l'évaluation. Je ne mentionne pas ici le constat des besoins et la description des cas à traiter que nous avons vus plus haut.

Définition des objectifs

Ils se situent sur deux plans et sont communs initialement aux quatre enfants, avec quelques nuances.

1. Mieux-être

L'ordre des réinvestissements dans le mieux-être se fera de la façon suivante.

1. Développer le plaisir de l'écoute par l'audition de conte.

2. Lier chez l'enfant l'expression de son tonus émotionnel, ressenti lors de l'écoute, à la stabilisation ultérieure de ses affects à travers la verbalisation.

3. Faire acquérir par l'enfant une aisance relationnelle et corporelle dans ses rapports avec autrui par des activités d'expression ludique autour du conte.

2. Mieux-savoir

L'ordre des réinvestissements dans le mieux-savoir se fait en quatre points.

1. Développer le désir et le plaisir de lire des contes dans des albums, en vue de leur transfert sur d'autres supports écrits (entrée dans la culture de l'écrit par le désir d'apprendre).

2. Prendre appui sur ce désir pour résoudre certaines difficultés non résolues par l'apprentissage en classe.

3. Susciter par l'expression la création de récits de type conte, en vue de l'acquisition de la compétence narrative.

4. Valoriser ces productions par des activités d'écriture.

Objectifs particuliers

– pour N et S : l'écriture ;
– pour J et Y : une meilleure stabilisation du tonus émotionnel.

Organisation d'une stratégie de travail

Le travail se fera en petit groupe de quatre enfants sur une durée de deux trimestres (une quinzaine de séances) avec les supports suivants :

– coin-lecture présentant une vingtaine d'albums dont est extrait un conte à chaque séance ;
– marionnettes et des accessoires de déguisement pour les activités ludiques ;
– un espalier, quelques mousses et coussins ;
– une machine à écrire ;
– des tarots des contes ;
– de la pâte à modeler ;
– des papiers, des crayons-feutres, des cahiers, des stylos ;
– un tableau mural avec lettres magnétiques mobiles.

La stratégie envisagée consistera à partir d'activités ancrées dans les affects et l'imaginaire – *moment d'écoute du conte* – et à parvenir à des activités culturellement valorisées – *découverte de l'album, invitation à la lecture,* puis ultérieurement dans le déroulement de la prise en charge, *écriture de contes* – par le détour du *jeu symbolique,* qui se situera en interface entre l'écoute et les activités de lecture et de production écrite.

Cette stratégie servira de processus à chaque séance, qui se terminera par une phase de verbalisation, de prise de conscience du vécu. Chaque séance débutera également par la verbalisation, de manière à anticiper les actions dans le temps et l'espace, et à les inscrire de même dans le projet et le contrat.

La salle de rééducation se trouvant dans un ancien appartement de fonction en dehors du bâtiment scolaire, les enfants seront cherchés et ramenés dans leur classe par le rééducateur.

Le choix des contes se fera parmi ceux de Perrault et de Grimm, et d'autres contes merveilleux traditionnels ou modernes, toujours présents au coin-lecture, permettant de multiples identifications et projections. La *séance-type* se déroulera de la manière suivante.

UNE SÉANCE-TYPE

1. *Accueil des enfants.*
2. *Verbalisation* (5 minutes) : on se situe dans le temps et l'espace de la séance, dans le projet et dans le contrat, et par rapport aux règles fondamentales affichées au mur. Un réveil est posé en permanence sur une table pour signifier le temps qui s'écoule par rapport au projet d'activités arrêté en début de séance.
3. *Écoute du conte* (10 minutes) : le rééducateur prend un album sur le meuble coin-lecture, invite les enfants à se regrouper sur des coussins à ras de terre. Il s'assied en face ou à côté d'eux au même niveau et leur conte l'histoire dans l'album avec les effets d'expression nécessaires. Cette première partie se termine par une courte verbalisation, et par une observation des images de l'album.
4. *Phase non directive* (10 minutes) : le rééducateur invite les enfants à jouer une partie de l'histoire avec des marionnettes ou des déguisements. C'est le moment réservé au *jeu symbolique.* Ceux qui ne le souhaitent pas peuvent dessiner ou modeler des éléments du conte ou écrire à la machine. Si on ne tombe pas d'accord, négociation avec le rééducateur dans le cadre du projet et du contrat.
5. *Phase des réinvestissements dans la lecture et l'écrit* (15-20 minutes) : en regroupement autour d'une petite table octogonale. Le rééducateur propose la lecture d'un passage du conte, prévue par lui ou choisie par les enfants. Il propose également le travail de décomposition-recomposition d'une phrase au moyen d'étiquettes préparées. En cas de difficultés rencontrées dans la découverte de l'écrit (déchiffrement), il propose des activités permettant de les résoudre à l'aide du tableau et des lettres magnétiques.
6. *Phase de verbalisation finale* (5 minutes) : prise de conscience du vécu, des progrès accomplis, des difficultés rencontrées. Inscription de la séance dans le long terme de la prise en charge : « Tu as avancé dans ce domaine... il te reste à faire... »
7. *Retour en classe.* Un temps d'analyse entre la rééducatrice attitrée du réseau et moi vient clore chaque séance à partir de nos prises de notes respectives. Le rôle de Chantal est, avec son accord, non pas de s'impliquer directement dans le processus rééducatif, sauf nécessité (rappel des limites par exemple), mais d'être observatrice.

Évaluation

La présence d'un tiers permettra après chaque séance de faire le point entre nos perceptions sous forme d'analyse de la séance. Un bilan d'étape est prévu à la fin de janvier avec les deux maîtresses. Un bilan définitif aura lieu à la fin du second trimestre avec les maîtresses et sera adressé aux parents.

L'ÉVOLUTION DE LA RÉÉDUCATION

Séance 1

La première séance a lieu au début de novembre. J'explique aux enfants de quoi il s'agit et pourquoi ils viennent en rééducation, me faisant l'écho du discours déjà tenu par les maîtresses. Nous faisons le tour de la salle de rééducation en nommant chaque fois les objets et les actions auxquelles ils peuvent se prêter :

- coin-lecture avec albums ;
- boîte-maisonnette des marionnettes ;
- machine à écrire ;
- tableau magnétique, lettres mobiles ;
- tonneau plastique avec divers matériels : cordelettes, cerceaux, balles, matériel pour le déguisement, etc. ;
- petite table avec crayons-feutre et papiers ;
- jeux de tarots des contes.

Cette séance doit principalement permettre de situer les désirs et les investissements (ou non-investissements) des enfants par rapport aux nombreux objets présents dans la salle, en particulier les objets dits culturels : tableau, coin-lecture, machine à écrire, albums. D'autre part elle vise une familiarisation des enfants avec les lieux et les activités qui y sont possibles, dans la perspective de la suite de la prise en charge.

Je me sers d'une grille d'observation où je peux noter les actions de chacun :

- par rapport à l'objet-livre,
- par rapport aux autres objets,

– par rapport aux enfants,
– par rapport aux deux adultes.

Le constat et l'analyse qui s'ensuit permettent de conclure qu'il y a eu plusieurs amorces de jeu symbolique par les deux garçons, rejoints épisodiquement et brièvement par S, et que des essais d'activités plus orientées vers le culturel ont été tentés par les deux fillettes.

Jeux sensori-moteurs, jeux symboliques

Le jeu symbolique est amorcé par J qui essaie d'entraîner avec lui Y. D'emblée, J est très tonique, demande à son copain de l'appeler Tarzan. Il joue d'abord avec un énorme ballon qu'il fait rouler vers son camarade, mime le maître qui punit, grimpe sans arrêt aux espaliers, papillonne d'une activité à une autre : cerceaux, jeux d'opposition avec Y qui l'appelle « le prince », exploration à deux de l'intérieur du tonneau...

Y essaie d'intéresser les deux filles au jeu de J. Il rit beaucoup et paraît à la fois joyeux et maladroit, peu créatif, toujours à la remorque de J.

S s'est intéressée très brièvement aux cerceaux, a pris un voile pour se déguiser et se rapprocher des jeux des garçons ; mais les trouvant trop bruyants, comme elle dit, s'en désintéresse rapidement. Quant à N elle ne prête pas la moindre attention à J ni à Y.

Activités avec les albums et la machine à écrire

Ni les tarots ni le tableau magnétique (mais je n'ai pas vraiment précisé que l'on pouvait s'en servir) n'ont attiré quiconque. S oscille entre la découverte du coin-lecture – elle prend seulement l'album *La Plus Mignonne des Souris* et le feuillette – et la réalisation d'un dessin représentant une maison qui l'occupe plus longuement. Elle va ensuite découvrir brièvement les marionnettes et se rend auprès de N à qui elle demande en vain de la laisser écrire à la machine. Cette dernière, d'un bout à l'autre de la séance, est restée à ce poste.

Commentaire

Je perçois chez N surtout un fort désir de s'investir dans l'écrit : elle teste la machine, qui se bloque souvent, et m'appelle à l'aide. C'est d'ailleurs elle qui me sollicite le plus dans cette séance et qui ne se décourage nullement malgré les blocages successifs du chariot. Elle me montre sa production : des lettres au hasard, mais aussi des titres d'albums qu'elle a pris au coin-lecture :

Les Trois Brigands, La Plus Mignonne des Souris. Elle manifeste donc déjà le souci de résoudre ses problèmes en lecture et entre de plain pied dans le projet.

S est partagée entre le jeu, le dessin et le désir de passer à l'écrit, mais sans vraiment oser le faire.

J est incontestablement le maître du jeu, dans lequel il dépense son énergie sans compter, à la grande joie d'Y qui cherche sans arrêt son contact, et celui parfois des deux fillettes, en se laissant entraîner par qui le veut.

Il est étonnant de constater au moment de la verbalisation que J identifie le mieux l'enjeu de la rééducation, tel que je l'ai annoncé, et qu'il ne cherche pourtant à aucun moment à entrer dans le projet, comme s'il n'y avait aucune adéquation entre ce qu'il accepte verbalement et ce qu'il réalise en fait en cours de séance. Quant à Y, au moment où il est invité à prendre la parole, il ne dit rien, et sourit timidement en manquant complètement d'assurance.

Je me rends compte déjà que ce groupe est par trop hétérogène. D'un côté N et, dans une moindre mesure, S, qui demandent qu'à la prochaine séance je leur conte *Le Géant de Zéralda,* et de l'autre J qui voudrait bien entrer dans le jeu de la rééducation, mais qui ne peut pas lorsqu'on le laisse en non-directivité ; quant à Y, il ne se situe de lui-même nulle part.

Séance 2

Je conte *Le Géant de Zéralda.* Les enfants, d'abord en face de moi, se rapprochent au fur et à mesure, se mettent à mes côtés pour regarder l'album avec une grande avidité, avant que j'aie terminé. Y joue d'abord aux marionnettes et cette fois c'est lui qui invite J, puis N. Cette dernière joue Zéralda et Y monte à l'espalier pour se jeter sur elle comme dans le conte.

J rejoint Y aux marionnettes, puis se dirige très rapidement vers la machine à écrire où, pendant cinq à dix minutes, il copie des mots de *Victor et la sorcière,* suivi ensuite par N qui écrit un passage du *Petit Chaperon rouge.* Avec S elle décide de modeler les gâteaux de Zéralda et réclame de la pâte à modeler à Chantal. À la fin de cette phase de la séance, les quatre enfants jouent de concert le passage du conte où le géant se jette sur Zéralda. N prend l'initiative et montre aux autres ce qu'il faut faire. Il y a deux ogres – les garçons bien sûr – qui tombent à bras raccourcis sur les deux Zéralda.

Le retour au calme par la verbalisation amène les enfants à prendre conscience de ce qu'ils ont vécu.

La critique de la séance me donne l'occasion de penser que la verbalisation joue bien deux fonctions : prendre conscience de ce qui s'est passé par l'intériorisation des actions ; ramener le sujet dans le projet, ce qui est bien plus complexe. Si je ramène la séance au projet initial, je suis plutôt satisfait. Le livre viendra plus tard. Je conclus l'analyse en disant à Chantal : « Ça marche trop bien, mais ce sera difficile entre les filles d'un côté et les garçons de l'autre. »

Le contrat

Je ne suis pas un farouche adepte du contrat, surtout s'il est écrit et signé de la main de l'enfant, mais je me dis qu'avec des élèves du CE 1, qui sont au seuil de l'écrit, cela vaut la peine d'être tenté, surtout si on le formule de manière claire et simple, et si on ne solennise pas trop la fameuse problématique du secret. J'explique donc aux enfants qu'ils peuvent me faire confiance sur ce point : je ne transmettrai à leurs maîtresses et à leurs parents que ce qui est important pour leur réussite en classe, à savoir leurs progrès par rapport aux signalements initiaux relatifs à la non-réussite dans les apprentissages. J'ai prévu une feuille par enfant avec à gauche leur identification, les motifs de leur signalement, et l'aide qu'ils sont en droit d'attendre de moi, et pour conclure, leur engagement : progresser à l'école, devenir meilleur élève, en particulier en lecture, et pour N et S en écriture. Du côté droit de la feuille, qui m'est réservé, j'ai fait figurer mon identification, le travail proposé en groupe avec le support des contes en détaillant les propositions ainsi :

– écoute des contes ;
– lecture des contes ;
– jeux autour du conte ;
– jeux d'écriture de contes ;
– productions de textes de contes, oraux et écrits.

Comme les enfants, je veux dater et signer. Mais les contrats ne seront pas signés ce jour-là. N et S y adhèrent et veulent signer tout de suite. Je leur donne le temps de la réflexion et d'éprouver leurs attentes. Quant à Y, qui est appelé le premier, il ne dit rien d'abord, comme à l'accoutumée, et reste extrêmement timide, tout en disant oui finalement à tout ce que je lui propose. Il serait trop facile de lui extirper un accord définitif et en même temps il très difficile de lui faire exprimer un désir. Mais quel est-il et qu'attend Y de moi ? Est-il seulement prêt pour un projet de l'ordre de l'écrit ?

Je saisis mieux la problématique des trois autres. J nie qu'il ait des difficultés en lecture mais demande de l'aide parce qu'il ne « sait pas faire tout seul en classe ». S fait la coquette et dit que ses mauvais résultats en lecture sont dus à un problème de vision, tout en demandant spontanément une aide pour l'écriture. Quant à N, elle demande également de l'aide en écriture et passe sous silence ses problèmes en lecture.

Séance 3

Ce sera la séance-déclic, qui laisse un peu d'amertume sur le coup parce qu'elle n'est pas réussie, mais ô combien révélatrice de la nécessité de réajuster le projet. En fait les enfants, dans leur attitude de fuite ce jour-là par rapport à mon propre désir, me font comprendre que mon projet est à revoir. Que s'est-il donc passé ?

J'ai lu *Le Petit Chaperon rouge,* et personne n'a voulu écouter. S, très contrariée, a déclaré qu'elle voulait entendre un autre conte ; J a fait le pitre pendant que je contais ; Y n'a pu se priver d'imiter son copain, et N, ayant d'abord prêté attention, s'est fâchée parce « les autres font les fous » et l'empêchent de travailler, selon ses propres dires. En effet, non seulement sa machine à écrire s'est bloquée sans arrêt, mais J et Y furent constamment, dans la phase succédant à l'écoute, dans la décharge pulsionnelle au niveau sensori-moteur, ponctuée de quelques amorces de jeu symbolique tirées du *Roi Lion.*

Je me rends compte, au moment où se déroule l'action, mais encore plus durant l'analyse avec Chantal, que je n'ai pas su assez verbaliser et reprendre les enfants par les interdits devant les dangers de leurs jeux intempestifs. Les garçons ont passé leur temps à sauter de l'espalier et à se rouler à terre bruyamment, avec des effets jubilatoires continus. S a fait de la pâte à modeler en se refusant à communiquer.

Commentaire

Je suis de plus en plus confronté à l'obligation de devoir gérer deux projets : celui des deux fillettes en pratiquant des activités calmes autour du conte, avec diverses entrées possibles dans l'écrit que je n'exploite pas suffisamment et celui de J, entraînant avec lui Y dans le défoulement pulsionnel. J'ai beau chercher à faire verbaliser en fin de séance et à donner mes propres impressions, la sonnerie de l'heure de la récréation met un terme définitif à mes tentatives et à la séance, les enfants ne tenant plus en place autour de la table.

Je dois donc prendre une grande décision, sinon l'avenir des prises en charge risque d'être gravement compromis, et m'interroger sur d'autres possibilités de conduite de ce groupe, mais aussi veiller à ce qu'aucun des enfants ne se sente frustré. J m'a mis en garde : lorsqu'il est invité à verbaliser son trop-plein pulsionnel, il se rend compte rapidement, par mes questions, qu'il ne rentre plus ni dans le projet, ni dans le contrat. « Il faudrait me faire rentrer une petite bulle dans ma tête pour que j'arrête ça », dit-il à propos de ses jeux violents. Je méditerai sur ce que signifie cette petite « bulle ».

Je me rends compte que, face à S et N qui ont un désir très affirmé d'entrer dans l'écrit et qui me font comprendre que les deux garçons par leurs comportements les en empêchent, ces deux-là posent des problèmes dont je n'avais pas mesuré l'importance, en particulier Y qui, lui, n'est porteur d'aucun projet. Puisqu'il n'a pas le projet d'entrer dans l'écrit, je lui proposerai une rééducation relationnelle, où, tout seul, il sera amené à construire et à structurer l'activité, et à connaître l'expérience de la réussite.

N semble toujours donner le ton du *surmoi* au groupe : « Ici il faut apprendre, c'est comme en classe, il ne faut pas faire le fou », dit-elle ! C'est à la fois vrai et faux, et je lui explique les limites de sa formule.

Nous travaillerons donc à trois dans le projet « contes », et je m'occuperai d'Y tout seul en lui proposant une séance individuelle hebdomadaire.

Séance 4

J est tout seul, par suite de grève dans l'école. Il déclare en début de séance : « On a fait n'importe quoi la dernière fois, les filles nous ont traités de fous. » Je reprends le contrat, repositionne la séance précédente et lui fais comprendre que l'aide rééducative va lui permettre d'« être à la fois mieux dans son corps et dans sa tête ». Il donne son accord, signe le contrat après une lecture très laborieuse, truffée d'erreurs et de difficultés à déchiffrer, choisit un livre que je dois lui lire : *Le Nain Tracassin,* des Grimm (*Rumpelsilszchen*). Il écoute sagement, s'intéresse aux illustrations, et décide dans la seconde phase de la séance de jouer « à la gymnastique ».

En fait il jouera à Mortal Kombat ; il m'explique que c'est le jeu du Dragon Ball Z et s'empare de marionnettes qu'il fait semblant d'exterminer successivement. « Je veux tuer ma grand-mère, je veux les tuer tous, dit-il. Non, la reine je ne la tuerai pas. Je suis le roi des contes. » Après ce défoulement, il accepte d'être studieux et de lire une phrase, avec beaucoup de peine, dans l'album. En fin de séance, il me confie qu'il a aimé l'histoire de Tracassin, mais qu'il n'avait pas envie de la jouer.

À l'analyse, je dis à Chantal que la lecture que je fais du conte en début de séance n'est pas « la cerise sur le gâteau » et qu'il n'est pas question que je la place à la fin comme s'il s'agissait d'un moment de relaxation, mais qu'elle constitue « la génoise » sur laquelle je veux construire mon projet rééducatif, c'est-à-dire le fond du problème.

Séance 5

Avec N et S seulement, J étant absent pour raison de participation à une séance de cinéma qu'il a préférée à la venue en salle de rééducation. Je rappelle les contrats aux deux fillettes, qui les signent, N ajoutant « comme papa ». Lecture du conte *Le Cadeau de Noël de Gaston Grippemine* de John Burningham. Intérêt des deux fillettes pour l'album, qui jouent ensuite à la maîtresse. N prend le jeu en mains, donne des exercices de calcul à S et lui inflige une punition, qu'elle n'accepte pas, après mon intervention, même pour « de semblant », car elle devait écrire : « Je ne fais pas mal aux autres » (une des lois affichées dans la classe que S n'avait pas transgressée).

En fin de séance, lecture d'un passage de l'album. N m'étonne beaucoup par sa capacité à lire la plupart des mots de l'album et par son intérêt pour le texte. S est plus évasive, regarde souvent par la fenêtre. Elle me demande de lui donner un livre, ou au moins, devant mon refus, de lui en prêter un pour l'emporter à la maison. Je lui suggère de faire cet emprunt à la BCD, où elle m'invite à aller avec elle un jour prochain.

La maîtresse de N me dit qu'elle s'investit beaucoup ces temps-ci dans la lecture. Son besoin de s'identifier à un adulte pour signer son contrat et à un autre pour jouer à la maîtresse me semble concorder avec sa volonté de grandir maintenant et d'entrer dans son statut d'élève s'intéressant à l'écrit.

Séance 6

Cette séance révèle de diverses manières l'avancement des projets. Au point de départ les trois enfants se montrent très intéressés par l'écoute du conte *Victor et la sorcière* d'Olga Lecaye (L'École des loisirs). N est la plus présente ; S est légèrement en retrait et en surplomb par rapport à ses camarades, préférant un siège aux coussins, mais elle écoute. J est présent, mais au moment le plus angoissant du conte, il se replie en position fœtale et déconnecte un court instant avant de revenir au groupe. Le conte raconte en effet l'histoire d'un lapin qui, puni par son père à la suite d'un refus de manger, s'est volontairement exilé dans la forêt, mais fait une vilaine rencontre et manque d'être dévoré par une sorcière, avant de retrouver sa famille, grâce à un adjuvant, le chat Gris-Chat. Cette histoire rappelle sûrement à J l'éloignement de ses parents, qu'il ne voit qu'épisodiquement.

Dans les autres phases de la séance, S refuse tout projet de lecture, préfère modeler des petits lapins, puis écrit un passage du texte tout en évitant de lire avec moi. Est-ce encore de la coquetterie en présence de N que je complimente beaucoup aujourd'hui pour ses performances en lecture, ou même de J ? « On est là pour se concentrer, pour mieux apprendre », dit-elle spontanément en commençant sa page d'écriture. Je lui propose à plusieurs reprises de l'aide pour essayer de lui faire accepter de lire, et de voir explicitement avec elle comment résoudre son problème en lecture. Rien n'y fait. Son cas devient inquiétant : elle a parfaitement compris à quoi sert la rééducation, mais refuse obstinément toute forme de lecture orale ou même silencieuse. J'apprends par Chantal et par sa maîtresse qu'elle ne fait plus d'efforts en classe. Pourtant aujourd'hui elle s'applique du mieux qu'elle peut pour écrire son texte. À la prochaine séance je lui proposerai de travailler en dehors du groupe.

J comme à l'accoutumée n'a pas voulu jouer le conte, mais le « sien », c'est-à-dire une fois de plus une histoire de méchants qui se battent jusqu'à se détruire. Son jeu n'a rien de symbolique aujourd'hui bien qu'il me dise qu'il est Zelda, un héros de son jeu Nintendo. Très pulsionnel, il n'échafaude aucune histoire, si ce n'est de tuer « les autres » dit-il, sans précision. « Je viens ici pour faire le fou », ajoute-t-il ; puis se ravisant devant mon regard désapprobateur : « pour démêler ma mémoire », réminiscence sans doute de sa rééducation de l'an passé.

Je lui dis qu'il faudra aussi qu'il parvienne à se contraindre, à se forcer, à avoir un projet de réussir, et de parvenir un jour à limiter son jeu pulsionnel, tout en lui faisant comprendre que je l'accepte, puisque nous sommes en rééducation. C'est d'ailleurs une condition que je lui expliquerai à la prochaine séance : d'accord pour le jeu destructeur qu'il propose, à condition de rester dans le faire-semblant, dans les limites des règles, et de s'efforcer d'accepter l'activité lecture à la dernière phase.

Pour canaliser son agressivité, qu'il libère sur les objets aujourd'hui, j'essaie d'entrer dans son jeu et il accepte de lancer des balles dans un cerceau que je tends à sa demande. Je compte également les points à son invitation. Cela me paraît nettement plus structuré qu'au point de départ. Il m'étonne aussi dans la dernière partie de la séance en lisant dans l'album un paragraphe entier, de manière presque correcte. Je l'encourage et le complimente. Il s'évade cependant vers le coin-lecture, feuillette *Les Trois Brigands,* mais finit bêtement sa séance en renversant un sachet de cacahuètes. Il reconnaît qu'il aurait dû m'écouter et laisser cet article au portemanteau.

N marche « très fort », selon l'expression que nous employons, Chantal et moi, à l'analyse. Elle a écrit tout d'abord au tableau quelques lignes du conte, modelé un lapin, puis s'est mise à lire d'elle-même le règlement scolaire qu'elle avait apporté ! Je suis cependant obligé de lui indiquer à plusieurs reprises ses limites, puisqu'elle ne se maîtrise pas émotionnellement, et taquine S. Essaie-t-elle de jouer à tester mes propres limites ? Je la menace de lui assigner une place en-dehors du groupe, puis de guerre lasse de la faire revenir en classe, si elle ne se calme pas. Cela semble la raisonner et elle se montre mieux disposée jusqu'à la fin de la séance. Elle lit plusieurs paragraphes, avec quelques erreurs, puis recopie dans son cahier un passage. Je pressens, sans le lui communiquer, que la fin de sa rééducation n'est pas très éloignée, et j'essaierai maintenant de l'amener également à la maîtrise d'elle-même en même temps que se poursuit la rééducation avec le conte. Il me semble que la connexion, le pontage, selon mes schémas, sont en train de se produire avec N.

Nouvelle rencontre avec les maîtresses

Cette rencontre se situe à mi-parcours, entre la sixième et la septième séance. Les cas des enfants y sont discutés. Je suis soucieux d'informer les maîtresses de l'évolution des projets rééducatifs de chaque enfant mais aussi d'apprendre comment ils se comportent en classe. À leur demande je présente d'abord chaque cas et elles me font part de leurs propres observations, avant que nous ne définissions la suite du processus et n'envisagions les orientations pour la rentrée 1996-1997, puisque trois des enfants ont déjà une année de retard.

J Il n'évolue en aucun domaine et ne montre aucun intérêt, me confie son institutrice, contrairement à l'impression que j'ai moi-même de sa lente progression vers l'investissement dans l'écrit. Ses parents, que j'ai relancés par lettre, n'ont toujours pas daigné répondre. Je pense que J peut inconsciemment profiter de ce malentendu, qui est en fait un non-entendu de sa famille, et exploiter à son avantage mes propres faiblesses (= travailler sans filet). Nous convenons que le problème est d'abord psychologique, et tombons d'accord pour une consultation et un suivi au CMPP, pour lesquels un nouveau courrier aux parents s'avère nécessaire. Ils ont cependant refusé tout examen psychologique à l'école et estiment que leur enfant n'a pas de problème. Je comprends cette fois-ci, par la communication de cette information que j'ignorais au départ, que J est écartelé entre deux mondes – celui de sa famille et celui de l'école – qui se le disputent.

N Je présente un bilan d'évolution positive. « Ça se passe très bien en classe », dit d'emblée sa maîtresse. C'est dû, selon elle, autant à la rééducation qu'à l'intervention d'une de ses tantes qui la fait lire avec des albums, ce qui sera confirmé par la fillette à la séance suivante. Effet de la rencontre avec la famille ? Les fautes d'orthographe bien sûr sont massives, mais je précise que je n'interviendrai pas dans ce domaine. En mathématiques, bons résultats également. N est maintenant dans la bonne moyenne de la classe. Devant ces constats conjugués, j'annonce que j'envisage la fin de la rééducation aux vacances d'hiver, soit dans quatre semaines. Nous en convenons unanimement. Le sevrage est donc proche, puisque la règle de l'école est en train d'être intériorisée. J'évoque cependant les symptômes comportementaux, mais la maîtresse n'y fait pas écho, comme s'ils ne se produisaient que dans la salle de rééducation.

S Après un passage à vide, elle s'est ressaisie. Je suis étonné d'apprendre qu'elle ne refuse pas de lire en classe, qu'elle hésite certes dans le déchiffrement, mais qu'elle n'est pas loin du niveau de N. Elle bloque surtout à l'écrit, dit sa maîtresse, dans la compréhension des consignes, ainsi que dans les mathématiques. Je me propose de la prendre à l'écart à la prochaine séance pour voir si son blocage peut se lever en relation duelle, ou de travailler en lecture silencieuse, puisqu'il y a refus à l'oral. J'apprends qu'elle « a démarré de manière progressive », ce qui ne me semble pas suffisamment éclairant sur ses chances de passer en CE 2.

Je suggère donc un signalement au psychologue scolaire, ce qui est accepté.

Je retire de cette synthèse la confirmation que la rééducation doit se poursuivre, avec une dominante sur la question de la lecture silencieuse et de la compréhension.

Y Très discret en classe. Sa maîtresse laisse entendre qu'elle a compris comment le prendre, c'est-à-dire en ne l'effarouchant pas et en ne pratiquant pas avec lui le *forcing* qui l'inhibe davantage encore, et donc en le laissant « venir de lui-même ». Dans ce contexte, certains jours il surprend par ses capacités de travail, en mathématiques surtout. Nous évoquons deux perspectives de manière approfondie : son orientation vers un institut pour enfants dyslexiques, et la poursuite de la rééducation en attendant. J'explique le travail que je fais maintenant avec lui, seul. Une partie de la séance est réservée aux jeux dont je lui laisse l'initiative mais avec ma participation ; durant l'autre partie je lui propose un conte et des éléments qui peuvent en être extraits pour l'amener patiemment vers le désir de découvrir l'écrit. La veille il a été testé par le psychologue, qui nous apprend sans surprise qu'il est d'intelligence normale, avec une grande disparité entre performances verbales et pratiques.

Séance 7

Conte lu : *Jack et les haricots magiques.* Les enfants sont très attentifs et veulent tous les trois découvrir l'album plus avant. On décide de jouer le conte, S se prêtant de mauvaise grâce à la proposition de ses camarades. J est Jack, S est la maman. Quant à N, prenant rapidement les choses en main, elle cumule les rôles de l'ogre et du vieillard. Je demande aux trois enfants de s'entendre préalablement et de faire le projet, avec les différentes phases.

N une fois de plus m'étonne. Elle demande du papier, se met à dessiner de manière très didactique devant les deux autres, en expliquant que c'est le scénario (terme qu'elle n'utilise pas) du jeu. Son dessin en fait est un schéma, abstrait et à peine figuratif, où l'on voit de grands trajets fléchés avec les repérages des actions, des personnages et des objets, les trois épreuves de Jack avec les aller-retour. Son schéma narratif est extraordinaire de précision et de cohérence, et son dessin une production hautement symbolique. J essaie de faire de même, avec moins de réussite. S regarde les productions graphiques et attend.

On se met donc à jouer l'histoire, avec l'aide de l'espalier, qui sert magnifiquement de tige de haricot. C'est une réussite et tous trois manifestent leur contentement, avec toutefois une participation plus effacée de S.

Je propose des passages de l'album à la lecture avec quelques photocopies que j'ai préparées. Les trois préfèrent écrire quelques lignes du texte. J'aide J à déchiffrer avec les lettres mobiles les mots qu'il ne comprend pas. S me confie qu'elle souhaite rester en rééducation « jusqu'aux grandes vacances ». Elle accepte de lire en silence et de me dire où je dois l'aider, lorsqu'elle aura des difficultés à lire un mot inconnu. En fait je découvre que le stade du déchiffrement n'est pas encore atteint, contrairement aux informations de sa maîtresse. Elle bute sur chaque mot.

N se montre vite espiègle et essaie de ruser avec moi, en faisant l'inconstante alors qu'elle avait promis en début de séance de se concentrer. Elle veut partir dix minutes avant la fin. Je la prends au mot, mais elle veut se raviser. C'est moi qui cette fois-ci insiste pour qu'elle aille au bout de ses idées. En partant avec Chantal, elle dit qu'elle reviendra encore deux fois, « peut-être », ajoute-t-elle. Comme cette enfant me fait comprendre qu'elle perçoit elle-même que la fin de la rééducation est proche, sans que nous en ayons parlé de manière explicite ! Je ne crois pas que nous irons ensemble jusqu'aux vacances d'hiver, mais je ne souhaite pas que le sevrage se fasse avec l'idée que c'est moi qui la renvoie.

Après son départ, pendant un quart d'heure, nous travaillons bien, avec J et S, en écriture et en lecture. C'est à peine s'ils sont d'accord en fin de séance pour rentrer en classe. Je leur explique que c'est la règle que nous avons fixée, et que je dois maintenant m'occuper d'Y. À la prochaine séance je proposerai à S et à J le jeu du tarot des contes pour les amener à produire un conte et à l'écrire. J'estime que la compétence narrative qui s'est manifestée dans le dessin-scénario de J, et de N, surtout, est suffisamment ancrée pour tenter une nouvelle avancée dans le projet rééducatif.

Séance 8

J'introduis le jeu de cartes de l'*Atelier des contes* Nathan. Parmi les 55 cartes j'en sélectionne 30 en 6 séries de 5, chaque série étant contenue dans une enveloppe fermée. Estimant que la compétence narrative est en voie d'acquisition, je compte amener les enfants à produire un conte, à partir de quatre actants – le héros, l'ami, l'ennemi, le bonheur –, d'un lieu et de l'objet magique. Chaque enveloppe permet donc cinq choix. Les enfants sont très impatients de découvrir le contenu des plis, mais il va falloir attendre un peu, le temps que j'aie conté *Hänsel et Gretel,* avec toujours la même attention parfaite de mes auditeurs-lecteurs. N assise à mes côtés lit à voix basse le texte pendant que je le lis à voix haute. Je la laisse faire, car elle ne gêne pas les autres. Cette lecture précédant la création me sert d'ultime essai pour l'imprégnation du schéma narratif

Les enveloppes sont ouvertes, et on obtient une trame avec six cartes. L'histoire n'est pas facile à inventer : on dispose d'un prince-héros, d'une princesse-amie, d'une sorcière ennemie, d'une maisonnette, d'un couteau magique et d'une dernière carte représentant sept couronnes de diverses tailles, censées symboliser le bonheur. C'est N qui prend d'emblée la tête des opérations. Je suis obligée de la freiner, car elle interrompt plusieurs fois ses deux camarades. Beaucoup de propositions émanent aussi de J et de S, cette dernière ayant cependant quelque peine à se retrouver dans la chronologie de l'histoire. Finalement un texte est produit, en dictée à l'adulte.

> C'est l'histoire d'un prince qui découvre une maisonnette dans la forêt, dans laquelle il aperçoit, par la fenêtre, une princesse attachée sur un lit. Il trouve dans l'herbe un couteau, mais se redressant doit affronter une méchante sorcière qui veut l'empêcher d'entrer dans la maison. La sorcière est tuée par le prince qui la transperce de son couteau. Puis ayant coupé les liens de la princesse, il l'épouse. Ils eurent cinq enfants qui tous furent couronnés rois ou reines.

Le bilan d'aujourd'hui est plutôt positif. Les enfants ont bien participé et ont adhéré au principe de création de l'histoire. J propose d'en faire d'autres et de les vendre ! Tous les trois voudraient la jouer, si le temps le permettait. Ce sera pour la prochaine fois.

Le lendemain j'ai un entretien avec N en tête à tête et lui annonce que son contrat est rempli et que la rééducation est donc terminée. Nous réexaminons une dernière fois le contrat et le texte de la veille, qu'elle lit sans peine. Elle n'est pas tout à fait d'accord avec ma décision et souhaiterait revenir. Je lui dis que sa maîtresse, Chantal et moi avons convenu qu'elle n'avait plus besoin de rééducation et que désormais tout va bien à l'école.

Elle accepte. J'ai un dernier entretien avec sa maîtresse pour lui indiquer le point d'arrivée.

Les parents de J ne se sont toujours pas présentés à l'école, malgré une nouvelle invitation.

Désormais, je pourrai progresser avec J et S, en leur proposant de poursuivre la création de contes, avec davantage d'attention portée à l'écrit.

Séance 9

La séance révèle – enfin ! – les véritables possibilités de S. Lorsque je viens la chercher en classe, elle me dit sur le chemin qui mène à la salle de rééducation : « Pourquoi N ne vient-elle plus, et pourquoi moi, je dois encore venir ? » Je lui explique que N a fait de grands progrès et qu'ainsi sa rééducation est terminée.

Sur place je propose à J et à S de jouer l'histoire de la précédente séance, comme ils me l'avaient demandé. S dit d'emblée : « Je veux lire aujourd'hui. » Elle rajoute : « Mais toute seule, en silence. » Je lui dit que je lui poserai par écrit quelques questions puisque sa maîtresse m'a dit que sur le plan de la compréhension il restait à faire des progrès. Réplique de sa part, très inquiète : « Mais pourquoi veux-tu me poser des questions ? » Je lui réponds que je verrai ainsi les difficultés que je l'aiderai à résoudre. Elle se rend ensuite au coin-lecture, s'intéresse à plusieurs livres, dont *Les Petits Poucets* de Bruno de La Salle, en me faisant observer que c'est la même histoire que celle de la dernière fois. J'approuve. Puis elle se propose de jouer aux marionnettes *Le Petit Chaperon rouge*. Je lui suggère de raconter l'histoire en même temps qu'elle manipule. Ce qu'elle fait, en restituant fidèlement le conte entendu à la séance 3 et en ne se trompant que sur le temps des verbes par un mauvais emploi du futur. Son histoire est très cohérente et ne s'appuie nullement sur l'album aujourd'hui. Le schéma narratif est parfait (sauf l'emploi des temps des verbes) et semble intériorisé.

Mais elle me réserve encore une meilleure surprise quelques minutes plus tard. Pendant que je m'occupe de J qui travaille avec le *Tarot des mille et un contes* et construit le scénario d'une histoire où il est Batman, elle vient au tableau recopier quelques lignes de *Victor et la sorcière*. Puis venant doucement près de moi, elle me susurre qu'elle va me lire le livre.

Je la prends au mot, abandonne J à son jeu qui est maintenant lancé et l'écoute me lire quatre pages assez fidèlement, avec quelques erreurs que je l'aide à rectifier. Après chaque page, je contrôle sa compréhension : c'est parfait. Je la guide lorsqu'elle ne saisit pas tout de suite le déchiffrement, en lui disant de lire toute la phrase, puis de revenir en arrière pour vérifier et « deviner » par hypothèse le mot. Elle réussit très bien.

Quant à J, pour une fois son jeu a été calme, structuré, mais encore peu fidèle au scénario qu'il avait inventé avec les tarots. Il a rajouté dans son jeu les personnages du diable et du loup auxquels il tend un piège. À un moment où il fixe une toile sur l'espalier, il dit tout haut : « Si seulement il y avait mon père, c'est à lui de le faire. » Absorbé par le travail de S, je laisse passer – et c'est un tort que j'analyserai avec Chantal – ce moment intense pour lui.

À la fin de la séance J me demande d'imprimer son texte et de lui poser des questions par écrit sur le sens (c'est l'exercice que je lui avais proposé avec le texte de la séance 8). S fait immédiatement la même demande pour son texte, alors que cinq minutes auparavant elle m'avait avoué qu'elle n'aimait pas les questions écrites de la maîtresse.

À l'analyse je conviens avec Chantal que S fonctionne grâce à l'émulation provoquée par le départ de N avec qui elle veut maintenant rivaliser. « Puisque N est maintenant libérée de la rééducation grâce à ses progrès, pourquoi est-ce que je ne serais pas capable d'en faire autant, et un jour je reviendrai en classe avec les compliments du rééducateur ? » Telle est la pensée consciente ou inconsciente que nous lui prêtons. Mais l'émulation joue aussi par rapport à J. Il a demandé des questions écrites, elle en voudra autant. Alors que je sais que dans ce domaine elle a de grandes difficultés.

Cette séance me redonne du courage car je commençais à désespérer du cas de S et de son blocage envers moi en lecture. Je vais exploiter cette nouvelle veine. Désormais le groupe, réduit à deux, va me permettre de donner plus d'intensité à la rééducation avec chaque enfant. J'annonce le revirement de S à sa maîtresse, qui en semble très heureuse.

Séance 10

J'organise la séance de telle sorte que je puisse être successivement disponible pour chacun des enfants.

S poursuit sur sa lancée. En début de séance elle me parle à deux reprises de N qui semble être devenue sa copine et en même temps le modèle à imiter. Comme elle me l'a demandé, j'ai imprimé son texte et ajouté cinq questions de compréhension. Elle lit silencieusement, interroge le texte et répond correctement à quatre questions sur cinq. Puis elle consulte spontanément plusieurs albums au coin-lecture, choisit *Cendrillon,* qu'elle me lit à mi-voix en me demandant de l'aide chaque fois qu'elle ne parvient pas à trouver seule le mot. Plusieurs fois elle me relit la phrase complète, après rectification. Je la sens motivée et très désireuse de progresser.

J lit son texte, « Batman », puis répond aux questions. Il obtient une réussite de trois sur cinq. Mais le problème que je découvre m'amène à envisager pour la prochaine séance une reprise de la construction du schéma narratif. En effet, en première partie, il a voulu jouer une histoire vue à la télé, « Mask ». Je lui propose de noter au fur et à mesure les éléments du scénario que je l'invite à construire. Il refuse les cartes du tarot et se lance dans une succession d'actions et de descriptions, dans lesquelles je ne trouve aucune suite logique ou chronologique. Je lui suggère alors de passer au jeu, pour que je puisse noter son récit *a posteriori* en vue de l'imprimer. En fait cela s'avère absolument impossible. J se donne le rôle du récitant et manipule à peine les objets ou les personnages. Son jeu n'est pas symbolique, et le récit oral qu'il me livre est une succession de *flashes*, du style des mangas. J'en conclus que je devrai lui proposer une nouvelle fois quelques « béquilles » pour arriver à structurer son histoire. « Batman » était un texte plus cohérent grâce à l'aide du tarot. On se met d'accord lui et moi en fin de séance lorsque nous verbalisons et je lui annonce que je lui proposerai de créer une petite bande dessinée.

Après la séance j'ai rendez-vous (enfin !) avec sa maman, qui s'est décidée à venir me voir. Contact courtois, mais réservé. Elle souhaite savoir ce que je propose comme aide à son fils, semble d'accord, mais ne révèle rien des problèmes de J, bien qu'elle les perçoive, affirmant, non sans irritation, que ce sont les maîtres de la grande section et le remplaçant actuel qui sont à l'origine des difficultés de son enfant. Elle refuse ma suggestion : un entretien entre J et le psychologue scolaire. Tout ce qui est d'ordre scolaire semble la contrarier. À la limite elle accepterait, en-dehors de l'école précise-t-elle, un bilan au CMPP. Il m'est difficile de l'associer, même symboliquement, à la rééducation de J, son image de l'école paraissant très négative et ses attentes quasiment nulles. Aux yeux de J, il était cependant important qu'elle fasse le pas de venir me voir, et je ne désespère pas que cela puisse avoir un effet positif sur le cours de la rééducation.

Séance 11

Travail sur la cohérence du récit, imprégnation du schéma narratif. Je propose l'histoire du Petit Chaperon rouge, en six images séquentielles avec six petits textes à apparier avec les images. S trouve immédiatement le bon ordre. J observe mais ne réussit pas sans aide. Pendant que S apparie images et textes – ce qui se conclut par un score de 6/6 – J est invité à construire un récit en six parties, dont le début et la fin. Je lui ai préparé une bande vierge en six parties et lui explique la tâche. Cette fois-ci il comprend de suite et invente son histoire : « Un papa et une maman ours avec leurs enfants. À la fin il se font manger par le loup. » Pendant qu'il dessine la première image – papa et maman ours avec leur bébé dans une grotte – il dit spontanément : « C'est fini, les histoires de bagarre, je regarde maintenant les dessins animés seulement ; ça me saoule trop la tête les bagarres, et après je ne peux plus bien travailler à l'école. » Comprenant que sa maman a dû répercuter une partie du message entendu lors de notre entretien, je lui demande si c'est lui qui a pris cette initiative ou si c'est sa maman qui lui a formulé cet interdit. Il me répond : « Non, c'est moi qui ai décidé ça tout seul. » Belle résolution dont il semble fier. En tout cas il a identifié un problème qui lui semble important à résoudre et intériorisé un changement.

Puis il dessine les quatre autres vignettes en les commentant : *2.* Papa ours va voir au-dehors s'il fait beau. *3.* Ils vont faire une promenade ensemble avec bébé ours dans la poussette. Le soleil brille, ils sont heureux. *4.* Il pleut maintenant. Maman qui a un cœur sur son tee-shirt (« Ce sont les mamans que l'on montre toujours avec le cœur, comme ça tu peux la reconnaître, la maman », dit-il) protège bébé ours avec son parapluie. Papa, lui, fume la pipe. C'est une tempête. *5.* Dans la forêt le loup les attaque, mange papa et maman et les trois enfants. Il a rajouté deux enfants à la dernière image et je lui fais observer que cela ne semble pas cohérent par rapport à ce qu'il a dessiné jusqu'à présent. Ce à quoi il répond qu'ils étaient cachés jusque là, qu'ils sont sortis de la grotte et qu'ils ont suivi les traces de leurs parents.

Le schéma narratif semble pratiquement en place. Il faudra progresser dans cette voie. C'est ce que je lui dis en fin de séance.

S, après une lecture interrompue de *Cendrillon,* a dessiné sur une feuille tout à fait librement, sans impulsion de ma part, l'histoire du Petit Chaperon rouge, en trois épisodes, sous la forme d'un circuit allant de la maison maternelle à celle de la grand-mère, avec au milieu la rencontre du loup. Je la félicite également et lui dis, en réponse à ses inquiétudes sur la fin de la rééducation (toujours sans doute à cause de la réussite de N), que dans quatre séances nous serons à la fin de sa prise en charge, et peut-être avant déjà, si elle le souhaite, et si j'en conviens également avec sa maîtresse. Je souhaite l'amener néanmoins jusqu'à l'écriture de contes

Séance 12

Lecture du conte *Les Trois Plumes,* des Grimm, qui se termine par le mariage de Simplet avec une princesse. À plusieurs reprises J me fait comprendre par gestes que le Simplet, c'est lui. S boude d'abord, n'écoute pas le conte, préférant feuilleter un autre album. Elle est contrariée parce qu'au même moment se déroule dans sa classe une séance d'art plastique qu'elle a quittée à regret.

Pour poursuivre dans la voie de l'acquisition du schéma narratif, je propose une histoire (de mariage également) en images séquentielles, à découper et à reconstituer avec invitation à produire le texte. Seule S accepte et finalement prend beaucoup de plaisir à cette activité. Je note son histoire, en dictée à l'adulte, pendant qu'elle colorie la bande dessinée.

J n'est pas décidé à produire autre chose qu'un modelage sans rapport avec le conte, auquel il a pourtant prêté intérêt ; mais son attitude volubile aujourd'hui me permet d'engager des échanges avec lui de manière à ce que je puisse aborder la question de ses progrès en classe. Lui faisant observer que son modelage n'entre nullement en résonance avec son contrat et avec le projet rééducatif, et ne lui permettra pas de résoudre ses difficultés scolaires, je lui demande tout de go s'il a sérieusement envie de progresser en rééducation et en classe, et véritablement de grandir. « Je veux grandir, dit-il, avoir de bons résultats en classe, et ne pas redoubler. » La conversation entre nous deux roule assez longuement et de manière fort intéressante sur cette hypothèse de redoublement. Je suis à l'écoute de ce que dit l'enfant, mais je l'amène aussi à comprendre qu'il est grand temps de réaliser qu'il ne reste que quelques mois avant la fin de l'année scolaire. Il s'avère qu'il est incapable de me dire comment il s'y prendra pour éviter ce redoublement. Après la séance j'ai l'explication par la maîtresse, qui me confirme que la question de redoubler le CE 1 a été longuement évoquée entre elle et l'enfant.

S, quant à elle, me dit : « Je ne veux pas grandir, car lorsque je serai grande je peux avoir un bébé, et je ne veux pas... et puis ma tante m'a dit que je serai moins mignonne quand je serai grande. » Je la rassure et lui dis qu'elle sera certainement encore tout aussi mignonne quand elle sera jeune fille. Voilà une problématique à laquelle je ne m'attendais pas. Veut-elle me signifier qu'elle refuse sa future condition féminine (elle est turque) et que sa peur de devoir l'assumer autant que sa crainte d'un enlaidissement dû au vieillissement constituent le problème n° 1 avec lequel elle se débat, et qui l'empêche de grandir et de réussir à l'école, comme si son inconscient élevait des défenses contre ce projet fait pour elle ? J'avoue que je n'en sais rien, et que, même si je pouvais le comprendre, je ne saurais qu'en faire dans sa prise en charge. Je considère qu'il est déjà très important qu'elle ait pu dire en rééducation ce qu'elle appréhendait de manière plus ou moins consciente dans le futur.

Séance 13

J'introduis une nouvelle activité – la petite fabrique des contes – qui est acceptée tout de suite par J, S ayant préféré poursuivre son travail commencé à la dernière séance et mettre des étiquettes de texte sous les images.

J s'amuse beaucoup avec la machine à fabriquer les contes. Lorsqu'il a choisi tous les actants, il se rend compte qu'il lui faut maintenant composer l'histoire et l'écrire, ce qui le réjouit moins. Je lui propose l'aide nécessaire pour qu'il aboutisse, pour la première fois, à produire un texte écrit personnel et je lui en explique l'enjeu important pour sa réussite en classe. Il accepte et invente l'histoire de Sultan, un chien abandonné qui rencontre un loup et lui livrera un combat mortel. Il n'a pas trop de mal à trouver les idées, les mots (il épelle longuement mais de manière juste) et la mise en forme. Il a surtout des difficultés pour se concentrer, rester immobile sur sa chaise, ne pas se distraire, et faire avancer son travail. Il n'est pas du tout autonome sur le plan de la gestion de ses savoir-être et savoir-faire méthodologiques (compétences transversales). Je comprends quelles difficultés extrêmes il présente en classe, et elles me sont confirmées par sa maîtresse au moment du retour : son travail en général n'avance pas, moins parce qu'il a des difficultés d'écriture ou de compréhension, que par suite de son incapacité d'organisation et de sa labilité. Si je n'étais pas à ses côtés sans cesse, il n'aboutirait pas à la fin de son projet d'écriture. Le résultat est cependant acquis : il est fier d'avoir produit un petit texte.

En fin de séance, il considère, en réponse à ma question, que ce qu'il a fait aujourd'hui en rééducation va lui être profitable en classe. Il est nouveau pour lui qu'on l'aide à rédiger un texte à l'école. Quant aux compétences transversales, je lui fais observer que c'est un domaine où il devra progresser.

S m'inquiète : elle a plus ou moins refusé le travail proposé, mais se réintroduit dans la tâche de J en lui « soufflant » des réponses. Les deux enfants savent lire maintenant. Le problème de leur réussite scolaire se situe à un autre niveau : garder le cap, ne pas se laisser distraire, accéder à l'autonomie comportementale dans les tâches. Chantal accepte de poursuivre avec S la rééducation jusqu'à la fin de juin. Pour J, nous devrons obtenir de la famille une entrevue, car ce garçon est pris en sandwich entre ses parents et l'école. Oui pour la poursuite de sa rééducation si la famille admet que le problème de l'enfant ne peut être résolu que dans la convergence des attitudes et non dans l'opposition à l'école.

Dans la séance qui lui était consacrée, Y s'est complètement transformé. Il a accepté de jouer aux marionnettes avec moi derrière un rideau, Chantal étant spectatrice. Son jeu a été très expressif et il y a pris un grand plaisir. Sur cette lancée il m'a demandé de lire *Blanche-Neige et les sept nains,* puis a voulu écrire plusieurs mots tirés de cette histoire au tableau, avec un bon score de réussite. Finalement c'est lui qui évolue le plus significativement dans cette rééducation, en réduisant l'écart entre lui et le monde de l'écrit.

Séance 14

Nous avons un entretien avec les enfants au sujet de l'achèvement proche des prises en charge. J souhaiterait poursuivre la rééducation car il a envie, dit-il, de réussir à l'école et de ne pas redoubler. Je lui demande s'il perçoit maintenant ce dont il a besoin en rééducation pour atteindre ce but. Il me répond que, s'il revient, c'est surtout pour jouer et se dépenser physiquement ! Nous manifestons notre étonnement, Chantal et moi, devant cette réponse, et lui en faisons part, car elle ne correspond nullement à la réalisation des objectifs qu'il a clairement identifiés. Je lui fais aussi observer qu'une partie de ses difficultés à terminer une tâche vient de son incapacité à rester immobile sur sa chaise et que la poursuite de la rééducation devrait prendre cela en compte pour lui permettre d'aboutir au contrôle de soi. « Mais je suis complètement *speed* [très agité, excité] », s'écrie-t-il ! Par là, il démontre qu'il identifie ses difficultés. Reste la question d'y remédier, et il avoue n'avoir aucune idée là-dessus. Le problème est donc double : le blocage psychologique du fait de l'attitude de sa famille (nous nous gardons bien de l'évoquer devant lui, pour ne pas le culpabiliser), et l'instabilité motrice qui se révèle de plus en plus, les deux étant liés. La rééducation se poursuivra si ses parents se déplacent à notre invitation, en espérant que ce n'est pas, puisqu'il y a condition, une nouvelle voie sans issue pour lui.

S ne daigne pas prendre position sur la poursuite éventuelle de sa rééducation, comme si elle fuyait la réalité de ses difficultés. Tout au long de la séance, consacrée au jeu de ma mère l'oye, elle manifeste son impatience de parvenir à la fin. Ce qu'elle n'apprécie pas dans ce jeu ? « J'aime bien jouer avec les dés, mais je n'aime pas lire les questions et y répondre en lisant dans le livre. » Elle a cependant lu parfaitement les questions et trouvé avec notre aide les réponses. Le constat aujourd'hui est : elle sait bien mieux lire qu'au début de sa rééducation, mais elle n'aime pourtant pas lire, du moins en notre présence.

Séance 15

Elle se déroule dans la BCD, à la suite d'une demande déjà ancienne exprimée par S, mais aussi comme point d'aboutissement de tout le travail autour des albums. S refuse de lire avec moi, ce qui ne constitue pas une surprise, mais elle choisit plusieurs livres et les lit successivement en silence, pendant toute la durée de la séance. J papillonne d'un livre à l'autre, ne regarde que les images. Dans un album, il découvre des monstres et me confie qu'il regarde souvent le soir très tard des films d'horreur. « Ça me soulage », dit-il ; mais se ravisant et ambivalent comme à l'accoutumée, il ajoute : « Des fois ça me fait mal et je fais des cauchemars après. » Je lui rappelle qu'un jour déjà il m'a déclaré que certains films lui « saoulaient » la tête. Il en convient mais se contente d'en rire. J'ai l'impression que sa consommation télévisuelle ressemble à une drogue, qui effectivement le soulagerait en même temps qu'elle l'aliène davantage. Nous terminons la séance par une visite au fonds documentaire, où j'invite les enfants à poser quelques questions auxquelles on pourrait trouver des réponses. J m'étonne : à la question posée : « Où pourrait-on trouver des informations sur la Bretagne ? », il examine tous les dos des livres du rayon géographie, et ayant trouvé un manuel intitulé *Géographie de la France*, il en parcourt spontanément la table des matières pour trouver mention de la Bretagne ! Nous nous quittons sur la perspective – conditionnelle – que les rééducations se poursuivront en individuel avec Chantal.

Bilan final avec les maîtresses

Je laisse d'abord la parole aux deux maîtresses. La réunion de synthèse doit permettre de faire le point sur les rééducations en cours et sur leurs effets aussi bien dans les apprentissages cognitifs que dans l'évolution générale des enfants dans leurs comportements. Les perspectives d'orientation 1996-1997 sont également évoquées.

J L'état en classe est stationnaire. On signale beaucoup de lenteur, de rêverie. La mère a confié récemment à la maîtresse qu'elle n'en peut plus avec lui. La nécessité d'un suivi psychologique est toujours évoquée, sans suite. En lecture, il lit à son rythme, en léger progrès, mais ne maîtrise pas actuellement un niveau suffisant pour le passage en CE 2. Il n'est toujours pas spontanément attiré par l'écrit. En mathématique, de temps en temps il est « super ». J'explique qu'il ne m'a pas paru stagner en rééducation, et que j'estime positive sa capacité à prendre conscience de ses difficultés, sans toutefois s'engager dans l'effort de les résoudre. Sa poursuite rééducative avec Chantal se fera en cas de nouvel accord de la famille de manière à réduire ce *no man's land* entre elle et l'école, sans doute à l'origine d'une grande partie de ses problèmes

N Je n'entends que des éloges. « C'est très bien partout : 8/10 en problème, autant en lecture, 7,5/10 en orthographe-grammaire » alors qu'en septembre la lecture était désastreuse et que sa maîtresse envisageait même une CLIS pour 1996-1997 !

S « Elle m'inquiète beaucoup. » C'est un point de vue que nous partageons à trois. Elle se situe en groupe des moyens en lecture. Par comparaison avec N (même classe), elle obtient 3/10 en orthographe-grammaire. Bien meilleure en mathématique, 7/10, sauf en problème. La maîtresse constate également des attitudes de fuite, de détour devant les difficultés, comme si l'enfant ne voulait pas les reconnaître. L'examen de son cahier révèle cependant des réussites au-dessus de la moyenne à la plupart des dictées. Cette irrégularité pose problème, et nul ne peut dire ce qu'elle signifie exactement. Les parents identifient toujours très positivement l'école (non pas l'école du quartier mais l'école en général), comme lieu incontournable de la réussite sociale de leurs enfants. Chantal poursuivra la rééducation avec leur accord pour tenter de faire prendre conscience à S de ses difficultés, en les disant, et non en les masquant. Je considère que son parcours rééducatif n'a pas été négatif, malgré des effets peu visibles, et même si après le départ de N la demande d'aide rééducative a décliné progressivement. Le côté positif de son évolution en rééducation, je le perçois dans sa capacité maintenant de lire de façon autonome plusieurs albums, comme elle l'a fait à la dernière séance. Par rapport aux objectifs du projet initial, ses compétences en lecture me paraissent en progrès.

Y Sa maîtresse nous le décrit maintenant comme un garçon capable d'initiative, de trop d'initiative même, puisqu'il devient hardi, et se défend contre ses camarades avec agressivité parfois. J'explique que son comportement en rééducation s'est nettement amélioré sur le plan de l'expression et de la communication, et que son inhibition initiale a cédé la place à plus d'assurance, ce qui doit être mis en relation avec sa hardiesse à l'égard de ses camarades. En classe ses résultats demeurent faibles, en lecture surtout, moins en mathématique. Alors qu'en rééducation sa demande constante portait sur la lecture de contes en seconde partie de séance, et sur l'aide à écrire et à lire des mots, dans le groupe-classe ces attitudes ne se donnent pas à voir et il reste bien silencieux. À la question : « Où penses-tu avoir fait des progrès depuis que tu viens en rééducation ? », il répond sans hésitation : « En écrivant et en lisant des mots. »

Je considère également son parcours comme positif et je pense qu'avec N, d'un autre point de vue bien sûr, il a largement bénéficié de la rééducation, puisqu'il a réduit des décalages importants sur le plan de sa personnalité mais aussi sur le plan de son intérêt pour l'écrit. À l'heure de cette réunion de synthèse les effets ne se font pas encore sentir en classe. La rééducation se poursuivra donc avec Chantal au dernier trimestre avec nouvel accord de la mère.

Bilan de l'atelier rééducatif « contes »

Au terme de quinze séances de rééducation qui ont marqué une évolution quasi continue des comportements des enfants, il devient possible de procéder à une évaluation. La meilleure semble être celle qui s'astreint à analyser si les objectifs du projet rééducatif ont été peu ou prou réalisés, et si l'approche théorique de l'utilisation du conte telle que je l'ai élaborée est fondée en rééducation, donc théorisable.

Dans *l'ordre des réinvestissements dans le mieux-être* (*cf.* le projet p. 196), le plaisir de l'écoute des contes a été constant. Les enfants ont été comme fascinés à certains moments par tel ou tel passage du conte. Leur capacité d'attention, excepté à la séance 3 révélatrice, a été remarquable. La maîtrise du tonus émotionnel à travers les activités de verbalisation me paraît également réelle. Dans ce domaine J a fait de grands progrès, allant jusqu'à comprendre spontanément que son excitation motrice était entretenue par un trop grand visionnement de scènes de bagarre à la télévision.

Quant à l'aisance relationnelle et corporelle dans la relation à autrui, développée par des activités ludiques autour du conte – en particulier le jeu symbolique devant deux spectateurs (Chantal et moi-même) – on peut penser que J, N et S en étaient déjà suffisamment pourvus au point de départ puisqu'ils n'étaient pas signalés pour ce motif, et que Y en a été le meilleur bénéficiaire. À partir de la quatrième séance, pris en charge individuelle, il est passé d'une forte inhibition, motrice et verbale, à beaucoup plus d'assurance et de confiance en soi, cela se traduisant vers la fin de la prise en charge par des prises d'initiative dans le jeu symbolique, succédant à des phases de jeu purement sensori-moteur du début de la rééducation.

Mais le gain le plus appréciable, pour trois enfants au moins, se situe dans *l'ordre des réinvestissements dans le mieux-savoir,* comme nous allons le voir maintenant.

Théorisation du « pontage »

Le pontage, comme son nom l'indique, est une opération qui consiste à jeter un pont entre deux domaines qui initialement sont disjoints. C'est précisément le rôle de la rééducation que de relier l'état d'un enfant qui n'a pas encore accédé au statut d'élève à celui d'un sujet qui sait assumer la réalité de l'école. Dans le schéma de la page 166 on peut localiser ce point de connexion *A"* qui est un point « baladeur » entre *A'* et *B'*, au moment où le rééducateur met en résonance la rééducation avec la réalité des visées pédagogiques de l'école tout entière. Le détour devient donc retour. Si je schématise les parcours divers des quatre enfants, j'obtiendrai les figures suivantes.

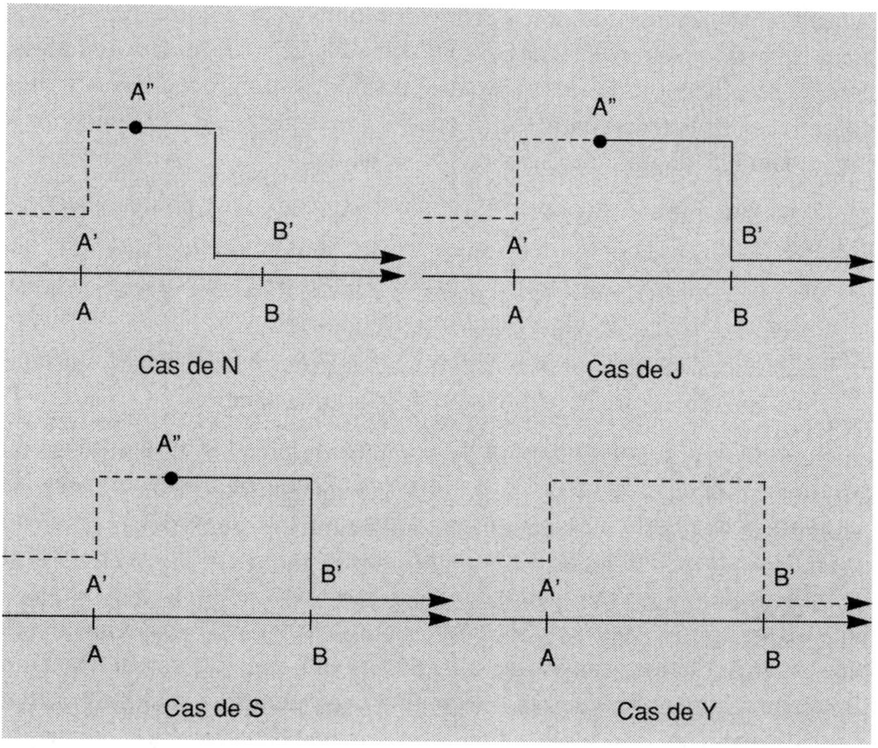

Dans le cas de N, le pontage intervient assez tôt, dès les premières séances. En fait la fillette manifeste son intérêt pour l'écrit dès la séance préalable, comme je l'ai décrit, ce qui a pour effet de provoquer la fin de la rééducation à la séance 8, en accord avec elle-même et avec son institutrice.

J et S, bien qu'un monde les sépare au niveau du mode de fonctionnement de leurs affects, se révèlent prêts à progresser dans le domaine cognitif à la séance 9, mais leur parcours durera encore quelque temps, pour permettre la mise en place de la compétence narrative et des activités de production écrite.

Y n'est pas encore arrivé au pontage, bien que des essais, parfois réussis, soient tentés dans le domaine de la lecture. Son instabilité affective et son manque de confiance en soi l'ont parfois amené à des moments de panique devant des tâches simples où il perdait tous ses moyens. Après quinze séances, il poursuit sa rééducation avec Chantal, qui a accepté de continuer sa prise en charge. Il paraît évident qu'il doit d'abord connaître l'expérience de la réussite dans l'élaboration de ses projets de jeux, pour acquérir l'affirmation de soi, l'esprit d'initiative, la volonté de progrès, avant que la question du pontage ne soit évoquée. On notera toutefois, comme le schéma le laisse apparaître, qu'il s'est rapproché des activités cognitives, le vecteur à partir de *B'* étant à peu de distance de l'école, mais la discontinuité du trait marquant que le rephasage ne s'est pas encore opéré.

Le lecteur s'interrogera peut-être maintenant sur deux points essentiels et liés :

- le pontage apparaît-il spontanément dans le désir manifesté par l'enfant, ou est-il provoqué par le rééducateur ?
- l'évolution de J, S et N n'est-elle pas linéaire ou, plutôt, ne suit-elle pas une fausse linéarité voulue par le rééducateur ?

Je répondrai aux deux questions confondues. C'est la visualisation du schéma qui peut induire l'idée de linéarité, évoquant habituellement les parcours pédagogiques. Mais qui peut soutenir que la rééducation opère forcément hors de toute linéarité, sauf à prétendre qu'elle se situe forcément hors de toute visée pédagogique ? Sur l'ensemble du parcours des huit ou quinze séances, on peut mesurer des tensions différentes, des phases d'oscillation, mais qui, ramenées à un vecteur unique, tendent immanquablement vers un but. Le conte est sans doute ce vecteur, et le but est sans mystère. Les enfants l'ont compris dès la séance du contrat : la rééducation devait les amener à changer en classe, à entrer dans les apprentissages, à régler leurs problèmes sur le plan psychologique, mais aussi sur le plan de la réussite à l'école.

Le contraire d'ailleurs serait étonnant. Signe-t-on un contrat dont on ne connaît pas les enjeux et l'aboutissement ? Je vois parfois à l'école élémentaire certains contrats qui mystifient les enfants avec la mention du secret, ou qui les lient uniquement au travail-jeu avec le rééducateur, sans que la formulation de ce qu'on cherche à obtenir dans cette relation contractuelle apparaisse. Dès lors qu'il y a projet et contrat, le sujet est en droit de savoir à quoi il s'engage. Et s'il est vrai qu'on ne peut pas prévoir *a priori* la linéarité, celle-ci apparaît souvent en cours de route, et nécessite la reprise du contrat et du projet avec la mention cette fois-ci des objectifs. Ceux-ci peuvent être réalisés par diverses voies d'approche, la perspective devenant cependant plus rectiligne lorsque les activités cognitives se profilent à l'horizon.

Quant à la prise de décision du pontage, nous devons faire en sorte qu'elle résulte d'un accord concerté entre l'enfant et le rééducateur. Des signes perceptibles indiquent le moment où une rééducation relationnelle peut entrer en résonance avec des activités plus cognitives. Les phases de verbalisation en début et en fin de séance autorisent largement, dans le cadre de l'évolution du projet et du contrat, que de telles questions ne restent pas taboues et soient franchement abordées et résolues.

Rééducation et/ou pédagogie ?

Je me suis volontairement exposé à la critique de l'utilisation que je fais du conte en rééducation. Mais je vois mal la ligne de démarcation que certains voudraient tracer entre rééducation et pédagogie, m'opposant même à ceux qui voudraient établir un clivage absolu et isoler ce qui est de l'ordre du psycho-affectif et ce qui est de l'ordre du cognitif, *a fortiori* dans le domaine du symbolique où les distinctions risquent de mener à un morcellement du sujet. Reprenant Piaget, je dirai que tout symbolisme peut être à la fois conscient et inconscient, surtout lorsque nous fonctionnons dans des activités symboliques comme celles autour du conte, qui sollicite à tout moment l'inconscient dans lequel il puise ses racines, mais qui interpelle également notre conscience dans l'élaboration de l'activité représentative à travers le langage oral et écrit. Il me paraîtrait naïf de dire : « Aux pédagogues le symbolisme conscient, aux rééducateurs le symbolisme inconscient. » Au risque d'accroître encore plus un clivage qui n'a pas lieu d'être dans le cadre de l'école. Avec de tels slogans, on isole effectivement, jusqu'à la rupture, la rééducation et la pédagogie.

Je préfère poser le problème, et proposer des solutions, à partir de l'examen de la culture professionnelle du maître chargé des actions à dominante rééducative, et de celle du maître chargé des actions à dominante pédagogique. C'est le concept de *dominante,* contenu dans la circulaire du 9 avril 1990, qui paraît intéressant ici. Dominer ne signifie pas exclure, mais l'emporter sur... Les cultures professionnelles du rééducateur et du maître d'adaptation présentent de nombreux points de convergence, mais aussi des points de différenciation, qui constituent en fait leurs dominantes. Un tableau permettra d'y voir plus clair et notamment de théoriser les diverses expériences professionnelles que les rééducateurs et les maîtres d'adaptation peuvent avoir lorsqu'ils utilisent le conte comme médiateur.

Le rééducateur et le conte

	Dimension relationnelle	*Dimension thérapeutique*	*Dimension psychopédagogique*
Médiations à dominante imaginaire (« contage », dessin, jeu, modelage, marionnettes).	++	++	
Médiations à dominante cognitive (lecture, production d'écrits).	++		+

Le maître d'adaptation et le conte

	Dimension relationnelle	*Dimension thérapeutique*	*Dimension psychopédagogique*
Médiations à dominante imaginaire (« contage », dessin, jeu, modelage, marionnettes).	++		+
Médiations à dominante cognitive (lecture, production d'écrits).	++		++

On s'aperçoit que la différenciation se fait moins dans la dominante des médiations que dans la dimension dans laquelle elles s'inscrivent. Ce qui devient dominant c'est l'intensité (codifiée +, ou ++, ou par l'absence de +) utilisée respectivement par chaque professionnel, selon qu'il se situe dans une dimension relationnelle, ou thérapeutique, ou psychopédagogique. On admettra que c'est le rééducateur qui utilise exclusivement la dimension thérapeutique (ce qui ne veut pas dire qu'il ne puisse y avoir d'effet thérapeutique dans l'audition ou la lecture d'un conte en classe d'adaptation !), et que c'est le maître d'adaptation qui utilise le plus la dimension psychopédagogique, cela va de soi. Mais cette dernière inspire également le rééducateur lorsqu'il choisit des médiations à dominante cognitive, la lecture d'un conte par exemple. Plus que le statut, ce sont ces nuances dans le rôle et l'attitude qu'il adopte successivement auprès de l'enfant dans les diverses phases de l'évolution de sa prise en charge qui spécifient l'originalité de chaque professionnel.

Pour ce qui est de la dimension relationnelle, je n'en fais pas le privilège du rééducateur, même s'il est reconnu comme étant le spécialiste de la rééducation relationnelle. Lequel de nos deux professionnels pourrait soutenir que le fait de travailler avec un enfant sur la lecture d'un texte – activité cognitive par excellence – empêche de lui manifester congruence et empathie (au sens rogérien des termes), et d'écouter le sujet dans ce qu'il a à leur dire à travers le symptôme de sa non-réussite en lecture ?

Le rééducateur, le maître, les parents... et le conte

Je ne suis pas le premier à constater que les relations entre les parents et les rééducateurs sont meilleures qu'entre ces derniers et les maîtres. Il reste encore bien du chemin à faire pour que les rééducateurs renoncent à certains comportements d'isolement hérités de l'époque des GAPP, et travaillent également en réseau avec les maîtres dans le cadre des équipes pédagogiques de chaque cycle, comme cela est sagement dit dans le décret du 6 septembre 1990 consacré à l'organisation et au fonctionnement des écoles maternelles et élémentaires. Leur temps réglementaire de trois heures hebdomadaires de concertation leur permet d'ailleurs largement de le faire.

Dans tout projet rééducatif, il importe que le rééducateur entre en concertation avec le maître de la classe de l'enfant, tout au long de la prise en charge, mais plus particulièrement au point de départ, à mi-parcours, et au moment de la fin de la rééducation. Cette concertation met évidemment en question la fameuse pratique du secret, derrière lequel s'abritent et se retranchent certains rééducateurs, pour se protéger parfois plus eux-mêmes que les enfants qu'ils veulent entourer d'une déontologie dont ils auraient l'exclusivité. Ce qui est du domaine de l'inconscient du sujet n'a évidemment pas à être révélé à un tiers. Mais les progrès ou non-progrès sur le plan de la réalisation des objectifs, tels qu'ils ont été définis dans le projet d'aide élaboré en commun entre spécialiste et maître ordinaire, devraient être communicables. Si certains membres du réseau répugnent à le faire, serait-ce parce qu'ils se refusent à tout projet dans le domaine du mieux-savoir ?

Le conte me paraît constituer un langage commun entre le maître, le rééducateur et les parents. L'expérience relatée dans cet ouvrage le démontre amplement. En parlant un langage que tous les acteurs du projet d'aide comprennent, on lève un peu le voile du mystère, on démystifie. Mais peut-être d'aucuns ne sont-ils pas prêts à céder ce qu'ils considèrent comme le pouvoir conféré par le savoir, et penchent-ils davantage pour l'idée que « moins il y a d'initiés, plus les mystères sont sacrés » (Voltaire) ? Qu'on ne se méprenne pas. Le conte à l'école n'appartient pas plus au rééducateur qu'au maître de la classe ou du regroupement d'adaptation, qu'au maître de la classe ordinaire. Leurs cultures professionnelles, différentes sur certains points de pratique, convergent toutes vers une seule et même mission : assurer la réussite de l'enfant à l'école et dans la vie.

Bibliographie

1. Littérature générale

HAZARD (P.), *Les Livres, les enfants, les hommes* , Paris, Boivin, 1949.

SORIANO (M.), *Guide de la littérature enfantine*, Paris, Flammarion, 1959.

SORIANO (M.), *Guide de la littérature pour la jeunesse*, Paris, Flammarion, 1975.

TRIGON (P.), *Histoire de la littérature enfantine*, Paris, Hachette, 1950.

2. Études

ALLEMAGNE (H.-R. d'), *Le Noble Jeu de l'oie en France de 1640 à 1950*, Paris, Gründ, 1950.

ARNE (A.) et THOMSON (S.), *The Types of Folktales*, FFC, Helsinki, 1928, rééd. 1961.

Art et thérapie, *Le Conte, notre métamorphose*, n° 36-37, 1990.

BELLEMIN-NOËL (J.), *Les Contes et leurs fantasmes*, Paris, PUF, 1983.

BETTELHEIM (B.), *Psychanalyse des contes de fée*, Paris, Le Livre de Poche, 1979.

BRAUNER (A.), *Nos Livres d'enfants ont menti*, Paris, éd. SABRI, 1951.

BRÉMOND (C.), *Logique du récit*, Paris, Le Seuil, 1973.

BRÉMOND (C.), « Le meccano du conte », *Magazine littéraire*, n° 150, juillet-août 1979.

BRÉMOND (C.), « Le message narratif », *Communications* n° 4, 1964, Paris, Le Seuil.

BRÉMOND (C.), « La logique des possibles narratifs », *Communications*, n° 8, *L'analyse structurale du récit*, Paris, Le Seuil, Points, 1981.

BROSSE (J.), *Mythologie des arbres*, Paris, Petite Bibliothèque Payot, 1989.

CAZAUX (H.), *Le Conte est bon*, Lyon, Se former, 1992.

CRUIZIAT (F.), DESPINETTE (J.) et CRUIZIAT (E.-S.), *Lis-moi ça*, Paris, Éd. universitaires, 1988.

CARE (J.-M.) et DEBYSER (F.), *Jeu, langage et créativité*, Paris, Hachette Larousse, 1978.

DEJONG-ESTIENNE (F.), *Conter les contes ou l'utilisation des contes et de la méta-*

phore en logopédie-orthophonie, Montreuil, Isocel Papyrus, 1994.

DELARUE (P.), *Le Conte populaire français. Catalogue raisonné des versions de France*, tome I, Paris, Érasme, 1957.

DELARUE (P.) et TENEZE (M.-L.), *Le Conte populaire français. Catalogue raisonné des versions de France*, tome II, Paris, Maisonneuve et Larose, 1964.

DIATKINE (R.), *Le Dit et le non-dit dans les contes merveilleux*, Lyon, Voies livres, 1989.

DUBORGEL (B.), *Imaginaire et pédagogie*, Le Sourire qui mord, 1983. Nouvelle édition, Toulouse, Privat, 1992.

DURAND (G.), *Les Structures anthropologiques de l'imaginaire*, Paris, Dunod, rééd. de 1983.

ÉLIADE (M.), *Aspects du mythe*, Paris, Idées Gallimard, 1963.

ÉLIADE (M.), *Images et symboles*, Paris, Tel Gallimard, rééd. 1980.

FLAHAUT (F.), *L'Interprétation des contes*, Paris, Denoël, 1988.

FAYOL (M.), *Le Récit et sa construction, une approche de psychologie cognitive*, Lausanne, Delachaux et Niestlé, 1985.

FRANZ (M.-L. von), *La Femme dans les contes de fées*, Paris, Albin Michel, 1993.

FREUD (S.), *Essais de psychanalyse*, Paris, Petite Bibliothèque Payot, 1981.

FREUD (S.), *L'Homme aux loups*, Paris, PUF, collection Quadrige, 1990.

GARDAZ (E.), « Le Conte dans la littérature pour enfants : un espace symbolique et pour le symbolique », *in Livres et bibliothèques pour enfants*, sous la direction de Claude-Anne Parmegiani, Paris, Éditions du cercle de la librairie, 1985.

GENARDIÈRE (G. de La), *Encore un conte ? Le Petit Chaperon rouge à l'usage des adultes*, Nancy, Presses universitaires de Nancy, 1993.

GRAVES (R.), *Les Mythes grecs*, 2 tomes, Paris, Pluriel Hachette, 1991.

GREIMAS (A.-J.), « Éléments pour une théorie de l'interprétation des mythes », *Communications*, n° 8, *L'analyse structurale du récit*, Paris, Le Seuil Points, 1981.

GREIMAS (A.-J.), *Sémantique structurale*, Paris, Larousse, 1966.

GREIMAS (A.-J.) et COURTES (J.), *Sémiotique, dictionnaire raisonné de la théorie du langage*, Paris, Hachette, 1979.

JEAN (G.), *Le Pouvoir des contes*, Paris, Castermann, 1981.

KAËS (R.) et coll., *Contes et divans*, Paris, Dunod, rééd. 1989.

LAFFORGUE (P.), *Petit Poucet deviendra grand. Le travail du conte*, Bordeaux, Mollat, 1995.

LARIVAILLE (P.), « L'analyse morphologique du récit », *Poétique*, n° 19, 1974.

METRA (M.), « Raconte-moi un conte », *Envie d'école*, Journal des rééducateurs de l'Éducation nationale, n° 3, juin 1995.

MICHEL (J.), *L'Imaginaire de l'enfant, les contes*, Paris, Fernand Nathan, 1976.

PEJU (P.), *La Petite Fille dans la forêt des contes*, Paris, Robert Laffont, 1990.

PIAGET (J.), *La Formation du symbole chez l'enfant*, Lausanne, Delachaux et Niestlé, 1970.

PROPP (V.), *Morphologie du conte*, Paris, Le Seuil, 1970.

PROPP (V.), *Les Racines historiques du conte merveilleux*, Paris, Gallimard, 1983.

SCHNITZER (L.), *Ce que disent les contes*, Paris, Éd. du Sorbier, 1991.

SIMONSEN (M.), *Le Conte populaire français*, Paris, PUF, Que sais-je ?, rééd. 1994.

SORIANO (M.), *Les Contes de Perrault. Culture savante et traditions populaires*, Paris, Tel Gallimard, rééd. 1989.

TENEZE (M.-L.), *Le Conte populaire français. Catalogue raisonné des versions de France*, tome III, Paris, Maisonneuve et Larose, 1976.

THOMASSAINT (J.), *Conte et (ré)éducation*, Lyon, Chronique sociale, 1991.

TONNELAT (E.), *Les Contes des frères Grimm, étude sur la composition et le style*, Paris, Armand Colin, 1912.

TONNELAT (E.), *Les Frères Grimm, leurs œuvres de jeunesse*, Paris, Armand Colin, 1912.

3. Pédagogie du conte

BRYANT (S.C.), *Comment raconter des contes à nos enfants*, Paris, Fernand Nathan, 1937.

CNDP, série de coffrets comportant diapositives, cartes, cassette son et livret, 5 titres parus entre 1992 et 1994 : *Le Petit Poucet et les géants des contes, Dis pourquoi les animaux, Namcouticouti et le loup des contes, Cendrillon dans les contes, Dis pourquoi le ciel et la terre.*

L'Écriconte, former des enfants conteurs, Albi, OCCE CDDP du Tarn.

KERLOC'H (J.-P.), *La Planète des livres*, Paris, Armand Colin-Bourrelier, 1984.

LOUP (D.), SLAMA (P.) et CHOUKROUN (M.), *Le Fil d'Ariane ou le plaisir des contes*, Paris, Nathan, 1980.

MESTREL (J.), *Lire et écrire des contes*, livre de l'élève + livre du maître, Paris, Bordas, 1994.

NOELL (I. de) et LAURICHESSE (J.-Y.), *Enseigner autrement la lecture avec un album*, Perpignan, CDDP des Pyrénées orientales, 1994.

SANZ (M.), *Lire et écrire des contes*, livre de l'élève + livre du maître, Paris, Bordas, 1992.

STOECKLE (R.), *Activités autour de l'album de fiction*, Paris, L'École des loisirs, 1994.

STOECKLE (R.), *Des Albums pour une situation*, Paris, Armand Colin, 1986.

Textes et documents pour la classe (TDC), *Les Contes, une initiation jubilatoire*, n° 665, 1993.

Textes et documents pour la classe (TDC), *Le loup dans la littérature, histoire d'une réhabilitation*, n° 659, 1993.

4. Rééducation, psychothérapie

BARATAUD (D.), « La Rééducation à l'école ne peut être que cognitive », *Les Cahiers de Beaumont*, n° spécial, septembre 1992.

DOLTO (F.), préface à MUEL (A.), *L'Éveil de l'esprit*, Paris, Aubier, 1977.

DOLTO (F.), *Psychanalyse et pédiatrie*, Paris, Le Seuil, 1971, rééd. 1977.

DUPUY (M.), « Aide pédagogique, aide rééducative, questionnaire sur la pertinence d'une opposition », *Les Cahiers de Beaumont*, n° spécial, septembre 1992.

FRIGARA (A.) et FERNANDEZ (P.), « Essai de théorisation de la pratique rééducative », *Les Cahiers de Beaumont*, n° 42, juin 1988, spécial rééducation.

FRIGARA (A.) et PLAISANCE (J.), « Psychopédagogie, psychomotricité et rééducation », *Les Cahiers du CTNERHI*, n° 47-48, 1989.

LE CAMUS (J.), « Itinéraire du concept de psychomotricité », *Thérapie psychomotrice*, n° 48, 1980.

LA MONNERAYE (Y. de), *La Parole rééducatrice*, Toulouse, Privat, 1991.

PLAISANCE (J.), « Pédagogie et rééducation, rupture ou résonance ? », *Les Cahiers de Beaumont*, n° spécial, septembre 1992.

WINNICOTT (D.W.), *Jeu et réalité, l'espace potentiel*, Paris, Gallimard, 1976.

5. Recueils de contes

AFANASSIEV, *Contes*, Paris, Maisonneuve et Larose, 3 tomes, 1988-1990.

ANDERSEN (H.C.), *Contes*, textes intégraux traduits par David Soldi et Louis Moland, 3 t., Paris, L'École des loisirs, 1979.

BRÜDER GRIMM, *Kinder-und Hausmärchen*, édition intégrale avec des commentaires de Heinz Röllecke, Stuttgart, Éd. Philipp Reclam, t. 1 et 2, 1991, t. 3, 1994.

GRIMM (J. et W.), *Les Contes. Kinder-und Hausmärchen*, texte français et présentation par Armel Guerne, 2 volumes, Paris, Flammarion, collection l'Âge d'or, 1967.

Kinder-und Hausmärchen der Brüder Grimm, édition intégrale en version originale (1812 à 1815), édité par Friedrich Panzer, Vollmer Verlag, 1961.

GRIMM (J. et W.), *Contes et légendes*, texte intégral traduit de l'édition complète allemande des contes de Grimm, Paris, Éditions de La Fontaine au Roy, 1994.

GRIMM (J. et W.), *Contes pour les enfants et les parents*, 2 tomes, Paris, L'École des loisirs, 1979, comprend 24 contes traduits par Max Buchon en 1869.

GRIMM (J. et W.), *Les Sept Corbeaux et autres contes*, traduction d'Armel Guerne, Paris, Castor Poche, Flammarion, 1989.

GRIMM (J. et W.), *Les Trois Plumes et douze autres contes*, traduction d'Armel Guerne, Paris, Folio Junior Gallimard, 1979.

GRIMM (J. et W.), *Contes*, préface et traduction de Marthe Robert, Paris, Folio Gallimard, 1976.

PERRAULT (Ch.), *Contes*, préface de Bruno Bettelheim, notices, commentaires et notes de François Flahaut, Paris, Le Livre de Poche, 1987.

PERRAULT (Ch.), *Contes, et autres contes de Madame d'Aulnoy, Hamilton et Madame Leprince de Beaumont*, Paris, Édition de La Fontaine au Roy, 1994.

SALOMÉ (J.), *Contes à guérir, contes à grandir*, Paris, Albin Michel, 1993.

Index

O

P-Q

R

S

T

REMERCIEMENTS

Tous mes remerciements vont à Chantal Coiseur, qui m'a accueilli au réseau de l'école du Ziegelwasser, et m'a permis de douter méthodiquement de mes certitudes à propos de la rééducation à l'école.

043738-(II)-(1) OSB 100° RET

STEDI, 1, boulevard Ney, 75018 Paris – Tél. 01.40.38.65.40
Dépôt légal, Imprimeur, n° 6293
Dépôt légal : octobre 1999
Imprimé en France

Dépôt légal 1re édition : 1er trimestre 1997